Evelyn Schneider
Thomas Bannenberg

Der Leitfaden
Ihr Wegweiser für alle unterrichtenden,
beratenden und therapeutischen Berufe
(Fünfte, vollständig überarbeitete Auflage)

Kurztitelaufnahme der Deutschen Nationalbibliothek
Schneider, Evelyn
Bannenberg, Thomas: Der Leitfaden
Ihr Wegweiser für alle unterrichtenden,
beratenden und therapeutischen Berufe.
– 5. vollständig überarbeitete Auflage, 2019 – ISBN 978-3-927400-06-1 – PB.

Stand Mai 2019

© Bannenberg Verlag, Heidelberg 2019
Alle Rechte vorbehalten

www.leitfaden-online.de

Umschlaggestaltung und Satz: Bannenberg Verlag, Heidelberg
Druck: leibi-druck, Neu-Ulm
Printed in Germany

ISBN 978-3-927400-06-1

Evelyn Schneider
Thomas Bannenberg

Der Leitfaden

Ihr Wegweiser für alle unterrichtenden,
beratenden und therapeutischen Berufe

www.leitfaden-online.de

Bannenberg Verlag, Heidelberg

Vorwort von Dr. Günter Niessen

Als ich mich vor 10 Jahren selbständig gemacht habe, hätte ich mir gewünscht einen solch gut strukturierten Leitfaden in den Händen zu halten. Wie viele andere therapeutisch und beratend Tätige, so ging ich etwas naiv an meine werdende Selbständigkeit heran. Mit dem vorliegenden Leitfaden, der sich mit den bürokratischen Hindernissen für Einzelunternehmer übersichtlich auseinander setzt, ist es sicherlich leichter, sich auf seine Kernkompetenz zu konzentrieren. Den Lesern und Leserinnen wünsche ich eine entspannte und erfolgreiche Selbständigkeit!

Dr. Günter Niessen

Facharzt für Orthopädie und Yogalehrer BDY/EYU

Es ist besser, einen Tag im Monat über sein Geld nachzudenken, als einen ganzen Monat dafür zu arbeiten.

(John D. Rockefeller)

Vorwort zur fünften Auflage

Eine selbstständige Tätigkeit zu beginnen, gehört sicherlich zu den ganz besonderen „Abenteuern des Lebens". Sie stellt uns vor Herausforderungen, die nur zum Teil planbar sind. Wir können allerdings durch einen solchen Schritt auch viel über uns selbst lernen, erfahren und uns auf eine nochmal andere Art und Weise weiterentwickeln, was in dieser Form in einer Festanstellung sicher nicht möglich ist.

Gerade für Menschen, die ihrer Berufung folgen sowie ihr Hobby und ihre Leidenschaft zum Beruf machen wollen, ist dieses Buch „Der Leitfaden" gemacht. Er soll eine Hilfe sein, sich im „Dschungel der Bürokratie" zurecht zu finden, eine Anleitung zum Anfangen und zum Durchhalten.

Vor allem jedoch soll „Der Leitfaden" ein Mutmacher-Buch sein für diejenigen, die ihren Traum leben möchten. Die Idee, die Sie bewegt, hat die Kraft, alle Widrigkeiten zu überwinden. Damit Sie bei der Umsetzung nicht an Gesetzen, Vorschriften, Fristen und Kalkulationen scheitern, und damit Sie nicht in allen Bereichen „das Rad neu erfinden" müssen, gibt Ihnen dieser Leitfaden viele Ideen und Anregungen zur Inspiration und dient als Lesebuch und Nachschlagewerk gleichermassen. Nutzen Sie es auch als Arbeitsbuch, in das Sie direkt Notizen, Gedanken etc. hineinschreiben können.

Manche Dinge mögen am Anfang einer selbstständigen Tätigkeit „schwierig" oder „komplex/kompliziert" erscheinen – und doch will dieses Buch Sie ERmutigen. Selbstständig zu sein hat ganz großartige Facetten und kann eine echte Bereicherung für die eigene Lebensqualität sein – vorausgesetzt, man hat sie sich selbst so aufgebaut, dass sie möglichst wenig Stolpersteine beinhaltet. Oder man hat diese vorher bereits aus dem Weg geräumt.

Wege gibt es viele – entscheidend ist, dass Sie Ihren eigenen gehen: mit Freude, Vertrauen, Sicherheit und Motivation.

In diesem Sinne wünsche ich Ihnen viel Erfolg, Ausdauer, Klarheit, enormen Spass und großartiges Gelingen!

Ihre Evelyn Schneider

Vorwort des Autors und Herausgebers

„Der Leitfaden" ist wieder da und das nun schon in der fünften Auflage.
Was Sie davon haben?
Seit wir im Jahr 2002 dieses Buch zum ersten Mal erarbeitet haben, hat es sich zu einem Standardwerk entwickelt für alle, die in freien Gesundheitsberufen, als Dozentin in der Erwachsenenbildung, in Beratung oder Therapie tätig sind - meist auf Honorarbasis und selbstständig.
Dank der Rückmeldungen vieler Leserinnen und Leser konnten wir die Inhalte des Buches „Der Leitfaden" stets Ihren Bedürfnissen anpassen.
Und haben natürlich gleichzeitig alle Informationen aktualisiert bzw. Neues mit aufgenommen.
So werden Sie auch in dieser fünften Auflage alles finden, was für Sie wichtig ist bei der selbstständigen Tätigkeit, die Sie anstreben bzw. bereits ausüben.

Bleiben Sie neugierig – hören Sie nicht auf, Fragen zu stellen – warten Sie nicht allzu lange auf Antworten, sondern kommen besser in's Handeln. Nutzen Sie dafür diese aktuelle Ausgabe „Der Leitfaden" – als Wegweiser, um Ihre eigenen Ziele zu erreichen und als Kompass, um sich im „Dschungel" der Paragraphen und Vorschriften zurecht zu finden.

Gute Anregungen durch dieses Buch wünsche ich Ihnen,
viel Erfolg - und vor allem: Freude bei Ihrem Tun!

Thomas Bannenberg
Autor und Herausgeber „Der Leitfaden".

Zum Gebrauch des Leitfadens

Wir wollen Ihnen die Übersicht beim Lesen und Nachschlagen im Leitfaden erleichtern.

„Lebenskunst", „Angebot" oder „Dienstleistung" sind Ausdrücke, die Sie im Text häufig antreffen werden. Damit haben wir versucht, all die unterschiedlichen Techniken und Übungsweisen zusammenzufassen, die Sie im Unterricht, in der Beratung oder Therapie weitergeben, wie zum Beispiel Taijiquan, Qigong, Tanz, Feldenkrais, Autogenes Training, Meditation, Rolfing, Yoga, Kunst-, Musik-, Mal- und andere Therapien, Sprachunterricht, Coaching, Training und die vielen anderen möglichen Tätigkeiten. Alle in den Beispielen genannten Namen von Personen oder Einrichtungen sind absolut frei erfunden und dienen lediglich der Anschaulichkeit. Die Ortsbezeichnungen sind auf keinen Fall Ausdruck irgendwelcher negativer Vorurteile, im Gegenteil.

Die deutsche Sprache hat einen wunderbar grossen Wortschatz, der hilfreich ist, um in einer schriftlichen Vermittlung Klarheit zu schaffen. Dazu gehört auch die Möglichkeit, Menschen nach ihrem Geschlecht unterschiedlich zu benennen. Manchmal wurde darauf allerdings verzichtet. Dies geschah nicht in der Absicht oder mit dem Hintersinn, jemanden wegen des Geschlechts zu benachteiligen oder zu bevorzugen. Im Gegenteil ging es vor allem um eine flüssig lesbare Darstellung der manchmal recht komplexen Zusammenhänge. Speziell in manchen zitierten Vorschriften oder Paragraphen haben wir die männliche Form belassen, auch wenn das Gesetz nicht als wörtliches Zitat gekennzeichnet ist. Dadurch wird manchmal der „Charakter" oder treffender: der Zeitgeist des Gesetzes besser erkennbar. Ansonsten gilt natürlich ganz grundsätzlich: Frauen und Männer sind gleichwertige Menschen und als solche sehr unterschiedlich. Diese Unterschiede respektieren wir und niemand sollte für Geschlecht, Rasse oder irgendeine andere Zugehörigkeit benachteiligt werden. Sollte sich beim Lesen trotzdem jemand so fühlen, so bedauern wir das sehr. Natürlich kann der Leitfaden nicht den individuellen Rat der Fachleute aus Steuer-, Rechts- und Unternehmensberatung ersetzen. Wenden Sie sich deshalb mit Ihren speziellen Fragen an entsprechende Stellen. Einen Überblick über Kontaktmöglichkeiten finden Sie unter anderem im Anhang.

www.leitfaden-online.de
Auf dieser Website zum Buch informieren wir Sie laufend und aktuell über Änderungen bei Gesetzen und Vorschriften, die nach dem jeweiligen Redaktionsschluss erfolgten. Hier finden Sie zusätzliche und für Sie interessante Informationen aus den Bereichen Kurse, Seminare und Unterricht, Beratung und Therapie.

Downloads zum Buch
Im Download-Bereich auf der Webseite zum Buch www.leitfaden-online.de finden Sie verschiedene Kopier-Vorlagen und Verträge zum kostenlosen Herunterladen. Siehe dazu auch Seite 236.

Haftungsausschluss
Alle Kapitel wurden nach bestem Wissen recherchiert und bearbeitet. Die Inhalte dieses Leitfadens können jedoch nicht die individuelle Beratung und Information durch Fachleute, insbesondere der Rechts- und Steuerberatung, ersetzen. Für den Inhalt und dessen Übertragung auf eine individuelle Situation übernehmen Autorin, Herausgeber und Verlag keine Haftung. Bei Unklarheiten über Ihre konkrete Situation in steuerlichen und rechtlichen Fragen wenden Sie sich bitte an entsprechende Fachkräfte. Vielen Dank.

Rechtschreibung
Die Texte dieses Buches entsprechen der „Neuen deutschen Rechtschreibung".

Kapitel 1 im Überblick:

① Wege gibt es viele – welchen wollen Sie gehen?
Seite 15 bis 19

② Von der Idee zum Konzept
Seite 19 bis 23

③ Vom Konzept zum Plan
Seite 25 bis 35

④ Die ersten Schritte sind für alle gleich
- Behördlich anmelden
- Gewerbe oder freier Beruf

Seite 35 bis 37

⑤ Exkurs zum Heilen und Therapieren
Seite 37 bis 39

Das ausführliche Inhaltsverzeichnis finden Sie „ganz hinten" ab Seite 258.

Kapitel 2 im Überblick:

① Rechtsform der Unternehmung
Von Allein bis Verein
Seite 42 bis 47

② Übungsleiter, Ehrenamt, Kleinunternehmer und Umsatzsteuer
Seite 47 bis 55

③ Gründen mit Plan und Fördermitteln
Seite 59 bis 67

④ Datenschutz – DSGVO
Seite 67 bis 70

⑤ Scheinselbstständig
Seite 70 bis 79

⑦ Der Idee Raum geben
Ab wann brauche ich eigene Räume, wie gross und wo?
Seite 81 bis 86

⑥ Wie komme ich zu „meinem Preis" und wieviel muss ich arbeiten?
- Kalkulation
- Preisfindung
- Marktakzeptanz

Seite 72 bis 81

⑨ „Helferlein"
Von Mitarbeitern, Mini-Jobbern und angestellten Ehepartnern, Betriebsnummer und Berufsgenossenschaft
Seite 89 bis 93

⑧ Getränke, Rundfunk, GEMA, Verbandskasten, Feuerlöscher
Seite 86 bis 89

⑩ Selbstmanagement
Seite 94 bis 103

⑪ Ein bisschen Betriebwirtschaft
Und kleines betriebswirtschaftliches Lexikon
Seite 103 bis 110

Das ausführliche Inhaltsverzeichnis finden Sie „ganz hinten" ab Seite 258.

Kapitel 3 im Überblick:

❶ Werbung nicht erlaubt – Werbung erlaubt!
Seite 116 bis 117

❷ „Für die will ich's tun" – Zielgruppen
- Welche Angebote wann und wo?
- Eigene Praxis, Studio, Schule – wo?

Seite 117 bis 122

❸ Die eigene Website – Marketing-Tool Nr. 1
- Möglichkeiten Website
- Daran müssen Sie denken
- So kommen Sie zur eigenen Website

Seite 122 bis 129

❹ Texte für Website und Flyer
- Werbe-Texte schreiben
- Bessere Wirkung bei Anzeigen und Flyern
- Flyer und Plakate erstellen, drucken, verteilen

Seite 129 bis 134

❺ PR – Presse-Informationen und Anzeigen
- Besser mit Artikel und Bild in der Zeitung
- Pressemitteilungen schreiben
- Anzeigen in Print-Medien

Seite 134 bis 136

❻ Gutes für Ihr Marketing
Eine Auswahl hilfreicher Marketing-Massnahmen und Aktionen

Seite 136 bis 141

❼ Kooperationen und Netzwerke
Seite 141 bis 145

❽ Terminplanung
Therapie- oder Beratungspraxis

Seite 144

❾ Kursorganisation, Reisen, Workshops, Fremdreferenten
Seite 145 bis 156

Das ausführliche Inhaltsverzeichnis finden Sie „ganz hinten" ab Seite 258.

Kapitel 4 im Überblick:

① Gewinnermittlung
E – A = G
Einnahmen – Ausgaben = Gewinn
Seite 161

② Buchführung, ganz einfach
Seite 162 bis 168

③ Betriebsausgaben
Alle Ausgaben, die Sie geltend machen können
Seite 168 bis 191

④ Grosseinkäufe für's Geschäft
GwG und AfA
Seite 191 bis 196

⑤ „Gast-Arbeiter"
Als Deutsche/r im Ausland, als Ausländer in Deutschland
Seite 197 bis 199

⑥ Rechnungslegung
Quittung, Rechnung und Belege
Seite 197 bis 204

⑦ Kein Stress mit dem Finanzamt
Seite 204 bis 210

⑧ Private Tipps
Handwerkerrechnungen, Kinderbetreuung, Umzug
Seite 210 bis 211

Das ausführliche Inhaltsverzeichnis finden Sie „ganz hinten" ab Seite 258.

Kapitel 5 im Überblick:

① Rentenversicherung
Rentenversicherungspflicht und private Altersvorsorge
Seite 214 bis 221

② Krankenversicherung
Gesetzlich oder privat
Seite 222 bis 225

③ Von sinnvoll bis überflüssig
Berufsunfähigkeit
Seite 226
Unfallversicherung
Seite 226
Berufs-Haftpflicht
Seite 227
Betriebs-Haftpflicht
Seite 228
Betriebsversicherung
Seite 229
Rechtschutzversicherung
Seite 230

④ Tipp für angemeldete Teilnehmer
Seite 230

⑤ Hilfe und Beratung
Bei Versicherungsfragen
Seite 231

Das ausführliche Inhaltsverzeichnis finden Sie „ganz hinten" ab Seite 258.

Richtig Anfangen!
Das sollten Sie bedenken und tun, wenn Sie loslegen wollen

In diesem Kapitel behandeln wir die Fragen, die sich am Anfang stellen. Für welche Dinge lohnt es sich einen Gedanken daran zu verschwenden, bevor die ersten Aktionen in Angriff genommen werden und wie sehen die ersten Handgriffe aus, wenn Sie starten möchten. Es ist wunderbar, wenn Sie die Entscheidung getroffen haben und voller Tatendrang sich auf Ihr (Lebens-) Projekt stürzen. Doch hat es sich oft bewährt, auch noch mal inne zu halten – und zwischendurch immer mal wieder – um zu beleuchten, zu hinterfragen und Informationen zu weiteren Entscheidungen auf dem Weg dazu zu nehmen, damit Sie auch langfristig mit Ihrer Entscheidung glücklich – und natürlich zufrieden sind.

Wir beleuchten Fragen, wie man ein Konzept entwickelt und für wen man so etwas überhaupt braucht? Was gehört in ein Konzept? Welchen Nutzen haben Sie selbst davon eines zu erstellen? Wie steht es um die eigene Qualifikation, wo müssen Sie sich anmelden vor Aufnahme der selbstständigen Tätigkeit usw. Für einen ersten schnellen Überblick nutzen Sie die Grafik auf Seite 14, die den Weg von der Idee bis zur konkreten Umsetzung aufzeigt.

> *Suche Dir eine Arbeit, die Du liebst –
> und Du musst nie mehr arbeiten.*
>
> Lao Tse

Kapitel 1 im Überblick:

① Wege gibt es viele – welchen wollen Sie gehen?
Seite 15 bis 19

② Von der Idee zum Konzept
Seite 19 bis 23

③ Vom Konzept zum Plan
Seite 25 bis 35

④ Die ersten Schritte sind für alle gleich
- Behördlich anmelden
- Gewerbe oder freier Beruf

Seite 35 bis 37

⑤ Exkurs zum Heilen und Therapieren
Seite 37 bis 39

KAPITEL 1   *Richtig Anfangen!*

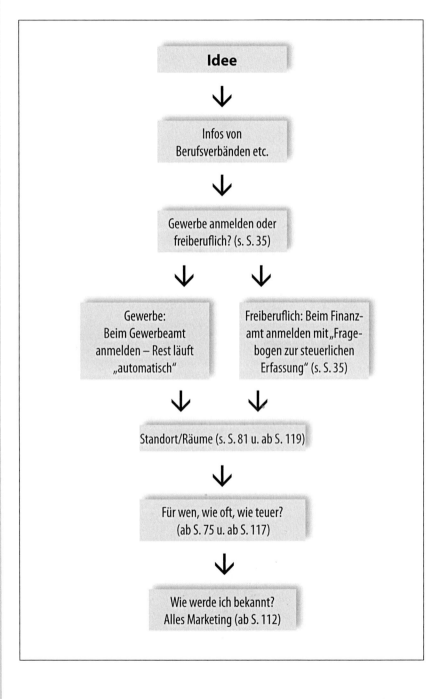

Pros und Kons der Selbstständigkeit

Wie vieles im Leben hat auch die Selbstständigkeit mehr als eine Seite. Oft erlebt man, dass jemand sehr euphorisch einen Entschluss fasst in dem Glauben, dass die Welt auf die eigene Idee und deren Umsetzung gewartet hat. Daraufhin folgt, rein auf die Sache, das Produkt oder das Angebot fokussiert, wilder Aktionismus – und nach einiger Zeit landet man mit Schmerzen auf dem Boden der Realität. Das passiert aus unterschiedlichen Gründen.

Die Vorstellung, was „Selbstständigkeit" im täglichen Leben bedeutet, ist sehr verschieden. Nehmen Sie sich einen Moment Zeit und lehnen sich zurück, um ein eigenes und realistisches Bild zu entwickeln, wie die Selbstständigkeit für Sie aussehen könnte.

Es ist durchaus lohnenswert, sich zu späteren Zeitpunkten diese Liste erneut vorzunehmen, abzugleichen und gegebenenfalls anzupassen und zu ergänzen.

Pro / Vorteile / Chancen der Selbstständigkeit

_____

_____

Kontra / Nachteile / Risiken der Selbstständigkeit

_____

_____

Der eigene Status quo – und welchen Weg wollen Sie gehen?

Natürlich können Sie „einfach loslegen": Gewerbe anmelden, Website erstellen und schon kommen gewisse Steine ins Rollen – oder auch nicht. Meistens erst mal die Steine, die Kosten produzieren. Es ist also sinnvoll, wenn Sie sich im Vorfeld klar darüber werden, was Ihre Motivation, Ihre Möglichkeiten und Stärken sind, damit auch möglichst schnell die Steine mit den Einnahmen ins Rollen kommen. Benutzen Sie die nachfolgenden Fragen, um die Puzzleteile zum eigenen Status quo zusammen zu setzen. Diese können Sie dann später nutzen als Grundlage für Ihr Konzept sowie Marketing, kurz: für die Ausrichtung Ihrer gesamten selbstständigen Tätigkeit – es soll also nicht Arbeit für umsonst oder bzw. rein für das Papier sein.

KAPITEL 1   *Richtig Anfangen!*

Nehmen Sie sich ein wenig Zeit für die Bearbeitung. Antworten Sie auf die einzelnen Fragen eher spontan und schreiben Sie – gerne auch unstrukturiert – erst mal alles auf, was Ihnen dazu einfällt. Seien Sie aufrichtig zu sich selbst – denn egal, was Sie als Ergebnisse Ihrer Überlegungen aufschreiben: es wird Ihnen nützen! Die Fragestellungen mögen Ihnen recht philosophisch erscheinen – das ist ganz bewusst so. Die pragmatischen kommen später.
Sind Sie bereit? Dann geht's los!

„Was ich bin und was ich will"

Wer bin ich?

_____

_____

_____

Was sagen meine Freunde und Familie, wer ich bin?

_____

_____

_____

Was bin ich?

_____

_____

_____

Was sagen meine Freunde, was ich bin?

_____

_____

_____

Was schätzen meine heutigen Arbeitskollegen besonders an mir?

_____

_____

_____

Was ist mir wichtig (in meinem Leben und bei meinem Tun)?

_____

_____

_____

Was sind meine Werte unabhängig von der angestrebten Tätigkeit)?

_____

_____

_____

Was liebe ich?

_____

_____

_____

Was sind meine Stärken?

_____

_____

_____

KAPITEL 1 *Richtig Anfangen!*

Was sind meine Schwächen/Begrenzungen?

_____

_____

_____

Was fällt mir leicht?

_____

_____

_____

Was fällt mir schwer?

_____

_____

_____

Was ist mir wichtig in Bezug auf Unterricht, Lebenskunst, Beratung oder Therapie?

_____

_____

_____

Worauf liegt mein Fokus beim Unterrichten bzw. bei der Vermittlung meiner Lebenskunst, bei der Beratung oder bei der Therapie?

_____

_____

_____

Was habe ich bisher erreicht? Ob kleine Ziele oder große Projekte – völlig gleich:

_____

_____

_____

Können Sie den Inhalt aus den beiden vorletzten Fragen in ein- oder zwei Sätzen zusammenfassen? Also Ihre Antworten auf die Fragen beginnen mit: „Was ist mir wichtig in Bezug auf..." und „Worauf liegt mein Fokus beim...". Dann hätten Sie einen zutreffenden Leitsatz für Ihr Angebot. Siehe dazu auch die Informationen zu Konzept und Ziel auf den folgenden Seiten in diesem Kapitel.
Bewahren Sie die Antworten auf diese Fragen auf, Sie werden diese bei der Erstellung von Konzept, Businessplan und Marketing wieder brauchen.

Von der Idee zum Konzept

Klären Sie im zweiten Schritt die folgenden, eher pragmatischen Fragen zum Beginn einer selbstständigen Tätigkeit.

Wo wollen Sie hin? Was ist das ZIEL?

Stellen Sie sich vor, Sie setzen sich in ein Taxi. Der Fahrer wird Sie fragen, wohin Sie wollen. Nun sagen Sie ihm – ohne Ziel – dass er einfach mal losfahren soll. Was wird passieren? Die Fahrt dauert lange und wird teuer – wie im wahren Leben. Wenn Sie kein Ziel definieren, brauchen Sie sich nicht wundern, wenn Sie umherIrren und sich ggf. verfahren, ohne dass am Ende des Tages etwas dabei rauskommt. Geschweige denn, dass Sie davon leben können. Nur wenn Sie ein Ziel haben, können Sie den kürzeren und effizienten Weg überhaupt sehen und/oder definieren.
Was sind die Qualitäten eines Ziels? Sagen wir, es ist Ihr Ziel, viel Umsatz zu machen. Was ist genau „viel"? Wie hoch sind die Kosten, die dagegenstehen dürfen? In welchem Zeitraum? Wie viel kostet Ihr Lebensunterhalt, den Sie von dem, was übrigbleibt, bestreiten dürfen. Haben Sie die Steuerzahlungen berücksichtigt entsprechend der Ausgangssituation? Wollen Sie Ihre Dienstleistung nebenberuflich, also neben einem anderen (Haupt-)Beruf ausüben oder wollen Sie dies hauptberuflich machen? Daraus resultiert dann in den meisten Fällen zwangsläufig; möchten Sie sich selbstständig machen? Sicher wollen Sie kein kostenloses Angebot machen. Wissen Sie schon, wie Sie dann die Höhe Ihres Honorars kalkulieren? Welches Honorar können Sie realistisch am Markt durchsetzen? Mehr dazu finden Sie im nächsten Kapitel.

Nochmal also die Frage: Was sind die Qualitäten Ihres Ziels? Ziele dürfen realistisch, messbar und konkret sein. Was bedeutet das?

konkret

Konkrete Zielformulierungen beinhalten, dass es sich um klar definierte Maßnahmen, Größen, Punkte oder Dinge handelt, die Sie zu einem bestimmten Zeitpunkt erreicht oder in einem klaren Zeitrahmen/-raum umgesetzt haben wollen. Die Frage also nach dem WAS.

messbar

Hier definieren Sie eine klare Zahl, die bei Erreichen aussagt, dass Sie erfolgreich waren – sofern Sie im o.g. Zeitrahmen liegen. Es geht um die entsprechenden Bedingungen zum WAS, die in unserem Fall mal primär die Umsätze und die Kosten darstellen. Die Frage also nach dem WIE VIEL.

realistisch

Hier ist eigentlich die Schlüsselfrage enthalten, mit der Sie ggf. die beiden ersten Punkte noch mal in Frage stellen können; ist das Ziel sportlich genug oder zu hoch oder ist es tatsächlich so machbar oder ist es vielleicht sogar zu einfach bzw. zu tiefgestapelt. Es nutzt nichts, wenn Sie sich ein Ziel setzen, welches so utopisch hoch oder weit weg ist, dass es eh nicht erreichbar ist – gleich, wie sehr Sie sich anstrengen. Das frustriert nur. Allerding darf es durchaus „sportlich" sein, groß und visionär. Es sollte Sie antreiben und motivieren, dadurch, dass es ein großartiges und dennoch schaffbares Projekt ist.
Formulieren Sie dies in der Gegenwart. Starten Sie den Satz z.B. mit „Ich habe mein Ziel erreicht, wenn……":

_____

_____

_____

Visualisieren Sie dieses Ziel. Machen Sie es plakativ für sich selbst, so dass es Ihnen leichtfällt, sich dieses immer wieder vor Augen zu führen und zu erinnern. Vielleicht hilft es auch, dass Sie sich in Ihren Aktivitäten selbst hinterfragen: hilft mir dies oder jenes oder der oder das bei der Erreichung meines Ziels? Passt das, um mir meinen Weg zusammen zu stellen?

Wo stehen Sie in Ihrem privaten und beruflichen Umfeld?

Wie viel Zeit bleibt Ihnen neben Familie, Partnerschaft und Ihrer sonstigen beruflichen Tätigkeit? Wie steht Ihre soziale Umgebung zu Ihrer Idee, selbstständig zu unterrichten, zu beraten oder eine therapeutische Praxis zu eröffnen? Welche Interessen und Hobbies haben Sie, die Sie eventuell nur eingeschränkter als bisher fortsetzen können? Ist es Ihnen das wert? Haben Sie dann den gleichen zeitlichen Raum für Ihre Freunde wie aktuell?
Klären Sie diese Fragen für sich und besprechen Sie Ihr Vorhaben mit Ihrem Partner/Ihrer Partnerin beziehungsweise der Familie. Bedenken Sie, dass Sie gerade in der Anfangszeit in Ihrem privaten Umfeld Rückhalt und Unterstützung gut gebrauchen können. Und – gegen familiäre Widerstände lässt es sich auf Dauer nicht erfolgreich arbeiten.

Gibt es (genügend) Menschen, für die Ihr „Produkt" interessant ist?

Lassen Sie uns zunächst mal schauen, was denn überhaupt ein Produkt auszeichnet. Es gibt verschiedene Definitionen, doch zusammen gefasst lässt es sich auf folgenden gemeinsamen Nenner herunter brechen:

> Als Produkt bezeichnet man alles auf einem Markt Angebotene, das Kunden kaufen, verwenden, mit dem sie interagieren, das sie erleben oder konsumieren können, um einen Wunsch oder ein Bedürfnis zu befriedigen.

Marketing konzentrierte sich früher auf physisch greifbare Waren und unterschied diese von Dienstleistungen. Heute sind die Übergänge zwischen Produkten und Dienstleistungen fließend und die Produktidee wurde erweitert, sodass man heute im weitesten Sinne davon spricht, dass jede materielle oder immaterielle Ware darunter fällt, die zur Bedürfnisbefriedigung des Konsumenten dient. Produkte, die vermarktet werden, können Dienstleistungen, Personen, Orte und Ideen sein. Was bedeutet das für Sie? Definieren Sie Ihr Produkt und welche Wünsche und Bedürfnisse dies befriedigt. Beschreiben Sie auch gerne Ihren potenziellen Kunden dazu. Das macht die weitere Bestimmung der Aktivitäten und besonders das Marketing umso gezielter.
Oftmals setzt die Beantwortung der Frage in der Überschrift dort an, wo das Einzugsgebiet definiert wird. Wie viele Menschen leben in diesem Einzugsgebiet, eventuell in einer bestimmten Altersstruktur und/oder Einkommensklasse und wie viel Prozent dieser Menschen konsumieren durchschnittlich Ihr Produkt. Sicher ein möglicher Ansatz, doch dürfen Sie den sich darstellenden Wert gerne von mehreren Seiten beleuchten, da dies oft nur die halbe Wahrheit ist.

Grundsätzlich kann man durchaus sagen: Wo es schon 86 ähnliche Angebote gibt, ist auch noch Platz für das 87. Jedoch kann ein Markt natürlich auch übersättigt sein. Das heißt, zu viele gleiche oder sehr ähnliche Angebote konkurrieren um eine stagnierende Anzahl von Interessierten. Spätestens in einer solchen Situation müssen Sie sich deutlich profilieren und das Besondere gerade Ihres Produktes herausstellen. Wie Sie das machen können, lesen Sie im Kapitel „Marketing ist (fast) alles?!" Wo Ihr Angebot (Technik, Lebenskunst, Therapieform oder sonstige Dienstleistung) noch gänzlich unbekannt ist, müssen Sie dagegen zuerst einmal aufklären, informieren und neugierig machen. Denn leider zieht nicht jedes Angebot auch gleich eine Nachfrage nach sich. Grundsätzlich ist es also gut, wenn Sie einige andere Anbieter am Ort haben, allerdings auch genügend Interessierte, so dass Ihr Angebot auch angenommen wird. Achten Sie also darauf, dass Sie die Anzahl der potenziellen Kunden in Relation setzen zu dem bereits vorhandenen Angebot.

Ist Marktforschung wichtig?

Das klingt nach großem Aufwand und teuren Spezialisten, muss allerdings gar nicht sein. Es geht erst einmal darum herauszufinden, wer und wie viele insgesamt am Ort oder in der Region das Gleiche oder etwas Ähnliches wie Sie anbieten. Zum einen geht es anschließend darum, dies in Relation zu setzen zu den potenziellen Kunden im gleichen örtlichen Raum.
Zum anderen geht es jedoch auch darum herauszufinden, wie Sie Ihr Produkt am besten am Markt platzieren können und was Sie beachten sollten, um sich positiv abzuheben. Betrachten Sie, forschen Sie nach, probieren Sie aus, besuchen Sie und stellen Sie zusammen, zu welchem Preis die Mitbewerber ihre Produkte anbieten. In welchen Räumen geschieht dies? Wie wird dafür geworben und wie ist deren Resonanz? Was schreibt die Presse darüber und was sagen „die Leute"? Wie präsent ist der Mitbewerber am Markt?

▶ **Hinweis:** Eine Vorlage zur Erstellung einer Mitbewerberanalyse steht Ihnen im Download-Bereich auf der Website zur Verfügung. Zugangsdaten sind für Sie auf der Seite 236 notiert. ◀

Wenn es kein vergleichbares Angebot zu dem Ihren gibt, so versuchen Sie die Preise mittelbar festzustellen. Vielleicht gibt es an anderen vergleichbaren Orten ein entsprechendes Angebot. Oder was sind die Leute am Ort bereit, für ähnliche Angebote zu zahlen? Das kann für Unterrichtsangebote bedeuten, dass Sie sich erkundigen, was privater Gesangsunterricht, Tanz-, Reit- oder Tennisunterricht kostet. Für Beratungs- und Therapieangebote gehen Sie entsprechend vor.
Dazu kommen Abfragen beim statistischen Landesamt (die meisten Landesämter haben die Webadresse www.statistik.bundesland.de, manche weichen jedoch

davon ab. Stichwort für die Suchmaschine: statistisches Landesamt), denn dort können Sie alle möglichen weiteren, relevanten Daten abfragen: Wie viel wird in Ihrer Region verdient, wie hoch ist das Durchschnittseinkommen, die Zahl der Erwerbslosen, Rentner, Kinder, das Durchschnittsalter, Haushaltsgrößen uvm. Aus diesen Daten können Sie je nach Ausrichtung Ihres Angebotes einiges ableiten und für Ihre weitere Planung nutzen.

Darüber hinaus können die Anzahl von Neugründungen und Schließungen am Ort ein Indikator für Potential am Ort sein, müssen es jedoch nicht. Wie oben schon erwähnt, können durchaus mehrere Angebote nebeneinander bestehen, wenn die Nachfrage groß genug ist. Hat ein Studio oder eine Beratungspraxis geschlossen, muss das auch nicht unbedingt bedeuten, dass dieses Angebot am Ort nicht läuft. Hier wäre es hilfreich, mehr über Art, Umfang und Stil dieses Anbieters zu erfahren. Wo wurden dessen Kurse oder Beratung angeboten? Ist die Schließung vielleicht nur deshalb geschehen, weil der/die InhaberIn weggezogen ist? Und – versuchen Sie immer, aus den Fehlern anderer zu lernen.

Beispiel: Ein Yogalehrer hatte über viele Jahre am Ort nur drei Kurse angeboten. Als er sich zur Ruhe setzen wollte und die Kurse an einen anderen Yogalehrer übergab, begannen im Einzugsgebiet der südwestdeutschen Kleinstadt mit etwa 34.000 EinwohnerInnen zeitgleich (!) mit dem neuen Yogalehrer noch vier andere Yogalehrerinnen Kurse zu geben. Nach zwei Jahren gab es mit ihm insgesamt acht Yoga-Lehrende, die Kurse und Seminare anboten. Allerdings klagte niemand über geringe Nachfrage. Im Gegenteil: da sich die einzelnen Stile und zeitlichen Angebote stark unterschieden, arbeiteten alle AnbieterInnen gleichermaßen erfolgreich mit vollen Kursen. Konkurrenz belebt eben nicht nur das Geschäft, sondern kann eine latent vorhandene Nachfrage sogar noch steigern.

„**Du kannst machen, wozu Du Lust hast**", *sagt Arel Moodie, ein junger amerikanischer Unternehmer, der „Unternehmer sein" lehrt. Zitat aus der Zeitschrift „impulse" (Heft April 2012): „Selbstständiger Unternehmer sein, bedeutet für mich, die Probleme anderer Leute zu lösen – und damit Geld zu verdienen. Sie sollten also nicht nach einmaligen Möglichkeiten suchen, sondern nach Problemen. Deren Lösung ist dann die einmalige Möglichkeit!"*

Zeitplan und Zeitressourcen

Den zeitlichen Gesamtrahmen haben Sie ja bereits in Ihrer Zieldefinition festgelegt. Nun darf es gerne detaillierter werden. Auch wenn Sie im Moment noch gar keine Kontakte geknüpft haben zu Veranstaltern wie zu einem Bildungswerk, einer Bildungseinrichtung, einer Unternehmensberatung, der örtlichen Volkshochschule, zu therapeutischen Einrichtungen oder therapeutisch arbeitenden Unternehmen – erstellen Sie für sich einen Zeitplan. An welchen Tagen sind Sie vormittags und/oder nachmittags, wann abends frei, um Kurse oder Beratungen überhaupt geben zu können? In welchem Umfang wollen Sie Ihre Dienstleistung anbieten? Allein oder in Kooperation mit anderen? Wollen Sie nur für andere Anbieter gegen Honorar tätig werden oder selbst Kurse organisieren und Beratungskunden akquirieren? Mehr dazu lesen Sie im Kapitel „Marketing ist (fast) alles".

Erstellen Sie einen Terminplan für Ihre Aktivitäten, in dem Sie festhalten, wann Sie was erledigen bzw. angehen wollen. Hier halten Sie auch Vorstellungstermine bei möglichen Kooperationspartnern, Multiplikatoren und bei den Veranstaltern vor Ort (VHS und andere Bildungsträger) fest.

Bis wann wollen Sie die einzelnen Schritte erledigt haben und wann soll Ihr erster Kurs, Ihre erste Sitzung oder Beratung, Ihre erste Schulung stattfinden? Sie werden schnell merken, dass einige Aktivitäten zeitlich in unmittelbarer Abhängigkeit stehen. So geht Ihnen bei der Vorbereitung für Ihre Selbstständigkeit – und sei es zunächst als Kleinunternehmer – nichts verloren. Sie können jederzeit strukturiert und klar vorgehen und außerdem überblicken, was bis wann erledigt sein sollte, damit Sie Ihren Zeitplan auch einhalten können. Außerdem ergibt sich daraus, wie viel Zeit Sie als Vorlauf einplanen sollten.

Eine mögliche Aktivitätenliste finden Sie im Download-Bereich dieses Buches. Die dort genannten Punkte verstehen sich nur beispielhaft. Sie erheben keinen Anspruch auf Vollständigkeit und sind nicht in jedem Fall in der passenden Reihenfolge genannt. Auf viele der dort genannten Punkte werden wir später noch im Detail eingehen. Ergänzen Sie diese bitte entsprechend Ihres individuellen Vorhabens und streichen aus, was nicht passt.

Die Spalte „Beteiligt" ist gedacht, um aufzunehmen, wen Sie eventuell unterstützend hinzuziehen oder dessen Zuarbeit Sie benötigen. Die Spalte „ab / bis" ist gedacht, um einen Zeitpunkt oder Zeitrahmen zu definieren, zu dem der Punkt erledigt sein soll/muss. So können Sie über die Sortierfunktion sich selbst entsprechend chronologisch organisieren.

▶ **Hinweis:** Diese Tabelle steht Ihnen auch im Download-Bereich auf der Website zur Verfügung. Zugangsdaten sind für Sie auf der Seite 236 notiert. ◀

Schon mal gehört? Als Selbstständige/r müssen Sie viel arbeiten

In fast allen Büchern und Broschüren zur Existenzgründung wird eine Bereitschaft zu 60-80 Stunden Arbeit in der Woche gefordert. Die Autorin hält das für einen Mythos und eine recht pauschale Aussage. Die Quantität sagt noch nichts über die Effizienz und Qualität aus. Sicher müssen Sie in den ersten Monaten der Selbstständigkeit mit überraschenden Aufgaben oder Herausforderungen rechnen, die zusätzlichen Einsatz erfordern. Zudem ist sicher der Gedanke nicht verkehrt, dass Sie als Selbstständiger gefordert sind, zeitlich flexibel zu sein und die Arbeitszeit entsprechend den aktuellen Geschäftserfordernissen anzupassen. „Dienst nach Vorschrift" und „nine-to-five" funktionieren in der Selbstständigkeit nicht mehr. Dafür bietet Ihnen die Selbstständigkeit den großen Luxus, Ihre Zeit selbst einzuteilen. Natürlich ist es wichtig, gesetzte Termine einzuhalten und pünktlich zu sein – sicherlich eine der Tugenden, die in der Selbstständigkeit mit entscheidend sind über Erfolg und Misserfolg. Doch seien Sie versichert: es fühlt sich anders an, wenn Sie die Termine selbst gesetzt haben. Und manchmal passt es auch tatsächlich gut in den eigenen Zeitplan, z.B. an einem Samstag Abend sich in Ruhe an den Schreibtisch zu setzen, um konzentriert Dinge zu bearbeiten und dafür an einem Dienstag Vormittag in der Sonne sitzend ausgiebig zu frühstücken oder mittags mit dem Hund spazieren zu gehen, ohne sich erklären zu müssen. Es ist eine Frage der eigenen Betrachtung und Umsetzung.

Kalkulieren Sie also Ihren Zeitbedarf realistisch, eher großzügig bzw. mit Puffern. Allerdings achten Sie ebenso auf Ihre Regenerations- und freien Zeiten. Sie müssen nicht alles selber und alleine machen. Tun Sie das, was Ihnen leicht fällt. Alles andere lassen Sie idealerweise von Menschen erledigen, denen das leicht fällt, was Ihnen schwer vorkommt. Warum sollten Sie sich mit der Erstellung einer Tabellenkalkulation quälen, wenn das jemand in Ihrem Umfeld gerne „mal schnell" für Sie erledigt? Warum wollen Sie unlustig über Buchhaltungsaufgaben sitzen, wenn das für relativ wenig Geld jemand professionell übernehmen kann? Mediengestalter und Grafiker kosten vielleicht Geld, doch sie werden Ihnen eine Anzeige und einen Flyer gestalten, der Beachtung findet, weil diese Fachleute wissen, worauf es ankommt. Solange Sie das tun, was Ihnen leicht fällt, können Sie effizient und produktiv sein. Das wird Ihre Haupttätigkeit sein – die Ihnen Freude macht – und damit werden Sie erfolgreich sein.

Erstellen Sie Ihr Konzept

Wie Sie es nennen, ist nicht so wichtig: Konzept, Geschäftsplan oder Businessplan. Der Inhalt ist entscheidend und soll zuerst einmal Ihnen selbst helfen, den Überblick zu bekommen und zu behalten. Es kann auch dazu dienen, sich selbst zu hinterfragen und im positiven Sinne dazu zwingen, eine konkrete Antwort zu

Papier zu bringen. Im Kopf haben wir uns oft leichter selbst etwas schön geredet. Natürlich ist ein schriftliches Konzept bzw. Geschäftsplan bestens geeignet, um Ihre Idee Anderen vorzustellen. Damit Sie alles Wichtige berücksichtigen, können Sie sich an den nachfolgenden Punkten orientieren. Doch sollten Sie Ihr Konzept gerne ausführlich(er) formulieren, wenn Sie es Dritten vorlegen. Man wird in der Regel erkennen wollen, dass Sie sich mit Ihrem Vorhaben vor Beginn intensiv auseinandergesetzt haben.

Zum Konzept gehören sowohl die philosophischen Ansätze, wie auch die rechnerischen. Nun werden Sie vielleicht direkt denken, dass dies nicht machbar ist, weil Sie ja noch gar nicht den genauen Umsatz absehen können usw. Ja genau! Es ist sozusagen „der Blick in die Glaskugel" – und doch so unheimlich wichtig. Um kurz- und mittelfristig wirtschaftlich gut aufgestellt zu sein und damit Sie sofort reagieren können, wenn das Geschäft nicht läuft wie gewünscht/geplant, brauchen Sie eben genau diesen – den Plan.

Erst wenn Sie überhaupt eine rechnerische Grundlage haben, können Sie absehen, welche Auswirkungen jede Abweichung von Ihrer Vermutung haben wird – sei es im positiven oder im negativen. Vergessen Sie dabei nicht Ihre privaten Kosten. Mehr dazu im Kapitel 2.

Je nach Ihrer Ausgangslage (Gründungszuschuss durch die Agentur für Arbeit oder Anträge für andere öffentliche Fördergelder, mehr dazu s. Kapitel 2) können Sie aufgefordert werden, weitere Punkte in Ihren Plan mit aufzunehmen. Davon abhängig ist auch der geforderte Umfang an Hochrechnungen für die betriebswirtschaftliche Geschäftsentwicklung. Dies kann u.U. bis zu 5 Jahre betragen. Generell ist eine 2- bis 3-jährige Hochrechnung für den eigenen Überblick schon mal hilfreich.

Tipp: Erstellen Sie Ihr Konzept nicht nur einmalig zu Beginn Ihrer selbstständigen Tätigkeit. Überprüfen Sie sich selbst daran immer wieder, mindestens einmal jährlich; Sind Sie auf dem geplanten Weg vorangekommen, wo möchten Sie korrigieren? Was hat sich an den Rahmenbedingungen im Laufe der Zeit geändert? Konnten Sie reagieren?

Der Businessplan – das Konzept – der Geschäftsplan

Die nachfolgenden Punkte sollten Sie auf jeden Fall beantworten und zwar unabhängig davon, ob Sie Ihr Konzept Dritten vorlegen müssen oder nicht. Gerade dann, wenn Sie zunächst nur im Kleinen anfangen wollen, sollten Sie die Fragen beantworten. Dadurch können Sie sich selbst mehr Klarheit verschaffen und Ihre Position finden.

Alle weiteren Punkte sind notwendige Bausteine für einen Businessplan, wenn dieser auch Banken oder anderen Stellen vorgelegt werden soll.

Zu den meisten Fragen helfen Ihnen die Antworten zu Ihrem Status quo ab Seite 16.

Kurzbeschreibung des Projektes/Vorhabens

Skizzieren Sie Ihre Geschäftsidee als Zusammenfassung. Erläutern Sie, was Sie genau anbieten wollen. Vielleicht gibt es mehrere (nicht zu viele) Schwerpunkte, aus denen sich Ihr Umsatz zusammensetzen wird. Definieren Sie mit einem Satz, wie viel Prozent der jeweilige Bereich Ihres Umsatzes und Ihres Zeiteinsatzes ausmachen wird.
Hierhin gehört auch Ihr Leitbild oder Ihr Leitsatz. Den können Sie allerdings auch gerne (noch mal) im Punkt Philosophie sowie im Punkt Qualitäts- und Dienstleistungsgrundsätze aufgreifen.

Kurzbeschreibung Ihrer Person

Zeigen Sie kurz auf, was Sie auszeichnet und worin Ihre Spezialisierung liegt. Was können Sie besonders gut und was ist Ihre Hauptmotivation zu diesem Vorhaben? Aus welchem Grund ist genau dieses Projekt Ihre große Leidenschaft und was bedeutet für Sie Erfolg?

Art des Geschäftsbetriebes / Rechtsform

Starten Sie alleine oder mit einem oder mehreren Partnern? Gründen Sie als Einzelunternehmer, als GbR oder als Gesellschafter einer Kapitalgesellschaft? Das legen Sie hier dar. Ausführliche Informationen dazu finden Sie im Kapitel 2. Hier sollten Sie auch aufzeigen, wie die möglichen Haftungskonsequenzen aussehen. Das zeigt, dass Sie diese bewusst eingehen.

Kundennutzen

Hier kann auch eine Art Credo des Unternehmens genannt werden. Worin liegt der Nutzen des Kunden, Ihre Leistung in Anspruch nehmen zu wollen? Was macht Ihr Produkt für einen potentiellen Kunden besonders interessant? Was haben die Menschen davon, die Ihre Dienstleistung in Anspruch nehmen? Nennen Sie die drei bis maximal fünf wichtigsten Vorteile und versuchen Sie, allgemeine Aussagen differenziert zu formulieren. Statt „bessere Gesundheit" könnten Sie schreiben, was genau sich verbessern kann, statt „Steigerung des Wohlbefindens" konkret benennen, in welchem Bereich (körperlich, emotional, mental) sich Steigerungen (gegenüber wem/was?!) zeigen können.

Der Unternehmensname

Als Einzelunternehmer muss auf jeden Fall Ihr Name überall mit auftauchen. Dennoch werden Sie sicher Ihrem Projekt einen Namen geben und ein Logo, mit dem Sie auch in die Werbung gehen. Zeigen Sie hier auf, aus welchem Grund Sie genau diese Unternehmensbezeichnung gewählt haben und/oder was Sie damit verbinden und nach außen kommunizieren möchten. Mehr dazu in diesem Kapitel ab Seite 32.

Qualitäts- und Dienstleistungsgrundsätze – Ihre Philosophie

Hier dürfen Sie gerne etwas „philosophisch" werden und losgelöst von faktischen Zahlen, Ergebnissen und Qualifikationen formulieren. Stellen Sie dar, was Ihre unternehmerischen Werte sind. Welche Grundsätze und Tugenden verfolgen Sie in der Umsetzung Ihrer Tätigkeit?

Standort-Analyse

Beschreiben Sie die infrastrukturelle Situation Ihres Standortes. Was davon ist für Ihre Kunden und Ihre Geschäftsabläufe/-tätigkeit besonders wichtig und aus welchem Grund bietet der gewählte Standort einen guten Ausgangspunkt für die Geschäftstätigkeit? Dabei kann je nach Tätigkeit berücksichtigt werden, z.B. die Parkplatzsituation für die Kunden, die zu Ihnen kommen, allerdings auch die Anbindung an öffentliche Verkehrsmittel z.B. wenn Sie zu Beratungs- oder Schulungsprojekten auf Reisen gehen oder Sie ein Studio eröffnen wollen.

Marktanalyse

Dazu gab es weiter oben (s. S. 22) schon ein paar Anregungen. Hier im Geschäftsplan geht es vor allem um die folgenden Fragen: Wie viele „Marktteilnehmer" (potentielle TeilnehmerInnen und andere Anbieter) gibt es an Ihrem Ort bzw. in Ihrer Region? Wie sieht die Einkommenssituation in Ihrer Region aus, wie hoch sind Durchschnittseinkommen und die Arbeitslosenzahlen? Welche Entwicklungen genau sprechen FÜR die Gründung Ihres Unternehmens?

Zielgruppen

Für wen wollen Sie vor allem tätig werden? An wen wollen Sie sich wenden? Für Ihre Vorüberlegungen können Sie auch bedenken, für wen Sie auf keinen Fall arbeiten wollen, das schreiben Sie jedoch nicht in Ihre schriftliche Ausarbeitung des Konzeptes, das Sie an Dritte weitergeben.

So ergeben sich schon erste Überlegungen für Ihr späteres Marketing: Wie kann, wie muss diese Zielgruppe angesprochen werden? Wo kann ich sie erreichen? Welche Medien müssen Sie wählen, damit Sie Ihre Zielgruppe erreichen und von ihr gefunden werden können?

Mitbewerber

Wie viele Neugründungen/Schließungen hat es in Ihrem Marktgebiet an Schulen/ Beratungs- oder Therapie-Praxen in den letzten Jahren gegeben? Was bedeutet das für Ihr unternehmerisches Handeln? Beschreiben Sie hier kurz Ihre Marktforschung und deren Ergebnisse. Nutzen Sie zur Darstellung auch die Ergebnisse Ihrer Mitbewerberanalyse (mehr dazu auf Seite 22).
Die Mitbewerbersituation können Sie auch gerne in Form einer so genannten SWOT-Analyse aufbauen. Eine solche Analyse macht die Situation für Sie selbst und ggf. für Dritte übersichtlich. Zeigen Sie tabellarisch auf:

Strength – Ihre Stärken / Stärken der Mitbewerber
Weaknesses – Ihre Schwächen / Schwächen der Mitbewerber
Opportunities – Chancen, die die weitere Entwicklung des Unternehmens positiv beeinflussen können
Threats – Risiken (Bedrohungen), die die weitere Entwicklung des Unternehmens behindern können

Marketing

In Kapitel 3 werden wir diesen Punkt noch genauer beleuchten und ins Detail gehen. Für den Businessplan, den Sie an Dritte weitergeben, ist dieser Punkt von großer Bedeutung. Banken und ähnliche Institutionen erleben oft, dass gerade bei Neugründungen dieser Punkt vernachlässigt wird, da vermeintlich die Welt auf das neue Produkt, das Angebot oder die Dienstleistung gewartet hat.
Zeigen Sie hier auf, welche Möglichkeiten Sie sehen für Kooperationen, die gerade am Anfang oft gute Starthilfen bieten. Welche Vorteile von der Zusammenarbeit hat der Kooperationspartner und welche haben Sie?
Wie sieht Ihre Werbe- und Akquisitions- sowie Ihre Preisstrategie aus? Welche konkreten Aktivitäten planen Sie?

Personalbedarf

Selbst, wenn Sie planen, zunächst keine Mitarbeiter zu haben, sollten Sie den Punkt für sich selbst klären und damit verbunden auch die Frage, ob alle mit der Unternehmensgründung anfallenden Tätigkeiten von Ihnen gelöst werden können. Eventuell zeigen Sie auf, welche Bereiche Sie extern vergeben.

Investitions- und Kapitalbedarf

Egal, ob Sie viel oder wenig benötigen, um loslegen zu können, kalkulieren Sie nicht zu knapp und schreiben Sie es hier auf. Neben der Nennung von Startkapital, laufenden Betriebsausgaben und den vorhandenen Kapitalreserven ist es sicher hilfreich, eine entsprechende Liquiditätsplanung aufzustellen bzw. ein Budget in tabellarischer Form. Der Aufbau wird im Kapitel 4 beschrieben.
Wenn Sie Fördergelder bei Ihrer Bank oder Sparkasse beantragen, wird auf diesen Punkt natürlich besonders eingegangen. Sind Sie vorbereitet und können Sie die Investitionen betrieblich begründen? Verschiedene Fördermöglichkeiten werden im zweiten Kapitel beschrieben.

Renditevorschau

Auf der Basis der zu erwartenden Entwicklung erstellen Sie eine Vorschau für die ersten drei bis fünf Jahre. Wieviel Teilnehmende oder Klienten brauchen Sie, um Ihre eigenen monatlichen Kosten der privaten Lebensführung (einschließlich Versicherungen) zu erwirtschaften? Wieviel Zeit brauchen Sie, um Ihren Kundenkreis zu vergrößern bzw. zu erweitern? Welche Maßnahmen mit welchen Kosten sind dafür nötig? Die Ergebnisse dieser Berechnungen werden am besten tabellarisch dargestellt. Wenn Ihnen das zu aufwändig erscheint, wenden Sie sich an entsprechende Berater zur Gründung oder auch an Ihre auf Gründer spezialisierte Steuerberatung. Mehr zur Gründungsberatung finden Sie im zweiten Kapitel.

Die Gründungsperson

Hier erfolgt die ausführliche Darstellung Ihrer eigenen Person, während dies eingangs nur in der Kurzfassung erfolgte, um dem Leser des Konzeptes eine Idee dazu zu geben. Besonders für Dritte sollten Sie hier ausführlich darstellen, was Ihre Motive sind für die Unternehmensgründung. Wie ist Ihr bisheriger Lebenslauf, was sind Ihre konkreten Kenntnisse und Qualifikationen? Ergänzen Sie eine Auflistung aller Zeugnisse und Zertifikate. Die wichtigsten fügen Sie auch in Kopie bei.

Die eigene Qualifikation und Ausbildung

Eine solide und anerkannte Ausbildung sollte die Grundlage einer selbstständigen Tätigkeit bilden. Zum einen gibt sie Ihnen selbst die nötige Sicherheit, um mit unterschiedlichen Menschen, ihren Bedürfnissen und Erwartungen zufriedenstellend arbeiten zu können. Zum anderen ist Ihre Ausbildung auch immer ein Teil Ihrer „Visitenkarte".

Gerade im Bereich der staatlich nicht geregelten Berufsausbildungen ist dies ein wichtiges Entscheidungskriterium für Ihre zukünftige Kundschaft. Mit dem Nachweis einer fundierten Ausbildung grenzen Sie sich am besten ab gegen die sogenannten „schwarzen Schafe", die es in jedem dieser Bereiche leider auch gibt.

Beispiel 1: Ein sicherlich sehr extremer Fall, mit dem ein guter Bekannter der Autorin konfrontiert wurde, kam heraus, als der Geschäftsführer eines Bildungswerkes besonders intensiv nach seiner Ausbildung und seinen bisherigen Tätigkeiten als Yogalehrer fragte. Nachdem er nachweisen konnte, wo, wie lange und bei wem er seine Ausbildungen erhalten hatte, erklärte der Geschäftsführer, warum er so darauf insistiert habe. Ein halbes Jahr vorher hatte er nämlich schon einmal ein Angebot von einem Yogalehrer erhalten. Da das Bildungswerk in diesem Bereich gerade eine große Nachfrage festgestellt hatte, freute man sich, einen nach dessen eigenen Angaben „erfahrenen Kursleiter" gefunden zu haben. Umso grösser war das Entsetzen nach Beginn des ersten Kurses, als einige Teilnehmerinnen sich über den Stil des Unterrichts empörten. Aus einem Buch vorlesend (!) wurden die Übungen angesagt und zwei Frauen erkannten den Kursleiter dann außerdem als Teilnehmer eines Wochenendseminars für Yoga-Anfänger, das ein halbes Jahr vorher stattgefunden hatte. Dort hatte er sich vorgestellt als jemand, der „noch nie vorher Yoga oder Ähnliches" geübt habe. Auf Nachfrage durch den Geschäftsführer gestand er, dass er sich gedacht habe, es könne doch nicht so schwer sein, Yoga zu unterrichten ...

Beispiel 2: In einer anderen Situation überlegte sich eine Physiotherapeutin, dass sie doch gut eine zusätzliche Einnahmequelle schaffen könne, indem sie Seminare zu Themen wie Sportanatomie, Muskelentspannung u.ä. anbot. Generell verfügte sie über ein sehr großes Wissen, so dass sie diese Aufgabe inhaltlich gut lösen konnte. Jedoch durfte sie bereits während des ersten Seminars die Erfahrung machen, dass es eine Sache ist, über Wissen zu verfügen und eine gänzlich andere, es zu vermitteln. Die Teilnehmer langweilten sich schnell, da sie zu lange am Stück redete, ohne Interaktionen und ohne konkrete Lernziele und -schritte u.ä. arbeitete, so dass es schwer war, sich ihre Ausführungen zu merken. Darüber hinaus tat sie sich besonders schwer, Fragen und Einwänden positiv zu begegnen und diese strukturiert aufzunehmen, um sie innerhalb ihres Konzeptes zu beantworten.

Für Einrichtungen der Erwachsenenbildung wie Volkshochschulen und Akademien ist der Nachweis einer Ausbildung, die von einem zuständigen Verband anerkannt wurde, meist Voraussetzung, um dort als Honorarkraft tätig werden zu können. Auch die Teilnehmenden selbst erwarten kompetente, gut ausgebildete TherapeutInnen oder KursleiterInnen und entscheiden sich bei unbekannten Namen eher für die besser ausgebildete LehrerIn, BeraterIn oder TherapeutIn. Der gute

Ruf einer Ausbildungsschule überträgt sich in gewisser Weise auch auf Sie und das kann besonders in der Anfangsphase hilfreich sein.

Im Fall, dass Sie Fördergelder oder Zuschüsse beantragen möchten, gehen Sie davon aus, dass die Person, die für oder gegen eine Bewilligung entscheidet, Ihre Qualifikation sehr genau ansehen und auch hinterfragen wird. Über die verschiedenen Möglichkeiten, die Kosten der Ausbildung steuerlich geltend zu machen, lesen Sie mehr im Kapitel „Hilfe, ich mache Gewinn!", ab Seite 158.

Namensgebung

Natürlich soll „Ihr Kind", nämlich Ihr Geschäft, Ihre Schule, Ihre Praxis auch einen Namen haben, mit dem Sie werben wollen. Es wird Sie wohl nicht überraschen, dass auch diese Frage schon geregelt ist, oder? Die Möglichkeiten der Namensgebung für Ihr Unternehmen sind zunächst abhängig von der von Ihnen gewählten Rechtsform. Dazu erfahren Sie mehr im folgenden Kapitel „Gründen, Erfolgreich sein und bleiben".

Wahrscheinlich starten Sie zunächst als sogenannte Einzelunternehmer. So werden Sie bezeichnet, wenn Sie sich alleine selbstständig machen und dafür keine Kapitalgesellschaft gründen, also keine GmbH oder Aktiengesellschaft. Im Auftritt nach außen, also bei Werbung, Briefpapier und bei Flyern etc., müssen Sie als EinzelunternehmerIn auf Folgendes achten: Sie dürfen eine sogenannte Geschäftsbezeichnung verwenden, müssen dazu jedoch auch Ihren Nachnamen und einen ausgeschriebenen Vornamen angeben. Welchen Ihrer Vornamen Sie wählen ist egal, es muss also nicht zwingend der Rufname sein.

Es kommt immer auf den Gesamteindruck an, auch auf das Design und die Schriftgröße und die Platzierung der Angaben auf dem Geschäftspapier, den Rechnungen, im Internet, im Impressum etc.

Es muss für den Geschäftsverkehr erkennbar sein, dass nicht ein Unternehmen wie eine GmbH der Vertragspartner ist, sondern Sie als Einzelperson. Bei zu vielen Phantasienamen kann das grenzwertig sein. Wichtig ist dann, dass der Inhaber-Hinweis sehr deutlich ist und dass Sie entsprechend deutlich auch auf Ihrer Homepage Ihre Person in den Mittelpunkt stellen. Sicherer und üblicher wäre es, dass Sie Ihren Namen verwenden und dann den Phantasiezusatz. Dabei ist zu klären, inwieweit die Phantasie-Zusatzbestandteile oder der Phantasiezusatz im Ganzen nicht Schutzrechte anderer Rechtsteilnehmer verletzen oder eine „Irreführungsgefahr" enthalten.

Beispiel: Unsere Beispielperson soll Lisa Amelie Müller heißen und den Rufnamen Lisa haben. Sie will sich selbstständig machen als Meditationslehrerin. Sie kann nun nach außen auftreten als „Lisa Müller, Meditationslehrerin", „Meditations-Praxis Lisa Müller" oder auch: „Meditations-Praxis Amelie Müller", allerdings auch: „OM

– Meditations-Schule Lisa Müller" oder „Schwebende Wolke, Meditations-Studio Amelie Müller".

> Der Familienname, ein ausgeschriebener Vorname und eine frei gewählte Bezeichnung, die auf das hinweist, was Sie tun beziehungsweise anbieten, müssen nach außen immer gemeinsam angegeben werden.

Sie dürfen keine Firmenbezeichnungen verwenden, wenn Sie nicht im Handelsregister eingetragen sind. Umgangssprachlich wird häufig auch eine Unternehmens- oder Geschäftsbezeichnung als "Firma" oder "Firmenname" bezeichnet, rein rechtlich gesehen sind jedoch Unternehmen ohne Eintrag im Handelsregister keine Firma. Unternehmensbezeichnungen verwenden Einzelunternehmen, die nicht im Handelsregister eingetragen sind, im offiziellen Geschäftsverkehr. Eine Unternehmens- oder Geschäftsbezeichnung wird von Unternehmen zu Werbezwecken verwendet und muss weniger formelle Anforderungen erfüllen. Die Bezeichnung „Die Meditationsfirma" wird wohl niemand verwenden wollen, allerdings schon die Benutzung des firmentypischen „&"-Zeichens bei zum Beispiel Meditation & Innere Kraft Lisa Müller" ist nicht gestattet.

Beispiel: Vor einigen Jahren bekam eine Einzelunternehmerin erheblichen Ärger mit der ortsansässigen Industrie- und Handelskammer, weil sie ihren Büro- und Kopierservice, den sie gerade eröffnet hatte, mit „Büro & Kopierservice Elke Mahler" nach außen bewarb. Das Firmenlogo bestand zudem aus den farblich und grafisch gestalteten Buchstaben „B & K", eben mit dem kaufmännischen „&" dazwischen. Sie wurde in einem außergerichtlichen Vergleich gezwungen, ihren gesamten Bestand an gedruckten Geschäftspapieren, die mit der beanstandeten Bezeichnung versehen waren, nicht mehr zu verwenden. Das Werbeschild am Haus musste sie ebenso ändern lassen wie die Aufkleber auf ihrem Auto.

Gleich, ob Sie beraten oder unterrichten wollen, die Bezeichnung „Praxis", „Studio", „Büro", ja selbst „Schule" dürfen Sie ohne Beanstandung führen. Bei einem „Institut" wird i.d.R. erwartet, dass Sie in irgendeiner Form auch wissenschaftlich tätig sind. Das können Erhebungen, Veröffentlichungen oder sonstige Forschungen sein. Bei einer „Akademie" wird ein größerer Lehrbetrieb erwartet mit meist mehreren Lehrenden, die allerdings nicht unbedingt fest angestellt sein müssen. Wird in einer „Akademie" geforscht, unterrichtet und ausgebildet, so entspricht dies der allgemeinen Erwartung.
Vorsicht ist geboten, wenn Sie zu Ihrer Geschäftsbezeichnung den Namen Ihres Wohnortes hinzufügen. Denn dann wird eine gewisse Bedeutung und Größe Ihres Unternehmens in Relation zur Größe des genannten Ortes oder Stadtteils vorausgesetzt. Eine „Kölner Qigong-Schule Ludger Mamms" ist deshalb nicht verboten. Neben „Herrn Mamms" müssen jedoch noch einige andere unterrichten

und diese Schule sollte außerdem entweder die älteste oder die größte Qigong-Schule in Köln sein. Wäre dies nämlich nicht der Fall, so könnte man von einem Verstoß gegen das Gesetz über unlauteren Wettbewerb (UWG) ausgehen. Entsprechend bedeutsamer wird dies noch bei regionalen Bezeichnungen wie zum Beispiel „Beratungs-Praxis Thüringen" oder „Niedersächsisches Institut für Kontemplation und Tiefenentspannung". Die Bezeichnung „Deutsches Institut für ..." oder „Gesellschaft für ... in Deutschland" sollten Sie Verbänden oder entsprechend großen Organisationen überlassen, die tatsächlich eine bundesweite Verbreitung haben oder auf absehbare Zeit anstreben. Generell darf die Bezeichnung nicht irreführend sein. Ein Name, der Begriffe wie Institut, Finanz, Bio, Zentrum, Bank oder Europäisch enthält, ist deshalb häufig unzulässig.

Wort- und Bildmarke anmelden

Einzelunternehmer sollten ihre Unternehmensbezeichnung oder ihre Geschäftsbezeichnung als Marke anmelden, wenn sie verhindern möchten, dass Dritte diese unbefugt verwenden. Sofern Ihre Unternehmensbezeichnung Unterscheidungskraft besitzt und keine Verwechslungsgefahr zu bestehenden Marken besteht, ist eine Markenanmeldung möglich. So ist der Name geschützt gegen unerlaubte Verwendung, beispielsweise wenn Nachahmer eine ähnliche Leistung wie Sie anbieten und Ihren Namen dafür missbrauchen. Des Weiteren sind Sie als Markeninhaber auch in der Lage, eine Unterlassung zu erzwingen. Generell gilt: Ist eine Idee leicht zu kopieren, sollten Sie eine Markenanmeldung in Betracht ziehen. Jeder kann eine Marke anmelden. Sie können sich auch anwaltlich vertreten lassen, i.d.R. helfen auch Partnerunternehmen wie Werbeagentur u.ä.. Wörter, Buchstaben, Zahlen, Abbildungen, Farben, sogar akustische Signale lassen sich als Marke schützen. Wahrscheinlich wird Ihre Anmeldung beim Deutschen Patent- und Markenamt als Wort- und/oder Bildmarke erfolgen. Dies kann online oder auf Papier erfolgen. In jedem Fall sind bestimmte Mindestangaben erforderlich zur anmeldenden Person, zur gewünschten Marke und zum Verzeichnis der Waren und Dienstleistungen.
Die Waren und Dienstleistungen, die Sie mit der Marke kennzeichnen wollen, sind genau zu benennen. Ihre Anmeldung muss deshalb ein Verzeichnis der von Ihnen vorgesehenen Waren und/oder Dienstleistungen enthalten. Alle Waren und Dienstleistungen sind in 45 Klassen aufgeteilt. Enthalten in der Basisanmeldung sind drei Klassen, jede weitere wird zusätzlich berechnet. Nicht wundern, die Zuordnung der Waren und Dienstleistungen erscheint nicht wirklich logisch.
Definieren Sie entsprechend Ihres Aktionsradius, ob Sie die Marke national oder international schützen lassen wollen. Nach Anmeldung besteht für sechs Monate die Möglichkeit, dass jemand dagegen Einspruch erheben kann. Ansonsten können Sie jeweils das Zeichen ® Ihrer Unternehmensbezeichnung bzw. dem Logo

zufügen. Das gibt auch dem kleinsten Unternehmen eine gewisse Wertigkeit und fühlt sich für Sie als Unternehmerperson schon mal gut an.
Ab Anmeldung beträgt die Schutzdauer 10 Jahre und kann anschließend für weitere 10 Jahre verlängert werden. Benutzen Sie allerdings auch die eingetragene Marke. Wenn Sie dies nach der Eintragung innerhalb von fünf Jahren nicht tun, kann sie auf Antrag oder Klage wegen Verfalls gelöscht werden.

▶ **Hinweis:** Alles Infos zur Anmeldung erhalten Sie unter www.dpma.de. ◀

Der erste Schritt führt zum Finanzamt

Den auf die Frage „Muss ich mich behördlich anmelden, bevor ich loslegen kann?" gibt es nur eine Antwort: JA. Die Aufnahme einer selbständigen Tätigkeit muss beim zuständigen Finanzamt angemeldet werden mit dem sogenannten „Fragebogen zur steuerlichen Erfassung". Daraufhin erteilt Ihnen das Finanzamt Ihre Steuernummer, die im Geschäftsverkehr stets angegeben werden muss. .

▶ **Hinweis:** Das dafür zu verwendende Formblatt finden Sie unter www.formulare-bfinv.de. Den direkten Link finden Sie in der Link-Liste auf der Website zum Buch. Auf dieser Website des Finantamtes ist auch eine Ausfüllhilfe hinterlegt. ◀

Gewerbe oder freier Beruf

Entgegen weit verbreiteter Meinung sind Sie als selbstständig tätige LehrerIn oder TherapeutIn nicht verpflichtet, einen Gewerbeschein zu beantragen. Vielmehr haben diese Tätigkeiten meistens den Status der freien Berufe. Im Paragraph 18, Absatz 1, Satz 1 des Einkommensteuergesetzes werden die freiberuflichen Tätigkeiten aufgeführt. Sie unterliegen nicht der Gewerbeordnung (GewO), was dort festgestellt wird im Paragraph 6.
Im Partnerschaftsgesellschaftsgesetz (PartGG) wird ein freier Beruf wie folgt definiert: „Die freien Berufe haben im Allgemeinen auf der Grundlage besonderer beruflicher Qualifikation oder schöpferischer Begabung die persönliche, eigenverantwortliche und fachlich unabhängige Erbringung von Dienstleistungen höherer Art im Interesse der Auftraggeber und der Allgemeinheit zum Inhalt."
Hm, ist noch nicht so ganz eindeutig? Dann helfen vielleicht die Durchführungsbestimmungen zum Einkommensteuergesetz (EStG) weiter. Die sprechen nämlich von vier Möglichkeiten, um festzustellen, ob ein freier Beruf vorliegt. Es sind dies die sogenannten Katalogberufe und die diesen ähnlichen Berufe. Diese sind allesamt im EStG aufgelistet. Dazu zählen unter anderem die Heilpraktiker, Diplom-Psychologen, Heilmasseure, Hebammen, die rechts-, steuer- und wirt-

schaftsberatenden Berufe. Es folgen die „Tätigkeitsberufe", wo sich wohl die meisten wiederfinden werden. Denn hierunter wird über die ausgeübte Tätigkeit eine Zugehörigkeit zu den freien Berufen hergestellt. Als da sind „... die selbstständig ausgeübte wissenschaftliche, künstlerische, schriftstellerische, unterrichtende oder erzieherische Tätigkeit".

Dann gibt es noch die Auflistung der sogenannten „neuen freien Berufe", die sich in den letzten Jahren gebildet haben. Hierzu gehören neben vielen anderen die freien heilpädagogischen Berufe (Atem-, Sprech-, StimmlehrerIn, Logo- und MotopädIn und andere), die freien rechts- und wirtschaftsberatenden Berufe, die freien Medien-, Informations- und Kommunikationsberufe, die Kulturberufe und die entsprechenden Beratungen.

▶ **Hinweis:** Eine genaue Auflistung finden Sie im Internet auf der Seite des Instituts für Freie Berufe an der Friedrich-Alexander-Universität Erlangen-Nürnberg unter www.ifb-gruendung.de. ◀

Warum ist die Unterscheidung zwischen „gewerblicher" und „freiberuflicher" Tätigkeit so bedeutsam? Nun, für freiberuflich Tätige genügt eine einfache Buchführung, unabhängig von Umsatz und Gewinn. Dazu lesen Sie mehr im Kapitel 4. Sie müssen keine Gewerbesteuererklärung abgeben und auch keine Gewerbesteuer zahlen. Außerdem sind Sie kein Pflichtmitglied bei der Industrie- und Handelskammer (die ab einer bestimmten Umsatz- bzw. Gewinnsumme einen Jahresmitgliedsbeitrag erheben darf).

Bedenken Sie allerdings, dass es Sie u.U. einschränkt in Ihren Tätigkeiten bzw. sich der Status ändern kann, sobald sich Ihr Geschäft in bestimmte Richtungen weiterentwickelt.

Beispiel: Sollten Sie als YogalehrerIn einen Workshop anbieten, bei dem Malas hergestellt und auch verkauft werden, so ist dies eine gewerbliche Tätigkeit. Ebenso, wenn Sie zusätzlich Yoga-Materialien/-Hilfsmittel anbieten und verkaufen. Siehe dazu auch Seite 55, Wenn Freiberufler und/oder Heilpraktiker Waren verkaufen.

Sind Sie als Selbstständiger gleichzeitig freiberuflich und gewerblich tätig, kann dies zu Abgrenzungsschwierigkeiten führen. Eine natürliche Person, die gleichzeitig eine gewerbliche und eine freiberufliche Tätigkeit ausübt, kann sich steuerlich getrennt beurteilen lassen, wenn zwischen den Tätigkeiten kein Zusammenhang besteht. Besteht ein wirtschaftlicher oder sachlicher Zusammenhang, handelt es sich also um eine gemischte Tätigkeit, ist dies nicht möglich. Dann kann es durch die Vermischung dazu kommen, dass das Finanzamt den Freiberufler einheitlich beurteilt und als Gewerbetreibenden einstuft.

Es kommt immer wieder vor, dass die Anmeldungen von (vermeintlichen) Freiberuflern bei den Finanzämtern ohne nähere Prüfung akzeptiert werden. Betroffene

Personen gehen dann ebenso häufig wie fälschlich von einer Anerkennung als Freiberufler aus. Wenn Sie sich trotz Unsicherheit als freiberuflich beim Finanzamt anmelden, so ist dies unschädlich, so lange nicht eine Betriebsprüfung nachträglich ein Gewerbe feststellt. Eine Sicherheit für die Einstufung als Freiberufler im steuerlichen Sinne gibt nur die so genannte „verbindliche Auskunft" des Finanzamtes.

Begriffsverwirrung Freelancer

Für viele ist der Begriff Freelancer gleichbedeutend mit Freiberufler. Das liegt wahrscheinlich an der Ähnlichkeit der Wörter. Freelancer bedeutet lediglich, dass jemand als freier Mitarbeiter für ein Unternehmen tätig ist und nicht bei diesem Unternehmen angestellt ist. Dabei kann ein Freelancer Gewerbetreibender oder Freiberufler sein, muss in jedem Fall jedoch Sozialabgaben und Steuern selbst abführen.

Exkurs zu den Begrifflichkeiten: Heilen, Therapie, Beratung

Der gesamte Bereich der sogenannten Heilkunde ist gesetzlich geregelt. Dies gilt im Wesentlichen auch für die Therapie. Im Paragraph 1, II des Heilpraktikergesetzes ist definiert, dass die Heilkunde durch „... jede berufs- oder gewerbsmässig vorgenommene Tätigkeit zur Feststellung, Heilung oder Linderung von Krankheiten, Leiden oder Körperschäden bei Menschen ..." ausgeübt wird. Aus Paragraph 1, I ergibt sich, dass unter Heilkunde die Tätigkeit des Heilpraktikers, Arztes und des Zahnarztes fällt. Im Paragraph 5 ist schliesslich festgelegt, dass das „unbefugte Ausüben der Heilkunde" strafbar ist. Das bedeutet, dass Sie mindestens die Zulassung als HeilpraktikerIn haben mussen, um Dienstleistungen anbieten zu können, die „heilen" oder „therapieren". Andere Berufsgruppen wie die sogenannten Heilhilfsberufe (zum Beispiel Physiotherapeuten) dürfen nur auf ärztliche Anweisung tätig werden.
Durch das Urteil des Bundesverfassungsgerichtes vom März 2004 gibt es ein wenig mehr Klarheit für die Bereiche des spirituellen bzw. geistigen Heilens sowie schamanischer oder anderer ritueller Anwendungen. Aus der Urteilsbegründung (Aktenzeichen: 1 BvR 784/03), die einem als Geistheiler Tätigen die Berufsausübung mittels Handauflegen erlaubt hat, ohne eine Heilpraktikerzulassung erworben zu haben, können die folgenden Zitate für ähnliche Fälle hilfreich sein: „... Ein Heiler, der spirituell wirkt und den religiösen Riten näher steht als der Medizin, weckt im Allgemeinen die Erwartung auf heilkundlichen Beistand schon gar nicht. Die Gefahr, notwendige ärztliche Hilfe zu versäumen, wird daher eher vergrössert, wenn geistiges Heilen als Teil der Berufsausübung von Heilpraktikern verstanden wird ..." Und weiter: „Jedenfalls zielen die Heilpraktikererlaubnis und die ärztliche

Approbation nicht auf rituelle Heilung. Wer Letztere in Anspruch nimmt, geht einen dritten Weg, setzt sein Vertrauen nicht in die Heilkunde und wählt etwas von einer Heilbehandlung Verschiedenes, wenngleich auch von diesem Weg Genesung erhofft wird. Dies zu unterbinden ist nicht Sache des Heilpraktikergesetzes ..."
Und weiter: „Je weiter sich das Erscheinungsbild des Heilers von medizinischer Behandlung entfernt, desto geringer wird das Gefährdungspotential, das im vorliegenden Zusammenhang allein geeignet ist, die Erlaubnispflicht nach dem Heilpraktikergesetz auszulösen ..."
Weiter wird darauf hingewiesen, dass sichergestellt sein muss, dass ein Heiler nicht vom Arztbesuch abrät oder darauf hinwirkt. Dazu folgen konkrete Angaben: „Es muss gewährleistet sein, dass der Beschwerdeführer die Kranken zu Beginn des Besuchs ausdrücklich darauf hinweist, dass er eine ärztliche Behandlung nicht ersetzt. Das kann etwa durch einen gut sichtbaren Hinweis in seinen Räumen oder durch entsprechende Merkblätter, die zur Unterschrift vorgelegt werden, geschehen. Es ist Sache der Behörden, auf die Einhaltung derartiger Aufklärungsverpflichtungen hinzuwirken und sie durch Kontrollen der Gewerbeaufsicht durchzusetzen ..."
Den Status eines selbstständigen Heilers klärt das Gericht auch gleich mit: „Eine gewerberechtliche Anzeigepflicht vor Aufnahme der Heilertätigkeit kann solche Kontrollen erleichtern ..."
Es wird also vom Bundesverfassungsgericht im entschiedenen Fall davon ausgegangen, dass die Tätigkeit eines Heilers keine einem Arzt oder Heilpraktiker ähnliche Tätigkeit darstellt und deshalb gewerblich ist. Was in der Konsequenz bedeutet, dass Heiler sich als Gewerbetreibende beim zuständigen Gewerbeamt ihrer Gemeinde/ihres Landkreises anmelden müssen.
Für den Bereich anderer Therapieformen besteht jedoch weiterer Klärungsbedarf Zwar sind im Psychotherapie-Gesetz und den Psychotherapie-Richtlinien die „klassischen" psychotherapeutischen Methoden und Ansätze aufgelistet und deren Anwendung und Abrechnung mit den Krankenkassen geregelt. Es bleibt jedoch ein weites Feld, das „irgendwie" auch zur Therapie gehört und gesetzlich nicht genau erfasst ist. Die Psychotherapie-Richtlinien schliessen zum Beispiel einige Formen direkt aus. Dazu gehören unter anderen Psychodrama, Transaktionsanalyse und respiratorisches Biofeedback. Vielleicht lässt sich für diese Techniken die Position klären durch die Frage:
Was ist schon Therapie, was ist noch Beratung?
In der allgemeinen Rechtsauffassung geht man zum Beispiel davon aus, dass eine Therapie auf einen längeren Behandlungszeitraum angelegt ist. Damit ist eine Anzahl von zwanzig und mehr Sitzungen gemeint, die TherapeutIn und PatientIn miteinander vereinbaren. Nun wird dadurch nicht zwangsläufig jedes zeitlich kürzere Angebot zu einer Beratung. Dennoch: Die Dauer ist ein wichtiges Unterscheidungsmerkmal zwischen Beratung und Therapie.

> Wenn Sie keine Zulassung zur Ausübung der Heilkunde erworben haben, sollten Sie auf jeden Fall in der Werbung und Aussendarstellung Ihres Angebotes sehr vorsichtig mit den Begriffen „Behandlung", „Heilen" und "Therapie" umgehen.

Diese weisen in der sogenannten „allgemeinen Verkehrsauffassung" auf eine heilkundliche Tätigkeit hin. Wie bereits erwähnt, ist die unerlaubte Ausübung in Deutschland strafbar. Um die ganze Problematik noch etwas abzurunden, sei erwähnt, dass Sie sich in Deutschland sehr wohl in einer Therapieform ausbilden lassen dürfen, auch eine Abschlussprüfung mit Zeugnisübergabe dürfen Sie ablegen. Allerdings: Ohne Zulassung zur Heilkunde dürfen Sie nicht damit werben, dass Sie „TherapeutIn" sind. Prüfen Sie also unbedingt Ihre Schriften, die Sie zur Werbung und Information in die Öffentlichkeit geben, damit Sie nicht gegen das Heilpraktikergesetz verstossen. In der praktischen Ausübung zeigt auch die Rechtsprechung, dass es fast unmöglich ist, trennscharf zu unterscheiden zwischen Beratung und Therapie. Es kommt also vor allem auf Ihre Darstellung und die Benennung Ihres Angebotes an.

Gründen, Erfolgreich sein und bleiben.
Was Selbstständige wissen sollten

Als Selbstständiger muss man sich um alle möglichen Dinge kümmern, die mit der eigentlichen Tätigkeit wenig zu tun haben. Es ist auch kein wirklicher Trost zu wissen, dass das allen anderen Selbstständigen ebenso ergeht. Denn auch der Döner-Laden an der Ecke hat, wie der Drogeriemarkt daneben und der Architekt in seinem Büro darüber, eine Steuernummer, muss seine Preise kalkulieren, beschäftigt unter Umständen MitarbeiterInnen usw.

Kein Trost also, jedoch immer ein gutes Gesprächsthema unter Selbstständigen! Damit Sie Bescheid wissen und mitreden können, geht es in diesem Kapitel um alles „rund um das Geschäft", das Formale also, um Regeln und Vorschriften. Kurz: um Grundlagenwissen, das Sie erfolgreich machen kann. Egal, ob Sie unterrichten, eine Praxis eröffnen oder führen, Seminare geben oder Beratungen anbieten: Die Themen dieses Kapitels gehen Sie immer etwas an.

Der Mensch hat dreierlei Wege, klug zu Handeln; erstens durch Nachdenken, das ist das Edelste, zweitens durch Nachahmen, das ist das Leichteste, und drittens durch Erfahrung, das ist das Bitterste.

Konfuzius

Kapitel 2 im Überblick:

① Rechtsform der Unternehmung
Von Allein bis Verein
Seite 42 bis 47

② Übungsleiter, Ehrenamt, Kleinunternehmer und Umsatzsteuer
Seite 47 bis 55

③ Gründen mit Plan und Fördermitteln
Seite 59 bis 67

④ Datenschutz – DSGVO
Seite 67 bis 70

⑤ Scheinselbstständig
Seite 70 bis 79

⑥ Wie komme ich zu „meinem Preis" und wieviel muss ich arbeiten?
- Kalkulation
- Preisfindung
- Marktakzeptanz

Seite 72 bis 81

⑦ Der Idee Raum geben
Ab wann brauche ich eigene Räume, wie gross und wo?
Seite 81 bis 86

⑧ Getränke, Rundfunk, GEMA, Verbandskasten, Feuerlöscher
Seite 86 bis 89

⑨ „Helferlein"
Von Mitarbeitern, Mini-Jobbern und angestellten Ehepartnern, Betriebsnummer und Berufsgenossenschaft
Seite 89 bis 93

⑩ Selbstmanagement
Seite 94 bis 103

⑪ Ein bisschen Betriebwirtschaft
Und kleines betriebswirtschaftliches Lexikon
Seite 103 bis 110

Rechtsform der Unternehmung

Im ersten Kapitel wurde bereits ausgeführt, dass selbstständig unterrichtende, beratende, therapeutische und heilende Tätigkeiten in aller Regel zu den freien Berufen zählen. Die sogenannte „Rechtsform" beschreibt die Art, wie die Unternehmung ausgeübt wird, und bestimmt Art und Umfang der Haftung. Auch für die freien Berufe gibt es dafür mehrere Möglichkeiten.

Einzelunternehmen

Sie arbeiten alleine, haben keinen Kapitalgeber, der bei der Führung des Unternehmens Mitspracherecht hat und es gibt keinen direkt am Unternehmen beteiligten Geschäftspartner. Das ist typisch für Einzelunternehmer.
Die Haftung ist unbegrenzt und erstreckt sich auch auf das gesamte Privatvermögen. Um dies bei der Gründung eines Einzelunternehmens zu vermeiden, stehen Ihnen einige Kapitalgesellschaften offen, die auch von einer Person gegründet werden können, wie z.B. die Unternehmergesellschaft (UG) oder die 1-Mann-GmbH (siehe auch unter Kapitalgesellschaften). Bei diesen beiden Rechtsformen wird jedoch auf jeden Fall die doppelte Buchführung gefordert und es ist eine Gewerbeanmeldung vorzunehmen, sprich: es entsteht erhöhter Aufwand und die Pflicht zur Gewerbesteuer.
Bei einem Einzelunternehmen wird in Abhängigkeit von verschiedenen Faktoren in Kleingewerbetreibende oder vollkaufmännische Einzelunternehmen – den Kaufmann – unterschieden. Der Kaufmann bietet sich jedoch bei den hier betrachteten Berufen eher selten an. Gründen Sie ein Einzelunternehmen als Freiberufler, unterliegen Sie bei Ihrer selbstständigen Tätigkeit nicht den Anforderungen an einen Kaufmann.
Die meisten ExistenzgründerInnen und Selbstständigen im Bereich Unterricht und Beratung sind Einzelunternehmen – entweder als Freiberufler oder als Gewerbetreibende.

Vorteile: Niemand „redet rein" in die Geschäftsführung, allein verantwortliches Arbeiten, leicht im Gründungsvorgang, relativ günstig bei Finanzierung und Kreditbeschaffung, da unbegrenzte Haftung

Nachteile: Alles ist alleine zu entscheiden und natürlich auch entsprechend zu verantworten. Die Haftung kann auch auf das gesamte Privatvermögen greifen. Das kann z. B. sein, wenn Aufträge oder Buchungen nicht zustande kommen, dadurch laufende Kosten nicht mehr gedeckt und eventuell Kredite nicht mehr bedient werden können. Werden diese in der Folge von der Bank gekündigt, geht die Haftung buchstäblich in das gesamte Privatvermögen.

Büro- oder Praxisgemeinschaft

Dies ist eigentlich noch keine Rechtsform im oben genannten Sinne, sondern die einfachste Form einer Zusammenarbeit. Zwei oder mehr Selbstständige mieten zum Beispiel gemeinsam Büro-, Seminar- oder Praxisräume an und richten ein gemeinsames Sekretariat ein. Dies geschieht einzig, um Kosten gering zu halten oder um die Räume überhaupt mieten zu können. Es gibt einen (am besten schriftlichen) Vertrag, der genau regelt, wer welchen Miet- und sonstigen Kostenanteil wann und an wen zu zahlen hat – und das war's. Es empfiehlt sich darüber hinaus organisatorische Zuständigkeiten zu Beginn genau zu definieren, um spätere Unstimmigkeiten zu vermeiden, weil sich eine/r der Parteien mehr oder weniger kümmert.

Vorteile: Alle bleiben rechtlich und steuerlich selbstständige Einzelunternehmen. Manche schön und günstig gelegenen Räume sind zu gross für einen alleine. Gemeinsam mit anderen wird für jeden Einzelnen die zu zahlende Miete geringer. Die Kosten für die Infrastruktur des Büros mit Geräten und Anschlüssen, Teeküche usw. können günstig geteilt werden. Ohne dass jemand ins eigentliche Unternehmen mit einsteigt, arbeitet man doch nicht mehr allein, hat Austausch und AnsprechpartnerInnen.

Nachteil: Ist nicht alles genau und schriftlich geregelt, kann es im Streitfall kompliziert werden. Was, wenn jemand auszieht? Oder wie sind die Besitzverhältnisse an gemeinsam angeschafften Gegenständen geregelt? Ausserdem sollte eine solche Zweckgemeinschaft darauf achten, dass sie nicht als GbR angesehen werden kann.

Die GbR – Gesellschaft bürgerlichen Rechts

Die GbR ist ein Zusammenschluss von mindestens zwei Gesellschaftern (natürlichen oder juristischen Personen), die sich durch einen Gesellschaftsvertrag gegenseitig verpflichten, die Erreichung eines gemeinsamen Zwecks in der durch den Vertrag bestimmten Weise zu fördern (§ 705 BGB). Eine Gesellschaft bürgerlichen Rechts ist die ursprüngliche und einfachste Form der Personengesellschaft. Sie ist sehr häufig bei den freien Berufen anzutreffen.
In einer GbR arbeiten alle Beteiligten auf gemeinsame Rechnung und auf gemeinsames Risiko. Die in die Gesellschaft eingebrachten Beiträge und die gemeinsam erworbenen Gegenstände werden Gemeinschaftseigentum. Gegenüber den AuftraggeberInnen treten die PartnerInnen der GbR als Gesellschaft auf. Die Haftung erstreckt sich auf das gesamte Vermögen aller Gesellschafter.
Für die GesellschafterInnen einer GbR gibt es verschiedene Möglichkeiten, Haftung, Geschäftsführung, Vertretung nach aussen, Kündigung und einiges mehr zu gestalten. Deshalb sollten sich Interessierte an dieser Rechtsform vorab

rechtlich beraten lassen. Sie sollten sich unbedingt einen schriftlichen Vertrag für die GbR ausarbeiten lassen, in dem der Wille aller Beteiligten (auch rechtlich bindend) zum Ausdruck kommt. In einem GbR-Vertrag müssen folgende Punkte auf jeden Fall festgelegt werden:
- wer sind die Gesellschafter der GbR,
- wer bringt was bzw. wieviel mit ein in die Gesellschaft,
- wie ist die Haftung geregelt,
- wie wird der Gewinn verteilt,
- wie können einzelne die Gesellschaft wieder verlassen (Kündigung),
- was passiert, wenn sich die Gesellschaft ganz auflöst.

Partnerschaftsgesellschaften

In der Partnerschaftsgesellschaft können sich ausschließlich Angehörige freier Berufe zur Ausübung ihrer Berufe zusammenschließen. Sie beruht im Wesentlichen auf den Grundlagen der Gesellschaft bürgerlichen Rechts (GbR). Im Unterschied zur GbR bietet die Partnerschaftsgesellschaft allerdings die Möglichkeit einer Haftungsbeschränkung, was sie wiederum durchaus attraktiv macht.

Generell haften die Partner für Verbindlichkeiten der Partnerschaft gesamtschuldnerisch und persönlich. Waren allerdings nur einzelne Partner mit der Bearbeitung eines Auftrags befasst, haften nur sie für daraus entstandene berufliche Fehler. Das heißt, die anderen Partner haften in diesem Fall nicht mit ihrem Privatvermögen. Ein „Auftrag" im Sinne der Regelung ist beispielsweise ein Beratungsauftrag, ein anwaltliches Mandat, ein ärztlicher oder therapeutischer Behandlungsvertrag. „Befasst sein" bedeutet, dass der Partner den Auftrag selbst bearbeitet oder seine Bearbeitung überwacht hat oder dies nach der internen Zuständigkeitsverteilung hätte tun müssen. Dies setzt natürlich voraus, dass zumindest ein Partner mit dem Auftrag befasst war und damit zumindest ein Partner in der Gesellschaft die persönliche Verantwortung und Haftung für den Berufsfehler übernimmt. Haben mehrere Partner die Sache bearbeitet, so haften sie gesamtschuldnerisch, also alle direkt beteiligten und verantwortlichen Partner.

Freiberufler, deren Haftung per Berufsgesetz und Verordnung beschränkt ist, müssen eine Haftpflichtversicherung abschließen. Im Fall der Fälle obliegt der Partnerschaft die Darlegungs- und Beweislast, dass die Haftung beschränkt ist und wer mit dem Auftrag tatsächlich befasst war.

Die Partnerschaft ist eine Gesellschaft, in der sich freiberufliche (natürliche) Personen zur Ausübung ihrer Berufe zusammenschließen. Sie übt kein Handelsgewerbe aus. Ein Mindestkapital ist zur Gründung nicht erforderlich.

Die Möglichkeit eines Zusammenschlusses in einer Partnerschaftsgesellschaft steht unter dem Vorbehalt des jeweiligen Berufsrechts. Dies bedeutet beispielsweise, dass sich Rechtsanwälte nur mit den in § 59a BRAO aufgeführten übrigen Berufsangehörigen zusammenschließen dürfen.

Der Partnerschaftsvertrag muss schriftlich abgefasst werden und enthält:
- den Namen und den Sitz der Partnerschaft;
- den Namen und den Vornamen sowie den in der Partnerschaft ausgeübten Beruf und
- den Wohnort jedes Partners;
- den Gegenstand der Partnerschaft.

Die Anmeldung erfolgt beim elektronischen Partnerschaftsregister. Dies übernimmt der Notar. Er muss die Anmeldung (Unterschriften der Partner) beglaubigen.

▶ **Hinweis:** Eine noch weitergehende Haftungsbeschränkung bietet die Partnerschaftsgesellschaft mit beschränkter Berufshaftung (PartG mbH). Bei dieser Rechtsform ist das Privatvermögen des Partners, der seinen Beruf fehlerhaft ausübt, genauso geschützt wie das seiner Partner. Die Haftung ist beschränkt auf die Versicherungssumme der Berufshaftpflichtversicherung. ◀

▶ **Hinweis:** Im PartGG (§2 Abs.1) gibt es Vorschriften, was die Namensgebung angeht. Den Zusatz „Partnerschaft" oder „und Partner" dürfen nur Partnerschaften nach diesem Gesetz führen. ◀

Kapitalgesellschaften

Die beiden bekanntesten Formen einer Kapitalgesellschaft sind die „Gesellschaft mit beschränkter Haftung" oder „GmbH" sowie die „Aktiengesellschaft" oder „AG". Diese Gesellschaften sind selbst rechtsfähig (juristische Personen) und können klagen und verklagt werden. Sie sind im Gegensatz zu den bisher vorgestellten Rechtsformen in gewisser Weise unabhängig von ihren jeweiligen GesellschafterInnen.

GmbH und AG sind ausserdem firmenfähig und werden in das Handelsregister eingetragen. Die Haftung der Gesellschaft beschränkt sich auf maximal die Höhe der Einlagen. Auf das persönliche Vermögen der GesellschafterInnen wird im Haftungsfall in der Regel nicht zugegriffen. Beide Rechtsformen, GmbH und AG (bei der noch die sogenannte „Kleine AG" zu unterscheiden ist), werden in eigenen Gesetzen geregelt, nämlich im GmbH-Gesetz und im Aktiengesetz.

Um eine „Gesellschaft mit beschränkter Haftung" zu gründen, werden mindestens 25.000 Euro an sogenannter „Gesellschaftseinlage" benötigt. Die Haftung der jeweiligen GmbH ist nämlich immer beschränkt auf die Höhe dieser Einlagen. Diese Einlage muss nicht unbedingt aus einer Geldsumme auf einem Konto bestehen (oder wie im Film im Koffer zum Notar getragen werden). Es können auch Geräte, Maschinen oder Fahrzeuge als Einlage in die Gesellschaft gebracht werden. Allerdings darf dieses Gesellschaftskapital nicht aufgebraucht werden. Die GmbH ist für die meisten Unternehmungen im Bereich der freien Berufe ungeeignet. Bei grösseren Projekten mit mehreren Beteiligten wie zum Beispiel einem „Gesundheits-Haus" ist sie durchaus empfehlenswert. In der Kombination der GmbH mit einem Kompagnon oder/und einem Kommanditisten ergibt sich die „GmbH & Co. KG". Diese Variante bietet sich an, wenn sogenannte „Stille TeilhaberInnen" mit Kapital in die Gesellschaft einsteigen und sich ansonsten an der Geschäftsführung nicht beteiligen wollen.

Die „Unternehmergesellschaft (haftungsbeschränkt)", gerne auch „Mini-GmbH" oder oben schon mal als „1-Mann-GmbH" genannt, ist eine besondere Form der GmbH. Sie kann bereits mit einer Stammkapitaleinlage von einem Euro gegründet werden. Es gibt einige abweichende Vorschriften zur GmbH.

Aktiengesellschaften haben bei uns den Hauch der „grossen weiten Geldwelt". Internationaler Börsenhandel und der DAX fallen uns ein. In der Schweiz ist hingegen die AG eine sehr weit verbreitete Unternehmensform. Auch in Deutschland lässt sich schon mit einem Grundkapital von 50.000 Euro eine sogenannte „Kleine Aktiengesellschaft" gründen. Entgegen der verbreiteten Annahme müssen Aktiengesellschaften übrigens ihre Aktien nicht an der Börse handeln lassen.

Zeichnet sich bei Personenfirmen ein hoher Gewinn ab, könnte sich der Wechsel zur Rechtsform der GmbH lohnen. Das macht sich bezahlt, wenn der Unternehmer den Gewinn nicht für sich verbraucht, sondern in der Firma stehen lässt. In der GmbH kosten Erträge 23 bis 33 Prozent Steuern – je nach Gewerbesteuerhebesatz. Ähnliche Sätze gelten zwar auch in Personenfirmen, wenn die Gewinne thesauriert werden, also in der Firma bleiben. Doch in der GmbH kann sich der Chef ein ordentliches Gehalt plus Altersvorsorge gönnen und als Betriebsausgabe absetzen. Dies kann allerdings nicht so einfach z.B. monatlich variiert werden.

Wenn sich für Ihre Unternehmung eine dieser beiden Möglichkeiten anbietet, so lassen Sie sich steuerlich und rechtsanwaltlich beraten, denn es sind unter anderem besondere Buchführungs- und Veröffentlichungspflichten zu beachten.

Verein

Immer mal wieder kommt die Frage auf, ob denn nicht ein Verein als unternehmerische Rechtsform die Lösung mancher steuerlicher „Probleme" sei. Dahinter steckt der Gedanke, dass Vereine keine Einkommensteuer und meist auch keine Umsatzsteuer zahlen müssen. So weit so richtig. Mancherorts bekommen Vereine kostenlos oder sehr günstig Räume zur Verfügung gestellt und können ebenfalls kostenlos unter den „Vereinsnachrichten" in den örtlichen Tageszeitungen werben. Allerdings ist ein Verein auch eine eigenständige, also eine juristische Person, die von den Vereinsmitgliedern relativ losgelöst ist. Spielen wir also die „Vereinsvariante" an einem Beispiel mal durch:

Beispiel: Der Verein „Wellness Dülmen e. V." hat als Satzungsziel die „Verbreitung eines ganzheitlichen Gesundheitsbewusstseins" und strebt dieses Ziel an durch „vielfältige Beratungs- und Kursangebote". Die Einnahmen, die der Verein durch

diese Kurse macht, sind tatsächlich einkommensteuerfrei. Gehen wir davon aus, dass auch keine Körperschaftsteuer (das ist sozusagen die „Einkommensteuer" für juristische Personen) zu zahlen ist, dann ist jetzt die Vereinskasse schön voll – und die KursleiterInnen und Berater haben noch kein Honorar erhalten.
Zahlt der Verein jetzt ein Honorar an diejenigen, die die Beratungs- und Kursangebote für den Verein durchgeführt haben, dann entstehen bei denen wiederum Einnahmen, die – na klar – einkommensteuerpflichtig sind. Zum Steuernsparen taugt also die Vereinsvariante nicht!
Bei der Durchführung grösserer Veranstaltungen wie zum Beispiel Kongressen und ähnlichem können Vereine durchaus selbst steuerpflichtig werden. Fragen Sie in diesen Fällen zunächst eine/n SteuerberaterIn, der/die sich mit Vereinen auskennt. Es gibt natürlich viele gute Gründe, einen Verein zu gründen. So zum Beispiel, um mit anderen ideelle Ziele zu erreichen oder bestimmte Ideen zu verfolgen – mal ganz abgesehen von den vielen Freizeitvereinen.

Übungsleiter und Ehrenamt

Nicht selten wird eine spätere hauptberufliche Selbstständigkeit gestartet mit einer zunächst nebenberuflichen Tätigkeit. Es findet sozusagen ein Hineinschnuppern statt, was auch durchaus Sinn macht. Das hilft später beim richtigen Start, da einerseits bereits Erfahrungen vorliegen mit diversen administrativen Dingen, andererseits auch schon potenzielle Kunden vorhanden sind.

Übungsleiterpauschale

Wenn Sie Kurse nebenberuflich und nur für Volkshochschulen und/oder Sportvereine geben und Ihr Jahreshonorar dafür aktuell nicht über Euro 2.400 liegt, so können Sie für sich die Übungsleiterpauschale in Anspruch nehmen. Diese Einnahmen sind steuer- und sozialabgabenfrei. Geregelt ist dies im § 3, Nr. 26 des Einkommensteuergesetzes (EStG).
Ein Urteil des Hessischen Finanzgerichts zeigt: lieber zweimal hinschauen, ob Sie die Übungsleiterpauschale auch wirklich beanspruchen dürfen (FG-Urteil, veröffentlicht am 25.2.2016, Az. 12 K 1017/15). Im entschiedenen Fall wollte ein ehrenamtlich tätiger Auditor die Übungsleiterpauschale erhalten. Jemand, der Unis für das Anbieten von Bachelor-Studiengängen fit macht. Seine Arbeit dient zweifelsohne einem nützlichen Zweck – jedoch: Die Übungsleiterpauschale gibt es trotzdem nicht. Denn: Nach § 3 Nr. 26 EStG sind Einnahmen aus nebenberuflichen Tätigkeiten als Übungsleiter, Ausbilder, Erzieher, Betreuer oder vergleichbaren nebenberuflichen Tätigkeiten, aus nebenberuflichen künstlerischen Tätigkeiten oder der nebenberuflichen Pflege alter, kranker oder behinderter Menschen im Dienst oder im Auftrag einer juristischen Person des öffentlichen Rechts steuerfrei.

Schauen Sie sich deshalb lieber vorher die Liste der begünstigten Tätigkeiten an – zuletzt von der Oberfinanzdirektion Frankfurt aktualisiert (OFD Frankfurt vom 12.8.2014, Az. S 2245 A-2-St 213).
Es geht noch weiter mit den Bedingungen, ob Sie „nebenberuflich" tätig sind. Sie sind nur dann nebenberuflich tätig, wenn Sie nicht mehr als ein Drittel der Zeit, die Sie für Ihren Hauptberuf aufbringen, für Ihre Nebenbeschäftigung verwenden. Sie müssen nicht unbedingt einen Hauptberuf haben, Sie können auch Hausfrau/-mann, Student oder sogar arbeitslos sein. Dieses Kriterium ist nicht zu unterschätzen. In § 6 EStG ist ausdrücklich von „Nebenberuflichkeit" die Rede. Das heißt: Wer einer Tätigkeit als Übungsleiter, Trainer, Betreuer, Erzieher, Chorleiter usw. hauptberuflich nachgeht, ist beim Thema Übungsleiterfreibetrag auch schon wieder außen vor.
Um vom Freibetrag zu profitieren, müssen Sie für eine öffentlich-rechtliche oder gemeinnützige Körperschaft tätig sein, in der Sie im mildtätigen, gemeinnützigen oder kirchlichen Bereich arbeiten. Klären Sie das vor Beginn mit dem Auftraggeber bzw. dem Ansprechpartner der Institution. Diese kennen in der Regel ihren eigenen Status diesbezüglich am besten.
Sie können die durch die Übungsleitertätigkeit entstandenen Aufwendungen als Werbungskosten oder Betriebsausgaben absetzen, sofern sie höher sind als der Freibetrag. Übersteigen diese die steuerfreien Einnahmen, können Sie einen Verlust geltend machen. Dieser wird mit anderen Einkünften verrechnet, sodass Sie weniger Steuern zahlen müssen.

Die Übungsleiterpauschale in der Steuererklärung

Der Gesetzgeber unterscheidet hinsichtlich der Übungsleiterpauschale nicht danach, ob Sie Arbeitnehmer oder selbstständig tätig sind. Die Übungsleiterpauschale ist im Gesetz auch keiner bestimmten Einkunftsart zugeordnet.
Selbstständige Arbeit: Wenn Sie selbstständig tätig sind, tragen Sie Ihre steuerfreien Aufwandsentschädigungen oder Einnahmen in der Anlage S ein.
Arbeitnehmertätigkeit: Arbeitnehmer tragen ihre steuerfreien Aufwandsentschädigungen oder Einnahmen bis zu 2.400 Euro in der Anlage N ein. Wenn die Zahlungen, die Sie steuerfrei erhalten haben, die Übungsleiterpauschale übersteigen, tragen Sie den übersteigenden Betrag als Arbeitslohn ebenfalls in der Anlage N ein. Diese werden dann entsprechend noch versteuert.

Hinweis: Wenn Sie Einnahmen erzielen, weil Sie selbst Kurse organisieren, so können Sie für diese nicht die Übungsleiterpauschale in Anspruch nehmen! Sie dürfen auch nicht für gleiche Tätigkeiten (zum Beispiel Yoga bei der VHS, im Sportverein und noch in eigenen Kursen) erzielte Honorare zusammenzählen. Hier sind Sie gezwungen, auch bei geringen Umsätzen, mit einer Einnahmen-Überschuss-Rechnung Ihre betrieblichen Einnahmen und Ausgaben zu berechnen.

Auf keinen Fall dürfen Sie von sich aus die Übungsleiterpauschale mit Euro 2.400 von Ihren Honorareinnahmen abziehen, wenn diese Einnahmen nicht nur aus den im Paragraph 3, 26 EStG genannten Quellen stammen, sondern zum Beispiel auch aus eigenen Kursen!

Ehrenamtspauschale

Wenn Sie ehrenamtlich tätig sind, dürfen Sie als Entschädigung für freiwillig geleistete Arbeit pro Jahr Euro 720 steuerfrei einnehmen. Sozialversicherungsbeiträge müssen darauf ebenfalls nicht gezahlt werden. Selbstverständlich dürfen Sie auch mehr für ihre ehrenamtliche Arbeit annehmen. Allerdings werden für alle Einnahmen aus ehrenamtlicher Tätigkeit, die über 720 Euro liegen, Steuern und Sozialabgaben fällig.

Die Ehrenamtspauschale ist im § 3 Nr. 26 a EstG definiert und grundsätzlich gelten die gleichen Vorgaben wie für die Übungsleiterpauschale, hinsichtlich „nebenberuflich" usw. Die Tätigkeit, für die die Ehrenamtspauschale in Anspruch genommen wird, muss gemeinnützig oder mildtätig sein und für eine öffentlich-rechtliche oder gemeinnützige Organisation erfolgen. Das Ehrenamt muss also im Verein, in einem Pflegeheim, einer Einrichtung für Jugendliche oder Behinderte, im Tierschutz, der Schule, Uni, Volkshochschule oder Kirche oder einer ähnlichen Organisation verrichtet werden.

Die Übungsleiterpauschale kann neben der Ehrenamtspauschale geltend gemacht werden. Selbst dann, wenn die Tätigkeiten in demselben Verein stattgefunden haben. Es muss sich dann allerdings um zwei verschiedene, voneinander abgrenzbare Tätigkeiten handeln.

Beispiel: Peter gibt Kurse im Shinson Hapkido im Sportverein für Kinder und Jugendliche. Das erhaltene Honorar für die Jugendkurse gibt er als Übungsleiterpauschale an, das Honorar für die Kinderkurse als Ehrenamtspauschale. Das ist so nicht möglich, da es die gleiche Tätigkeit ist.

Thomas ist im gleichen Verein Kassenwart und das hierfür erhaltene Honorar macht er als Ehrenamtspauschale geltend. Darüber hinaus gibt er, ebenfalls in diesem Verein, Judokurse für Erwachsene. Das Honorar für die Judokurse gibt er als Übungsleiterpauschale an, was somit passend ist. Es muss sich um zwei verschiedene, voneinander abgrenzbare Tätigkeiten handeln

Tipp: Mit einer möglichst genauen Tätigkeitsbeschreibung können Sie dem Finanzamt gegenüber belegen, welche Tätigkeiten jemand ausübt und worauf Ihre Aufteilung beruht.

Umsatzsteuer

Kleinunternehmerregelung

Wer ein Unternehmen gründet, hat nicht unbedingt im Sinn, in derselben Liga wie ein Konzern einzusteigen. Erst mal klein anfangen, später dann wachsen – das hat den Charme, dass Sie nicht sofort mit gewaltigen Investitionen große Risiken eingehen müssen.
Von Kleinunternehmen spricht man vor allem in steuerlichen Zusammenhängen. Wenn Sie erst einmal mit geringen Umsätzen starten und/oder diese noch nicht so klar absehbar sind, möchten Sie sich eventuell nicht die Pflicht aufbürden, auf Ihre Rechnungen Umsatzsteuer aufzuschlagen und regelmäßig eine Umsatzsteuererklärung machen zu müssen.
Bevor wir uns die Kleinunternehmerreglung näher ansehen, lassen Sie uns eine Begrifflichkeit klären: Die Sache mit der Umsatzsteuer.

Umsatzsteuer

Diese Steuer wird auf den Umsatz berechnet, weshalb sie Umsatzsteuer genannt wird. Sie ist eine sogenannte durchlaufende Steuer, das heisst, jeder muss beim Kauf, also bei jedem „Umsatz", die Umsatzsteuer zahlen. Selbstständige, die etwas verkaufen (Produkt oder Dienstleistung) erheben beim Verkauf selbst wieder Umsatzsteuer. Diese Umsatzsteuer wird auf den Nettopreis aufgeschlagen, so dass daraus der Bruttopreis (Verkaufspreis) resultiert. Es braucht also im geschäftlichen Alltag nur die Differenz von dem, was an Steuern beim Verkauf eingenommen wurde (Mehrwertsteuer) und dem, was beim Kauf ausgegeben wurde (Vorsteuer), an das Finanzamt abgeführt zu werden (Zahllast).

Beispiel: Xaver kauft für netto 1.000 Euro eine Anlage. Diese verkauft er für 2.000 Euro weiter. Beim Kauf werden jeweils 19 Prozent Umsatzsteuer für die Anlage berechnet. Das heisst, Xaver zahlt insgesamt 1.000 Euro + 190 Euro Mehrwertsteuer = brutto 1.190 Euro.
Beim Verkauf erhebt Xaver einen Preis von netto 2.000 Euro, auf den er wieder zusätzlich 19 Prozent Mehrwertsteuer berechnet. Das führt nun dazu, dass der Käufer an Xaver wie folgt zahlt: 2.000 Euro + 380 Euro Mehrwertsteuer = brutto 2.380 Euro. Xaver hat also 190 Euro an Vorsteuer verauslagt beim Kauf und 380 Euro als Mehrwertsteuer von seinem Kunden eingenommen. Die Zahllast Xavers an das Finanzamt beträgt also: 380 Euro - 190 Euro = 190 Euro.
Die Zahllast ist selbst auszurechnen und bereits seit 2005 nur noch auf elektronischem Wege (!) dem Finanzamt regelmässig mitzuteilen. Die Beträge müssen unaufgefordert innerhalb bestimmter Fristen abgeführt werden. Grundsätzlich ist jeder durch selbstständige Tätigkeit eingenommene Euro umsatzsteuerpflichtig.

Allerdings hat der Gesetzgeber die Möglichkeit geschaffen, dass sogenannte Kleinunternehmer nicht unter die Umsatzsteuerpflicht fallen. Diese Grenze liegt seit dem 1. Januar 2003 bei einem Jahresumsatz von 17.500 Euro.
Wer also weniger als diese Summe pro Jahr einnimmt, ist umsatzsteuerbefreit. Allerdings darf dann auch keine Umsatzsteuer berechnet werden und bezahlte Vorsteuer kann natürlich auch nicht abgezogen werden. Das hat Vor- und Nachteile. Betrachten Sie die Umsatzsteuer wie einen durchlaufenden Posten bzw. eine Position, für die Sie lediglich für das Finanzamt erst mal das Handling erledigen.

▶ **Hinweis:** Die Zahlung der Umsatzsteuer an das Finanzamt wird zum 10. des Folgemonats fällig. Allerdings können Sie oder Ihr Steuerberater unkompliziert eine Fristverlängerung beantragen, so dass diese erst einen Monat später fällig wird. In dem Zusammenhang ist noch wichtig, dass jeweils im Januar 1/11 der gezahlten Umsatzsteuer des Vorjahres vorausgezahlt wird. Diese Vorauszahlung wird mit der letzten Umsatzsteuerzahlung des Jahres, also im Dezember, wieder verrechnet und Sie zahlen im Januar darauf entsprechend weniger. Allerdings kommt dann ja direkt die nächste Vorauszahlung die zu leisten ist. Es ist also im Prinzip lediglich eine Verschiebung und macht sich in der Liquidität nur beim ersten Mal deutlich bemerkbar. ◀

Umsatz geringer als 17.500 Euro im Jahr

Die Kleinunternehmerregelung ist im § 19 UStG (Umsatzsteuer-Gesetz) definiert und erlaubt, sich bei einem jährlichen Umsatz bis 17.500 Euro – also die Summe aller Einnahmen - von der Umsatzsteuerpflicht befreien zu lassen. Auf jeder Rechnung ist der Netto-Betrag dann gleichzeitig der Brutto-Betrag und eine Umsatzsteuererklärung gibt es für den Kleinunternehmer nicht. Auf der Rechnung ist dies entsprechend zu vermerken, siehe Kapitel 4, Rechnungsstellung, Seite 199. Zwei Voraussetzungen müssen erfüllt sein, damit das Finanzamt Sie als Kleinunternehmer einstuft:
– Ihr Umsatz im vergangenen Kalenderjahr muss unter 17.500 Euro liegen
– Ihr Umsatz im laufenden Kalenderjahr darf maximal 50.000 Euro betragen

Wer diese Kriterien erfüllt und die Kleinunternehmerregelung in Anspruch nimmt, darf dann keine Mehrwertsteuer in seinen Rechnungen ausweisen und keine Vorsteuer abziehen.
Gründer müssen auf dem Fragebogen zur steuerlichen Erfassung den Umsatz für das laufende Jahr und das folgende Jahr schätzen und ankreuzen, ob sie die Kleinunternehmerregelung beanspruchen oder darauf verzichten. Die Regelung ist freiwillig, denn sie lohnt sich nicht für jeden.

▶ **Hinweis:** Für Kleinunternehmer genügt eine formlose Gewinnermittlung nicht mehr für die Steuererklärung. Auch sie müssen seit 2017 für die Steuererklärung eine Einnahmen-Überschuss-Rechnung (Anlage EÜR) elektronisch übermitteln. ◀

Wenn im laufenden Jahr (Kalenderjahr) die Kleinunternehmergrenze von 17.500 Euro überschritten wird, müssen Sie im Folgejahr auf Ihre Rechnungsbeträge die Umsatzsteuer (= Mehrwertsteuer) addieren. Das Finanzamt macht Sie nicht separat darauf aufmerksam! Denn ab dem Folgejahr unterliegen Sie automatisch der Regelbesteuerung und müssen die Umsatzsteuer an das Finanzamt abführen. Angenommen, Sie erfahren erst im Mai des Folgejahres von dieser Änderung, dann fordert das Finanzamt den Umsatzsteueranteil von Ihren im Folgejahr tatsächlich eingegangenen Umsätzen ein. Das bedeutet, dass Sie in diesem Fall von Ihren Einnahmen aus den ersten fünf Monaten 19 Prozent Umsatzsteuer abführen müssen. Sie sollten also mit der ersten Rechnungsstellung/Preisquotierung im neuen Jahr bereits die nun fällige Umsatzsteuer auf Ihren Preis aufschlagen. Formel dazu: Eigener Preis x 19 Prozent = Endverbraucherpreis.

Umsatz größer als 17.500 im Jahr

Wer im laufenden Jahr zwar schon mehr als 17.500 Euro, allerdings weniger als 50.000 Euro Einnahmen hat, wird erst zum nächsten Jahr umsatzsteuerpflichtig. Wenn die unternehmerische Tätigkeit nur in einem Teil des Jahres stattgefunden hat, was meist im Gründungsjahr der unternehmerischen Tätigkeit passiert, wird der Umsatz dieser Monate auf das ganze Jahr hochgerechnet.
Diese Umsatzsteuerpflicht bei o.g. Situation tritt in jedem Fall ein, auch wenn im nächsten Jahr der Umsatz wieder unter 17.500 Euro liegt. Dann greift erst im übernächsten Jahr wieder die Kleinunternehmerregelung. Entscheidend ist also immer der Umsatz des Vorjahres.
Es ist allerdings fraglich, ob es sowohl für Ihre Kalkulation, die Preisgestaltung gegenüber Ihren Kunden als auch für Ihr administratives Handling sinnvoll ist, dauernd hin und her zu ändern, sollten Sie immer wieder um diese Grenze mit dem Umsatz liegen.
Ein freiwilliger Wechsel von der Kleinunternehmerregelung zur Regelbesteuerung ist zu jedem Jahreswechsel möglich. Bedenken Sie allerdings, dass Sie bei einem freiwilligen Verzicht auf die Kleinunternehmerregelung für 5 Kalenderjahre an diese Entscheidung gebunden sind. Erst nach Ablauf dieser Frist ist wieder ein Wechsel in die andere Richtung möglich.
Der freiwillige Wechsel zur Regelbesteuerung kann für Sie sinnvoll sein, wenn
– größere Investitionen anstehen und die dabei zu zahlende Umsatzsteuer im Verhältnis zur künftig eingenommenen Umsatzsteuer hoch ist (daher sollte dies auch direkt zu Beginn überlegt werden, da oft zum Start die größten Investitionen anfallen

- sich der Kundenkreis sich zu mehr vorsteuerabzugsberechtigten Kunden verändert
- sich die Menge der umsatzsteuerpflichtigen Ausgaben erhöht

Für die Entscheidung für oder gegen den Wechsel ist ein genaues Nachrechnen nötig und der Rat einer Steuerberater hilfreich.

Beispiel: Wer eine eigene Schule eröffnet, noch nicht umsatzsteuerpflichtig ist und mit relativ hohen und/oder regelmässigen Ausgaben rechnen muss, die umsatzsteuerpflichtig sind (z.B. Mieten, Service, Leasing etc.) sollte auf die Umsatzsteuerbefreiung/Kleinunternehmerregelung gleich verzichten und die Umsatzbesteuerung/Regelbesteuerung beantragen (gleich mit dem „Fragebogen zur steuerlichen Erfassung").

Eine genaue Gegenüberstellung der zu erwartenden Einnahmen und der Ausgaben lohnt, denn wer beispielsweise ein eigenes Zentrum einrichtet mit Matten und Material für die TeilnehmerInnen, Teppichboden, Lampen, gegebenenfalls noch einer Musik- und EDV-Anlage usw. hat schnell hohe Vorsteuerbeträge zusammen. Bei anfangs wahrscheinlich noch geringen Einnahmen kann das sogar dazu führen, dass die Vorsteuerbeträge über den erzielten Mehrwertsteuersummen liegen. Das wiederum bedeutet, dass das Finanzamt Geld zurückzahlt!
Der Mehrwertsteuersatz für Kurse, Therapie und Beratung liegt bei neunzehn Prozent auf den Umsatz. Um eigene Einbussen bei den Einnahmen zu vermeiden, sollte dieser Mehrwertsteuersatz auf das eigentliche Honorar, beziehungsweise die Kursgebühr, aufgeschlagen werden.

Beispiel: Bettina betreibt ein Pilates-Studio, sie unterliegt der Kleinunternehmerregelung und ist aktuell nicht umsatzsteuerpflichtig. Julia kauft bei Bettina eine 10er-Karte für eine Kursteilnahme, die sie mit 100 Euro bezahlt. Da Bettina keine Umsatzsteuer abführen muss, bleiben die 100 Euro vollständig bei ihr als Umsatz. Da sie jedoch im laufenden Jahr mehr als 17.500 Euro hat, unterliegt sie im kommenden Jahr der Regelbesteuerung und muss 19 Prozent Umsatzsteuer an das Finanzamt abführen. Nun ist die Frage, welchen Preis Bettina von Julia nehmen kann beim neuerlichen Kauf einer 10er-Karte. Entweder sie berechnet Julia 119 Euro, da sie ja nun 19 Euro Mehrwertsteuer abführen muss oder sie nimmt von Julia wie zuvor 100 Euro. Dann bleiben für Bettina allerdings netto nur 84,03 Euro (netto 84,03 Euro + 19 Prozent MwSt = brutto 100 Euro).
Sollte Bettina für eine Pilates-Stunde von einer Firma gebucht worden sein, die dies für die Mitarbeiter anbieten, so kann sie ohne Weiteres die 19 Prozent auf den bisherigen Preis aufschlagen, da die Firma ihrerseits die 19 Prozent Umsatzsteuer an Bettina als Vorsteuer geltend machen kann.

Unterschied zwischen Kleingewerbe und Kleinunternehmen: keine Buchführungspflicht für Kleingewerbe

Vielleicht sind Sie auch schon über diese Begriffe gestolpert. Kleingewerbe klingt zwar ganz ähnlich wie Kleinunternehmer, meint jedoch etwas anderes. Es geht bei diesem Begriff um die Buchführung. Auch beim Kleingewerbe spielt der jährliche Umsatz bis 17.500 Euro eine Rolle: Bis zu dieser Höhe darf ein Kleingewerbe eine einfache Einnahmen-Überschuss-Rechnung (EÜR) zur Gewinnermittlung nutzen. Natürlich kann ein Kleingewerbe gleichzeitig ein Kleinunternehmen sein.
Freiberufler können Kleinunternehmer sein, allerdings nie Kleingewerbetreibende. Sie können sich bei einem Jahresumsatz bis 17.500 Euro auch für die Kleinunternehmerregelung entscheiden, sind jedoch in ihrer beruflichen Tätigkeit niemals Kleingewerbetreibende. Für sie gilt in der Thematik Buchführung sowieso, dass sie grundsätzlich von der Pflicht zur Buchführung befreit und unabhängig von ihrer Umsatz- und Gewinnhöhe zur Einnahmen-Überschuss-Rechnung (EÜR) berechtigt sind.

Kleinunternehmerregelung auf mehrere Unternehmen anwenden

Sollten Sie auf die Idee kommen, die Kleinunternehmerregelung einfach auf mehrere Unternehmen anwenden zu wollen, so wird daraus leider nichts. Denn diese Regelung ist personengebunden.

Beispiel: Ein Qigong-Lehrer führt nebenbei noch ein Nachhilfeunternehmen und macht mit seinen Betrieben jeweils einen Umsatz von etwa 10.000 Euro. Obwohl die Unternehmen jeder für sich die Umsatzgrenze von 17.500 Euro unterschreiten, muss der Qigong-Lehrer die Umsatzsteuer ausweisen – denn die Kleinunternehmerregelung ist an eine Person gebunden, nicht an das Unternehmen.
Eine Ausnahme gibt es, wenn der Qigong-Lehrer nebenbei noch eine GbR mit einem Partner führt: Dann gilt für die GbR als Ganzes die Kleinunternehmerregelung, nicht pro Gesellschafter. Wenn Sie fünf GbRs mit fünf unterschiedlichen Partnern unterhalten, kann theoretisch jede GbR von der Kleinunternehmerregelung profitieren. Doch Vorsicht: Nach § 42 Abgabenordnung dürfen Unternehmer diese Rechtsform nicht missbrauchen, um Steuern zu sparen.
Im Zweifelsfall gilt: lieber beim Steuerberater nachfragen, statt teure Fehler zu riskieren.

Umsatzsteuerbefreiung für Leistungen von Heilpraktikern und Gesundheitsfachberufen

Zwar gibt es eine Reihe von Berufsgruppen, die von der Umsatzsteuer grundsätzlich befreit sind. Im Gesundheitsbereich beschränken sich diese allerdings auf sogenannte heilberufliche Tätigkeiten. Dazu zählen nur solche Tätigkeiten, die im Katalog der Heilberufe im § 4, Nr. 14 des Umsatzsteuergesetzes (UStG.) aufgeführt sind oder die durch eine Berufsregelung eine Ähnlichkeit mit diesen haben.

Von dieser Gruppe sind eindeutig und unter Benennung in diversen Mitteilungen des Bundesfinanzministeriums sowie der Oberfinanzdirektion ausgeschlossen: Heilpädagogen, Bewegungs- und Musiktherapeuten, Krankenpflegehelfer, Augenoptiker, Yogalehrer u.a.! Nicht alle Lehrende werden umfassend genannt, doch gehen Sie davon aus, dass Taiji-, Qigong-, Autogenes-Training-, Feldenkrais- und andere Lehrende den Yoga-Lehrenden nach dieser Verfügung gleichgestellt werden.

Tatsächlich ist es für solche Lehrende, die gleichzeitig beispielsweise Arzt/Ärztin oder HeilpraktikerIn sind – und dadurch zu den sogenannten Katalogberufen des Paragraph 4, Nr. 14 Umsatzsteuergesetz (UStG) zählen –, ist es möglich, Yoga oder anderen Unterricht umsatzsteuerfrei durchzuführen. Jedoch nur, wenn dies Bestandteil einer ärztlichen bzw. heilpraktischen Therapie ist. Geben Sie jedoch Unterricht im Rahmen eines offenen Kursangebotes, so sind die Einnahmen, wenn der Umsatz über 17.500 Euro im Jahr liegt, umsatzsteuerpflichtig wie bei allen anderen auch!

Wenn Freiberufler und/oder Heilpraktiker Waren verkaufen

Vorsicht ist immer dann geboten, wenn die freiberufliche Tätigkeit (Unterricht, Beratung oder Therapie) kombiniert wird mit dem Verkauf von Waren wie Büchern, CDs, Hilfsmitteln und Ähnlichem. Denn ein solcher Verkauf stellt eine gewerbliche Tätigkeit dar. Wird Ihrerseits nicht unterschieden zwischen den betrieblichen Einnahmen aus freiberuflicher Tätigkeit und dem (gewerblichen) Verkauf von Waren, so kann das Finanzamt alle Einnahmen als gewerblich einstufen. Das würde bei einem Gewinn von über 24.500 Euro im Jahr dann sogar dazu führen, dass Gewerbesteuer zu zahlen wäre. Bei der Weitergabe beziehungsweise dem Verkauf von Waren sollten Sie deshalb als DozentIn, BeraterIn oder TherapeutIn die folgenden Möglichkeiten unterscheiden:

Sammelbestellung

TeilnehmerInnen an Ihrem Kurs möchten zum Beispiel auch „so eine schöne Übungsmatte" haben oder ein Sitzbänkchen. Sie bestellen für diese bei einem Hersteller oder Versandhandel eine entsprechende Anzahl. Selbst, wenn Sie für diese Bestellung durch den Händler einen (zusätzlichen) Rabatt erhalten, ist dadurch Ihr Status als FreiberuflerIn nicht gefährdet, wenn Sie die Ware ohne Gewinnaufschlag zum normalen Listenpreis weitergeben. Sie treten dann nämlich nur als sogenannte SammelbestellerIn auf. Den vom Händler gewährten Rabatt für Ihre Sammelbestellung dürfen Sie behalten.

Ansichtssachen

Ähnlich wie zuvor ist der Fall gelagert, wenn Sie nicht auf Anfrage Waren bestellen und weitergeben, sondern in Ihrer Praxis oder Ihrem Studio Muster auslegen haben. Interessante Bücher, CDs oder Hilfsmittel für das Üben können Ihre KlientInnen oder TeilnehmerInnen bei Ihnen anschauen oder ausprobieren. Gefällt ihnen etwas, so müssen diese sich wieder, wie zuvor, an Sie wenden, damit Sie eine Sammelbestellung aufgeben. Die Muster selbst, die bei Ihnen auslegen, sind unverkäuflich. Es kann vorteilhaft sein, ein (kleines) Schild aufzustellen, mit einem Text wie: „Muster, nicht zum Verkauf bestimmt".

Bevorratung zum Verkauf

Eindeutig gewerblich wird der Verkauf dann eingestuft, wenn Sie nicht nur wie zuvor beschrieben auf Bestellung verkaufen, sondern zum Verkauf vorgesehene Waren bevorraten. Das ist dann der Fall, wenn Sie eine mehr oder minder grosse Menge an Büchern, Duftölen, Tees oder anderen Waren präsentieren oder lagern, damit Ihre Kundschaft gleich nach oder schon vor Kurs oder Therapie diese bei Ihnen kaufen und mitnehmen kann.

Haben Sie sich bewusst für den zusätzlichen Verkauf von Waren neben Ihrer freiberuflichen (und gegebenenfalls heilpraktischen) Tätigkeit entschieden, dann trennen Sie sowohl die betrieblichen Einnahmen wie Ausgaben voneinander – soweit möglich. Bei den Einnahmen fällt diese Trennung ja leicht: Eine neue Spalte ins Buchungsjournal bzw. in die Tabellenkalkulation einfügen reicht.

Bei den Ausgaben ist der Wareneinkauf natürlich eindeutig der gewerblichen Tätigkeit zuzuordnen. Wie steht es jedoch mit dem Telefon, dem Computer, dem Auto, den Mietkosten für die Räume und all den anderen Dingen, die Sie für beide Tätigkeiten nutzen. Diese Posten sollten Sie aufteilen. Am einfachsten und auch für das Finanzamt leicht nachvollziehbar, geschieht das nach der prozentualen Höhe des Umsatzes. Die zu verteilenden Kosten werden prozentual in der gleichen Höhe verteilt.

Beispiel: Mit ihrem Studio erzielt Inge jährlich einen Umsatz von 30.000 Euro durch Beratung und Therapie. Mit dem Verkauf von Büchern, Tees und Ölen kommen 3.000 Euro zusammen. Im Umsatzvergleich der beiden Einnahmequellen ergibt sich ein Verhältnis von 10 : 1 oder anders ausgedrückt: Der gewerbliche Anteil an Inges Betriebsausgaben beträgt nach dieser Verteilung zehn Prozent.

Sie ermittelt wie oben beschrieben zunächst die gesamten Betriebsausgaben, die nicht eindeutig zuzuordnen sind (Gemeinkosten). Diesen Betrag teilt Inge dann entsprechend auf zu 90 Prozent als Betriebsausgaben der freiberuflichen Tätigkeit und zu zehn Prozent als Betriebsausgaben der gewerblichen Tätigkeit.

Behalten Sie diese Zahlen im Blick

Die nachfolgende Tabelle zeigt einige Gewinn- bzw. Umsatzschwellen, die Sie unbedingt im Blick haben sollten, um Überraschungen zu vermeiden. Mehr Informationen zu den einzelnen Grenzen finden Sie unter den angegebenen Seitenzahlen, teilweise in anderen Kapiteln dieses Buches.

Gewinn-/Umsatz-Schwelle	Versicherung		Infos finden Sie auf Seite ...
Bis 720 € Honorar		Max. Ehrenamtspauschale (nur Verein o.ä.)	Seite 49
Bis 2.400 € Honorar		Max. Übungsleiterpauschale (Kurse nur VHS und Sportverein)	ab Seite 47
ab 5.220 € Gewinn	Eigene Krankenversicherung	bei „Familien-Versicherung" in einer Krankenkasse	Seite 222
ab 5.400 € Gewinn	Rentenversicherungspflicht	bei Kurs, Unterricht und Schulung	Seite 214
ab 17.500 € Umsatz		Regelbesteuerung, Ende des „Kleinunternehmens" im Folgejahr nach § 19 UStG	Seite 50

Gründen mit Unterstützung und Fördermitteln

Auch der sprichwörtliche gute Rat auf dem Weg zur Selbstständigkeit muss nicht teuer sein. Denn bereits die Beratungen, die erst zu einer Existenzgründung führen, können durch staatliche Fördermittel subventioniert werden. Wenn dann die Geschäftsidee gereift ist und es ernst werden soll, können weitere Fördertöpfe von Bund und Land, manchmal auch der Region oder Stadt, allerdings auch der Europäischen Union geöffnet werden. Nur, wie kommen Sie da heran?
Den Zuschuss für eine Existenzgründungsberatung beantragen Sie am besten schon mit Hilfe des/der von Ihnen gewählten Beraters/Beraterin. Der Antrag muss formal auf jeden Fall vor (!) Aufnahme der ersten Beratung eingereicht und bewilligt werden. Welche Förderprogramme für Sie in Frage kommen, richtet sich immer nach dem Bundesland und Ihrer persönlichen Situation.
Wenn Sie nicht wissen, wo Sie in Ihrer Nähe eine fachkompetente Beratung bekommen können, so fragen Sie nach bei Ihrem Berufsverband, beim örtlichen oder regionalen Amt für Wirtschaftsförderung oder beim RKW Rationalisierungs- und Innovationszentrum der Deutschen Wirtschaft e.V..

▶ **Hinweis:** Auf der Website www.rkw.de klicken Sie am besten zunächst auf Ihr Bundesland. Dort wird eine Übersicht gegeben über alle dort abrufbaren Programme zur Gründung – von Beratung bis Finanzierung. ◀

▶ **Hinweis:** Die Website www.deutschland-startet.de versteht sich als Initiative für Gründer, Start-ups und bestehende Unternehmen. Neben Kontakten zu Beratern bekommen Sie hier umfangreiche Tipps und Informationen zu möglichen Fördermitteln. ◀

▶ **Hinweis:** Die Website www.existenzgruender.de wird vom Bundesministerium für Wirtschaft und Energie betrieben und gibt eine ziemlich vollständige Übersicht über alle Aspekte von Gründung, Finanzierung und mehr. Hier gibt es Adressen, Checklisten, Downloads, nützliche Links usw. ◀

Auch die bundeseigene KfW bietet bei ihrem Programm „Gründercoach" einen Zuschuss zum Beraterhonorar an. Vorteil hierbei vor allem: Die Förderung kann bis zu fünf Jahren nach der Gründung genutzt werden!

▶ **Hinweis:** Alle Informationen finden Sie auf der Website www.kfw.de unter dem Suchbegriff „Gründung". Die bundeseigene KfW-Gruppe legt seit Jahrzehnten Förderprogramme auf für Gründerinnen und Gründer. Eine vollständige Übersicht finden Sie auf deren Website. ◀

Die Kfw Förderprogramme zur Existenzgründung
- ERP-Kapital für Gründung
- ERP-Gründerkredit – Universell
- ERP-Gründerkredit – StartGeld

Alle finanziellen Förderprogramme müssen Sie über Ihre Hausbank (da, wo Sie Ihr Girokonto haben) beantragen. Dort können Sie sich natürlich auch beraten lassen. Bedenken Sie dabei, dass die Hausbank lieber eigene Kredite vergibt als fremde. Denn damit verdient sie mehr und das ist nun mal das Geschäft einer Bank: Mit Geld Geld zu verdienen.
Andererseits gibt es in manchen grösseren Städten und Regionen vereinbarte Kooperationen zwischen Banken und dem Amt für Wirtschaftsförderung, die zusätzlich zu den oben genannten Programmen noch weitere, speziell auf die Region zugeschnittene Programme aufgelegt haben. Fragen Sie gezielt im Bankgespräch danach.

Das Finanzierungsgespräch bei der Bank

Gehen Sie zur Bank – vergessen Sie den Businessplan nicht. Hier einige Tipps und Hinweise, wie Sie gut durch das Gespräch kommen.
- Vereinbaren Sie vorab einen Termin mit einer/einem der FirmenkundenberaterInnen Ihrer Bank oder Sparkasse. Gehen Sie von einem Zeitbedarf von ca. einer Stunde aus.
- Bereiten Sie sich gut auf das Gespräch vor. Dazu gehört vor allem Ihr Konzept bzw Businessplan (mehr s. Seite 26). Es sollte anschaulich und verständlich geschrieben sein. Zum ersten Termin erstellen Sie auch gerne eine Zusammenfassung (mit Verweis auf das Vorhandensein einer ausführlichen Variante, die nicht zu lang ist, maximal fünf Seiten, mit Grafiken oder Tabellen ggf ca. sieben Seiten. Eine übliche Gliederung sieht wie folgt aus:
- lebenslaufartige Angaben zur Gründerperson
- Darstellung der Geschäftsidee
    - Zusammen gefasste Marktanalyse
    - Finanzplan mit Aufstellung der Kosten
    - der privaten Lebensführung
    - der geschäftlichen Ausgaben
    - und der Umsatz- und Renditevorausschau
    - gegebenenfalls Finanzierung
    - und einer abschliessenden Zusammenfassung.

Machen Sie möglichst genaue Angaben über beabsichtigte Investitionen, Rentabilität, Umsatz- und Gewinnvorausschau, beginnen Sie mit den Ist-Angaben und enden Sie mit Ihren Plandaten.

▶ **Hinweis:** Eine Beispielvorlage für eine Kalkulationsdatei finden Sie in den Downloads zu diesem Buch. Zugangsdaten finden Sie auf Seite 236. ◀

- Sie können mit Ihrem Berater zum Bankgespräch gehen, doch tragen Sie selbst Ihren Plan vor. In manchen Fällen konnte schon ein Berater hilfreich vermitteln zwischen Banker und GründerIn. Dennoch ist es wichtig, dass Sie sich selbst in diesem Gespräch überzeugend präsentieren.
- Treten Sie dementsprechend auf. Sie gehen nicht mit einer Bitte zur Bank. Sie führen vielmehr ein Gespräch auf gleicher Augenhöhe, denn es treffen sich zwei potentielle zukünftige Geschäftspartner. Gehen Sie mit der Einstellung einer geschäftlichen Partnerschaft in das Gespräch, sind Sie bestens gerüstet.
- Die Frage nach der Kleidung ist zwar letztendlich nicht allein entscheidend, jedoch bedenken Sie die Signale, die Sie je nach Kleiderwahl setzen. Auch, wenn die Betrachtungsweisen dazu schon wesentlich lockerer geworden sind, gilt noch immer „Kleider machen Leute" und „der erste Eindruck ist entscheidend - der letzte bleibt".

Achten Sie darauf, dass Sie lieber overdressed wie underdressed sind. Mehr Lockerheit lässt sich leichter in ein Gespräch installieren über Worte, wie mehr Förmlichkeit. Das Gefühl underdressed zu sein könnte außerdem Unsicherheit im Auftreten bei Ihnen auslösen. Das wäre überflüssig und leicht zu vermeiden. In Bankkreisen sind Kostüm und Anzug nun mal Standard für die Angestellten. Inwieweit Sie sich diesem Dress-Code annähern, sollten Sie vor allem danach entscheiden, ob Sie sich in der von Ihnen gewählten Kleidung für diesen Anlass wohl fühlen.

- Bestehen Sie auf Informationen zu den öffentlichen Förderprogrammen, allerdings: lassen Sie sich auch über hauseigene Kredite beraten. Der/Die Berater/In soll Ihnen die Vor- und Nachteile erklären. Lassen Sie sich außerdem individuelle Berechnungen geben für einen besseren Vergleich.
- Es ist natürlich hilfreich für Sie, wenn Sie sich schon vorab informiert haben über die möglichen Programme. Dann fällt es Ihnen im Gespräch leichter, das Angebot zu erfassen und zu überblicken sowie ggf. direkt gezieltere Fragen stellen zu können. Bei Unklarheiten, unverständlichen Fremd- oder Fachwörtern fragen Sie immer gleich nach.
- Holen Sie sich von mindestens einem anderen Kreditinstitut deren Finanzierungsangebote, um vergleichen zu können, bevor Sie sich endgültig entscheiden.

Wichtig! Beachten Sie unbedingt, dass die wichtigste Voraussetzung bei vielen öffentlichen Förderprogrammen darin besteht, dass noch nicht „gegründet" wurde! Die Mittel müssen also VOR Aufnahme der selbstständigen Tätigkeit beantragt und vorher bewilligt sein. Erst dann können Sie starten.

KAPITEL 2   Gründen, Erfolgreich sein und bleiben

Gegründet haben Sie in dem Sinne übrigens schon, wenn Sie auf dem Brief zusätzlich zu Ihrem Namen die Geschäfts-Bezeichnung ergänzen oder einen Stempel mit dieser zusätzlichen Angabe haben anfertigen lassen!

Gründungszuschuss der Agentur für Arbeit

Gerade dann, wenn der Mensch viel Zeit zum Nachdenken und Austüfteln einer Geschäftsidee hat, fehlt dem Gründergeist oftmals das Geld, insbesondere in der Situation der Arbeitslosigkeit.

Der Gründungszuschuss soll Unternehmensgründern und Freiberuflern helfen, die ersten Monate der Selbstständigkeit zu überbrücken. Die finanzielle Hilfe für die Phase während der Existenzgründung verschafft Zeit für Kundenakquise und Unternehmensaufbau. Doch wer den Gründungszuschuss von der Arbeitsagentur erhalten will, muss bei Antrag, Beratung und Verlängerung einiges beachten.

Voraussetzungen für einen Gründungszuschuss

Wenn Sie sich aus der Arbeitslosigkeit heraus selbstständig machen wollen, müssen Sie bis zur Aufnahme der selbstständigen Tätigkeit arbeitssuchend gemeldet gewesen sein und Leistungen von der Agentur für Arbeit bezogen haben oder in einer Arbeitsbeschaffungsmaßnahme gewesen sein. Zum Zeitpunkt der Gründung muss noch ein Restanspruch von mindestens 150 Tagen auf Arbeitslosengeld bestehen.

Im Einzelfall ist es auch möglich, aus einem noch ungekündigten oder bereits gekündigten Arbeitsverhältnis heraus, vor Beginn der Arbeitslosigkeit, den Gründungszuschuss zu beantragen! Suchen Sie in diesem Fall unbedingt vor Ablauf des Beschäftigungsverhältnisses den Ihnen zugeordneten Berater in der Arbeitsagentur auf, um die Vorgehensweise, Anträge etc. zu besprechen.

Der Agentur für Arbeit muss die Tragfähigkeit des Vorhabens durch Vorlage eines detaillierten Businessplans mit Eignungsnachweis der gründenden Person mit den entsprechenden Zeugnissen, Zertifikaten und Abschlüssen vorgelegt werden. Eine sogenannte fachkundige Stelle muss bestätigen, dass Ihr Vorhaben Aussicht auf wirtschaftlichen Erfolg hat (die sogenannte „Tragfähigkeitsbescheinigung"). Fachkundige Stellen können, neben den im Gesetz ausdrücklich genannten Institutionen, Einrichtungen sein, deren Tätigkeitsschwerpunkt auf Existenzgründungsberatung und -vorbereitung ausgerichtet ist (zugelassene und akkreditierte Berater, z. B. Gründungsberater, Unternehmensberater, Wirtschaftsprüfer, etc.). In begründeten Fällen können bestimmte fachkundige Stellen von der Begutachtung ausgeschlossen werden. Stimmt danach die Arbeitsagentur dem Antrag zu und sind alle Unterlagen eingereicht, kann es losgehen.

Höhe des Gründungszuschusses
Der Gründungszuschuss wird gezahlt zur wirtschaftlichen Sicherung während der Startphase einer Gründung. Er wird dabei in zwei Phasen geleistet: Für die ersten sechs Monate wird der Zuschuss in Höhe des zuletzt bezogenen Arbeitslosengeldes gewährt zur Sicherung des Lebensunterhalts. Zusätzlich gibt es 300 Euro monatlich zur sozialen Absicherung, z.B. für die Zahlung von Renten- und Krankenversicherung. Nach Ablauf dieser ersten Phase können für weitere neun Monate 300 Euro pro Monat zur sozialen Absicherung gewährt werden, wenn eine intensive Geschäftstätigkeit und hauptberufliche unternehmerische Aktivitäten dargelegt werden.

Was sonst noch wichtig ist zum Gründungszuschuss
Während dieser Zeit ist der Antragsteller bereits nicht mehr arbeitslos gemeldet und braucht deshalb der Arbeitsagentur nicht mehr zur Verfügung zu stehen. So ist es möglich, sich ganz auf die neue Tätigkeit zu konzentrieren.
Hat die Existenzgründung Erfolg, der/die neue Selbstständige kann auf eigenen Füßen stehen und von den erzielten Einkünften leben, braucht der Gründungszuschuss nicht zurückgezahlt zu werden. Hat es mit der Selbstständigkeit nicht geklappt, so kann nach Ablauf der Überbrückungszeit ein eventuell verbliebener Restanspruch auf Arbeitslosengeld immer noch wahrgenommen werden. Der Gründungszuschuss wird auf das Arbeitslosengeld nicht angerechnet.
Für Bezieher von Arbeitslosengeld 1 ist der Zuschuss nur eine Ermessensleistung, einen Rechtsanspruch gibt es nicht mehr. Die Berater der Arbeitsagentur können abwägen, ob sie der jeweiligen Person eine Unternehmensgründung zutrauen und ob die Geschäftsidee Potenzial hat.

▶ **Hinweis:** Der Gründungszuschuss dient nicht dazu, die Gründung des eigentlichen Unternehmens zu unterstützen sondern dazu, die unbedingt notwendigen Lebenshaltungskosten der gründenden Person zu decken. Anders formuliert: Die Agentur für Arbeit muss aus den ihr vorliegenden Unterlagen erkennen können, dass die gründende Person ohne den Zuschuss in der Anfangsphase nicht ihren Lebensunterhalt bestreiten kann. Auf der anderen Seite, dass das Unternehmen, das gegründet wird, in absehbarer Zeit Aussicht auf Erfolg hat, so dass die gründende Person voraussichtlich nicht wieder in die Arbeitslosigkeit zurückfällt.
Neben den Zahlen sollten Gründer jedoch auch ihre Motivation betonen. Es gibt immer eine „Geschichte" hinter einer Unternehmensgründung. Diese sollte detailliert vorgestellt werden. Mit dieser „Geschichte" kann für die Agentur für Arbeit erkennbar sein, warum es im Interesse der Arbeitsagentur liegt, speziell diese Gründung zu fördern. ◀

▶ Mehr auch unter www.arbeitsagentur.de, Suchbegriff: Gründungszuschuss ◀

Wer kann beim Start helfen, unterstützen und beraten? Wen brauchen Sie sonst noch mit im Boot?

Für alle Fragen, die sich für Sie auf dem Weg in die haupt- oder nebenberufliche Selbstständigkeit ergeben, gibt es Antworten. Sie müssen nur den richtigen Personen die richtigen Fragen stellen. Scheuen Sie sich nicht zu fragen! Nutzen Sie Ihre Möglichkeiten und wenden Sie sich an Fachleute. Denn wer am Anfang der Selbstständigkeit damit beginnt, das sprichwörtliche Rad neu zu erfinden, verliert einfach zu viel Zeit und vor allem Energie, die nachher im eigenen Geschäft für das Wesentliche fehlt.

Berufsverband

Fragen Sie Ihren Verband nach Erfahrungswerten. Mancher Verband hat eigens beauftragte BeraterInnen dafür. Andere Verbände können an Mitglieder vermitteln, die sich bereits erfolgreich selbstständig gemacht haben und gerne weiterhelfen.

Unternehmens-, Betriebs- oder GründungsberaterInnen

GründungsberaterInnen können Ihnen gerade am Anfang den Weg weisen. Fragen Sie bereits vor Aufnahme einer solchen Beratung nach den spezifischen Kenntnissen zu dem, was sie anbieten und verkaufen wollen. Viele GründungsberaterInnen sind auf einzelne Branchen oder Bereiche spezialisiert. Erkundigen Sie sich bei der/dem BeraterIn, ob er/sie auch bei Gründungen weiterhilft und ebenfalls nach den branchenspezifischen Kenntnissen beziehungsweise Erfahrungen.

Finanzberater der Bank oder Sparkasse / freie Finanzberater

Nutzen Sie die (kostenlosen) Angebote der institutionellen BeraterInnen bei allen Fragen der Finanzierung. Dazu gehören nicht nur die weiter oben schon beschriebenen Förderangebote, sondern auch die Beratung zur Finanzplanung Ihrer selbstständigen Unternehmung. Oftmals erhalten Sie auch hier direkt Beratung zu Versicherungsangelegenheiten (hierzu mehr in Kapitel 5). Warum nicht gleich ein Alternativangebot in Bezug auf Versicherungen einholen, wenn Sie eh schon bei der Bank einen Termin haben.

IHK

Als Gründer eines gewerblichen Unternehmens müssen Sie in der Regel Mitglied bei der Industrie- und Handelskammer (IHK) werden. Ausgenommen sind Freiberufler, Handwerker und Landwirte. Die Anmeldung erfolgt automatisch, eine entsprechende Information wird nach Ihrer Gewerbeanmeldung weitergeleitet. Die IHK agiert als Interessenvertretung der deutschen Wirtschaft und unterstützt Sie als UnternehmerIn unter anderem beim Thema Ausbildung. In einigen Bereichen verantwortet die IHK auch Sach- und Fachkundeprüfungen, die zur Ausübung eines Berufs notwendig sind. Außerdem führt die Industrie- und Handelskammer Unterrichtungen durch, die Existenzgründer für die Ausübung einer bestimmten Tätigkeit qualifizieren. Sollten Sie Mitglied sein, lassen Sie sich regelmäßig über Veranstaltungen und Weiterbildungen informieren. Es sind interessante und aktuelle Themen dabei.

Die Beitragshoheit für eine IHK Mitgliedschaft liegt in der Zuständigkeit der einzelnen Industrie- und Handelskammer und wird durch die jeweilige Vollversammlung entschieden. Es gibt in Deutschland ca. 80 IHKs, die in abgegrenzten Bezirken tätig sind. Der Beitrag für eine IHK Mitgliedschaft besteht aus zwei Komponenten:
- Für die IHK Mitgliedschaft ist zum einem ein fixer Grundbeitrag fällig: Für Kleingewerbetreibende beginnt dieser zwischen 30 Euro und 75 Euro, für im Handelsregister eingetragene Unternehmen liegt dieser höher.
- Zum anderen beinhaltet der Beitrag für die IHK Mitgliedschaft eine Umlage in Abhängigkeit vom Gewinn des Unternehmens.

Eine Befreiung von Mitgliedsbeiträgen ist unter folgenden Umständen möglich:
- Kleine Unternehmen, die nicht im Handelsregister eingetragen sind und deren Gewinn aus Gewerbebetrieb unter 5.200 Euro pro Jahr liegt.
- Existenzgründer - sofern nicht im Handelsregister eingetragen - sind in den ersten zwei Jahren vom Grundbeitrag der Industrie- und Handelskammer und in den ersten vier Jahren von der Umlage der IHK befreit - dabei darf der Jahresertrag im Regelfall 25.000 Euro nicht überschreiten.

Falls sich später anhand des vom Finanzamt an die IHK mitgeteilten Gewerbeertrags/Gewinns herausstellen sollte, dass diese Freigrenzen überschritten wurden, nachdem sie vorher durch den Antrag auf Freistellung eingereicht wurden, muss die Beitragsveranlagung nachgeholt werden. Umgekehrt werden zu viel gezahlte Beiträge erstattet bzw. verrechnet.

Steuerberatung

SteuerberaterInnen helfen nicht nur bei steuerlichen Fragen rund ums Finanzamt. Sie können auch bei vielen Fragen der Betriebsführung, der Liquiditätssteuerung und zum Geschäftsaufbau beraten sowie hinsichtlich der administrativen Organisation. Je besser die Organisation in ihrer Grundstruktur ist, desto leichter wird Ihnen später der administrative Aufwand bzw. das Zusammenspiel mit Steuerberater sowie Finanzamt und sonstigen Ämtern und Behörden fallen.

Auch hier gilt: Fragen Sie bereits vor der Beratung nach branchenspezifischen Kenntnissen und nach Erfahrungen mit anderen MandantInnen, die sich in ähnlichen Bereichen wie dem Ihren selbstständig gemacht haben. In der Regel fällt es dem/der SteuerberaterIn in einem solchen Fall leichter, Ihnen schnell und sicher steuerliche Optimierungsmöglichkeiten aufzuzeigen.

Suchen Sie sich eine/n SteuerberaterIn aus, zu dem/der Sie Vertrauen haben. Stellen Sie sich die Frage, ob er/sie Ihnen das Gefühl vermittelt, Sie auch als kleines Einzelunternehmen ernst zu nehmen und sich für Ihre Belange einzusetzen. Ja, ein Steuerberater kostet Geld und auch nicht gerade wenig. Die Höhe orientiert sich im Gegenstandswert bzw. Nettoumsatz, den Ihr Unternehmen (voraussichtlich) erwirtschaftet. Informieren Sie sich über die Höhe der voraussichtlichen Kosten für die monatliche Erstellung einer betriebswirtschaftlichen Auswertung mit Verbuchung aller Belege bzw. Einnahmen und Kosten sowie der entsprechenden Datenübermittlungen an das Finanzamt. Außerdem werden noch Kosten für die Erstellung des Jahresabschlusses entstehen. So wissen Sie, was Sie einkalkulieren müssen. Alle Steuerberatungen in Deutschland sind an ihre Gebührenordnung gebunden, so dass die Kosten für Sie vergleichbar sind.

Doch sollten Sie bei der Entscheidung für oder gegen einen Steuerberater auch berücksichtigen, dass er sich eigentlich schon gerechnet hat, in dem er Ihnen das an Steuerzahlungen erspart, was er selbst kostet und Sie trotzdem den administrativen Aufwand los sind.

Rechtsanwalt

Juristische Beratung werden Sie meist nicht benötigen. Allerdings insbesondere bei der Festlegung auf die Rechtsform der Unternehmung und bei Verträgen eine juristische Beratung hilfreich sein. Für solche Beratungen können Rechtsanwälte ein frei vereinbartes Honorar verlangen. Lassen Sie sich deshalb vor der Beratung den zu erwartenden Kostensatz nennen.

IT-Unterstützung/-Beratung

Der IT-Berater bzw. der externe Dienstleister der Sie bei der Einrichtung von PC, Kassensystemen usw unterstützt, ist eine Person, die Sie wahrscheinlich selten brauchen und dennoch sehr wichtig ist. Wenn sie gebraucht wird, ist es meist sehr spontan und dringend, da Sie ohne PC, Kopierer, Internet oder was auch immer es sein mag, in dem Moment nicht weiterkommen – und das passiert meist dann, wenn man es am wenigsten brauchen kann.

Hören Sie sich bei Freunden, Bekannten und kooperierenden Unternehmen um. Meist gibt es jemanden, der bereit ist, für eine (kleine) monatliche Pauschale, auch kurzfristig einzuspringen und zu retten bzw. einige grundlegende Dinge einzurichten und instand zu halten.

Datensicherung
Im eigenen Interesse sollte Sie alle Daten, die Sie für Ihre Tätigkeit erstellen, zum Beispiel Texte für die Website oder für Flyer, Kursblätter und ähnliches sichern. Auch der Briefverkehr und Datensätze Ihrer Teilnehmenden oder Klientinnen sollten in einem regelmässigen Turnus gesichert werden. Ob auf einen USB-Stick oder eine SD-Karte, Festplatte oder ein anderes Gerät – machen Sie es.
Oder lassen Sie sich von Ihrem IT-Berater ein „automatisches Back-Up" installieren, das dann zu festgelegten Zeiten und Tagen selbstständig alle neuen Daten sichert. Ein Datenverlust ist immer mit sehr viel Aufwand, Zeit und Kosten verbunden. Mit einer Datensicherung können Sie zumindest einen grossen Teil Ihrer aktuellen Daten erhalten.

Datenschutz-Grundverordnung – DSGVO

Diese europaweite Verordnung sichert das Recht an den eigenen Daten, deren Handhabung und ggf. Löschung für alle Verbraucher in den Ländern der Europäischen Union. Somit können Sie bei einem Online-Händler in Irland verlangen, dass er Ihnen keine Werbung mehr schickt und Ihre Daten löscht. Ebenso wurden die Verbraucherrechte gestärkt gegenüber grossen und kleinen Dienste-Anbietern im Internet, von Amazon über Otto bis zu regionalen oder lokalen Plattformen. Die Datenschutz-Grundverordnung (DSGVO) regelt aber den Umgang mit Daten von Privatpersonen in jedweder digitalen Form. Und so wird sie auch für uns als Selbstständige wichtig. Den die DSGVO regelt sehr präzis, was für den Datenschutz uns anvertrauter Daten gilt und wie wir mit elektronisch erfassten persönlichen Daten umzugehen haben.

Maßnahmen im Rahmen der DSGVO

Dazu muss jedes Unternehmen ein sogenanntes Verzeichnis der Verarbeitungstätigkeiten anlegen (dies ergibt sich aus Art. 30 der DSGVO). Nicht erschrecken – dabei dreht es sich im Prinzip um eine simple Tabelle. In der Tabelle listen Sie auf, welche Daten wann, wie und warum im Unternehmen erhoben werden. Etwa die Daten Ihrer Kunden: Name, Adresse, Telefonnummer.

Hinweis
Hierbei auch an die internen Daten denken, die verarbeitet werden, etwa Personaldaten, Daten aus der Lohnbuchhaltung und so weiter.

Aufgelistet werden sollte:
- Welche Informationen erhalten Betroffene (zum Beispiel die Teilnehmer und Kunden) über die Erhebung und Speicherung personenbezogener Daten?
- Wie werden diese Informationen erteilt: Stehen Sie zum Beispiel in den AGB, in einem Text neben einer Checkbox auf der Website oder teilt man sie mündlich oder schriftlich mit?
- Welche Daten werden erhoben?
- Welchem Zweck dient die Datenerhebung und wie werden diese Daten weiterverarbeitet? Daraus leitet sich ab, ob es eine gesetzliche Erlaubnis gibt, die Daten zu verarbeiten – etwa bei einer Vertragsbeziehung – oder ob der Betroffene der Datenverarbeitung erst zustimmen muss.
- Werden Daten anonymisiert oder pseudonymisiert?
- Wie lange werden die Daten gespeichert?
- Werden die Daten weitergegeben? Wenn ja, an wen? Ist dieser ebenfalls für den Datenschutz verantwortlich?
- Wo werden die Daten gespeichert? Werden sie außerhalb der EU gespeichert? Falls ja: Sind die Voraussetzungen zur Übermittlung in Drittstaaten erfüllt?
- Werden die Daten ausreichend durch technische und organisatorische Maßnahmen geschützt?

Daraus erstellen Sie dann ein Verarbeitungsverzeichnis. Ein Beispiel finden Sie auf der gegenüberliegenden Seite.

Bei einem Shiatsu-Praktiker könnte das Verarbeitungsverzeichnis zum Beispiel so aussehen:

Verantwortlich	Frau Maria Schmidt, Adresse, Telefonnummer
Zweck	Terminabsprache, Erbringung der Shiatsu-Praxis
Betroffene	Kunden der Shiatsu-Praxis Schmidt
Wer kann auf die Daten zugreifen?	Alle Mitarbeiter der Shiatsu-Praxis Schmidt
Datenkategorie	Kundenstammdaten (Name, Telefonnummer, E-Mail-Adresse) Aktuelle Maßnahmen, Stand der Beratung und der Praxis
Aufbewahrung der Daten: auf PC/Laptop: Zugang verschlüsselt	auf USB-Stick, SD-Karte und anderen Speichermedien: Zugang verschlüsselt. Medium in abgeschlossenem Behältnis z.B. Schublade mit Schloss
Übermittlung an Drittstaaten	Nein
Löschfrist	Bei Widerruf des Betroffenen
Rechtsgrundlage	DSGVO Art. 6, Abs. 1b
Einwilligung des Betroffenen	Jeder Kunde wird auf die Erfassung der Daten durch die Mitarbeiter schriftlich hingewiesen und darauf aufmerksam gemacht, dass er diese Daten jederzeit einsehen und löschen lassen kann. Die schriftliche Einverständniserklärung wird im Ordner XY im Verwaltungsbüro aufbewahrt

Darüber hinaus müssen Sie den Weg der Daten nachzeichnen, von der Erhebung (etwa bei einer Online-Terminvergabe eines Studios) über die Speicherung (etwa bei einem externen Anbieter für Terminmanagement) bis hin zur Nutzung (zum Beispiel durch die Mitarbeiter).
Ein solches Verzeichnis ist übrigens schon nach dem Bundesdatenschutzgesetz verpflichtend gewesen.

Prozesse und Arbeitsabläufe festlegen – Prozesshandbuch schreiben
Als Selbständige müssen Sie alle mit einer Datenverarbeitung verbundenen Prozesse dokumentieren. Ein Beispiel:
- Wie werden Kunden über die Verarbeitung ihrer Daten informiert?
- Wie sollen Mitarbeiter reagieren, wenn Kunden fragen, welche Daten von ihnen gespeichert wurden?
- Wie wird vorgegangen, wenn ein Kunde darauf besteht, dass seine Daten gelöscht werden? Wer ist dafür verantwortlich?
- Was wird getan, um Hacker-Angriffe oder Diebstahl von Daten zu vermeiden? Und falls es zu einem Datenleck kommt und personenbezogene Daten in die falsche Hände geraten?

Wichtig: Kommen Daten abhanden, zum Beispiel durch einen Hackerangriff, müssen Unternehmen binnen 72 Stunden die zuständige Landesdatenschutzbehörde informieren.
- Ist das Ziel, warum Daten gespeichert wurden, erreicht, müssen die Daten gelöscht werden (Bei einem Gewinnspiel etwa nach der Ermittlung der Gewinner). Wie ist dieser Löschprozess organisiert?
- Wie werden Mitarbeiter geschult, damit sie diese Prozesse kennen und ausführen können?

Auch, wenn das alles aufwändig klingt, Sie müssen mit einer Kontrolle rechnen die unabhängig von der Unternehmensgröße durchgeführt wird.

▶ Unter www.deutschland-startet.de/existenzgruender-dsgvo-guide erhalten Sie ein verständliches und umfassendes Informationsblatt zu allen Bestimmungen und Maßnahmen, die es rund um die DSGVO zu ergreifen gilt. ◀

Scheinselbstständigkeit

Sie haben gedacht, Sie machen sich selbstständig – und stellen sich jetzt vermutlich die Frage: was ist nun „scheinselbstständig"? Zunächst: Nicht eine Person, sondern lediglich ein Vertragsverhältnis kann „scheinselbstständig" sein. Und das ist es dann, wenn jemand weisungsgebunden tätig ist, also nicht selbst entscheiden kann bzw. darf, wann welche Arbeit in welchem Umfang und für wen erledigt werden

soll. Dazu kann dann noch die Arbeitssituation als solche herangezogen werden: Ist der Beschäftigte in den Betrieb des Auftraggebers integriert mit Arbeitsplatz und Dienstplan, dann wird deshalb auch eine Scheinselbstständigkeit vermutet. So kann also ein und dieselbe Person in einer Tätigkeit selbstständig sein und in einer anderen (vielleicht sogar ähnlichen) nicht, sondern eben scheinselbstständig sein. Geprüft wird die Annahme einer Scheinselbstständigkeit meist von der Deutschen Rentenversicherung (DRV) im Rahmen einer Betriebsprüfung vor Ort. Geprüft werden darf bis zu vier Jahre zurück und dementsprechend können dann auch Nachforderungen durch die DRV entstehen. Die gehen dann aber zuallererst an den Auftrag- bzw. in dem Fall dann Arbeitgeber. Deshalb wichtig für Sie, wenn Sie selbst Auftraggeber sind:
Beschäftigen Sie selbst freie MitarbeiterInnen, stellen Sie sicher, dass diese ebenfalls „echte" Selbstständige sind. Denn wenn diese „scheinselbstständig" tätig sind und Sie als Arbeitgeber gelten, könnten Ihnen daraus hohe Nachforderungen seitens der Sozialversicherungsträger entstehen.

Statusfeststellungsverfahren
Lässt sich nicht eindeutig entscheiden, wie ein freier Mitarbeiter sozialversicherungsrechtlich einzuordnen ist, können Sie Klarheit schaffen, indem Sie das sogenannte Statusfeststellungsverfahren (§7a Abs. 1 Satz 1 SGB IV) beantragen. Sie können also von der Deutschen Rentenversicherung Bund (DRVB) verbindlich überprüfen lassen, ob der neue Mitarbeiter seine Tätigkeit selbstständig ausübt oder Arbeitnehmer ist. Das Verfahren ist für Sie kostenlos.

▶ Stellen Sie den Antrag auf Statusfeststellung möglichst innerhalb eines Monats, nachdem der neue Mitarbeiter seine Tätigkeit in Ihrem Unternehmen aufgenommen hat (unter: www.deutsche-rentenversicherung-bund.de). ◀

Die Deutsche Rentenversicherung Bund setzt gewisse Prüfkriterien an. Können alle der folgenden Kriterien mit JA beantwortet werden, spricht alles für eine selbstständige Tätigkeit. Letztendlich entscheidet jedoch der DRVB; Bei der Entscheidung handelt es sich um einen Verwaltungsakt, Sie erhalten also einen verbindlichen Bescheid.
- Der freie Mitarbeiter kann Dauer und Aufteilung seiner Arbeitszeit selbst festlegen.
- Er hat sich beim Finanzamt als Selbstständiger angemeldet.
- Er darf auch für andere Auftraggeber tätig werden.
- Er ist von Ihnen als Auftraggeber nicht wirtschaftlich abhängig;
- Indiz: Er erwirtschaftet weniger als 5/6 seiner Einkünfte bei Ihnen.
- Er darf Aufträge von Ihnen ablehnen.
- Der freie Mitarbeiter hat genügend freie Kapazitäten, um auch für andere Auftraggeber tätig zu werden.

- Er hat keinen eigenen Arbeitsplatz in Ihrem Unternehmen bzw. in Ihrem Büro.
- Er arbeitet im eigenen Namen, nicht in Ihrem bzw. im Namen Ihres Unternehmens.
- Der freie Mitarbeiter schuldet Ihnen nicht seine Arbeitskraft, sondern nur das Ergebnis seiner Arbeit.
- Er erhält keine detaillierten Anweisungen zur Durchführung seiner Arbeit.
- Die Vergütung wird unregelmässig und in unterschiedlicher Höhe bezahlt.
- Der freie Mitarbeiter erhält bei Krankheit und im Urlaub keine Vergütung.
- Er kann seinen Urlaub (nach Absprache) frei bestimmen.
- Er beschäftigt eigene sozialversicherungspflichtige Mitarbeiter.

Den eigenen Preis finden

Die Tücken von Kalkulation, Preisfindung und Marktakzeptanz.
Mit einer Kalkulation erfassen Sie alle Kosten eines Dienstleistungsangebotes. Dabei geht es weniger um die Frage nach der richtigen Technik, sondern, wie es Johanna Joppe ausführt, um die richtige Sichtweise. Sie hat in ihrem Buch „Kampf den Renditekillern" (erschienen im Campus-Verlag, 2002) neun Kalkulationsregeln aufgestellt, die sich auch auf den Bereich der Dienstleistung für Sie als Unterrichtende, Berater oder Therapeutin anwenden lassen.

Alle Zahlen aufschlüsseln
Wer nur grobe Zahlen, wie z.B. den gesamten Umsatz, betrachtet, übersieht leicht Fehlentwicklungen in einzelnen Bereichen oder bei einzelnen Produkten und Angeboten. Deshalb: Alle Zahlen aufschlüsseln, etwa Umsatz und Gewinn für jede einzelne Dienstleistung oder jedes Kursangebot für die einzelnen Kunden und Zielgruppen. Verschaffen Sie sich laufend einen Überblick über Ihre gesamten Kosten, nicht nur über die grossen Posten.
Wieviel haben Sie in den letzten Monaten für Werbemassnahmen ausgegeben? Wieviel Einnahmen sind dadurch entstanden (siehe Kapitel 4, Rückläufe von Werbemassnahmen)? Wie hoch sind Ihre laufenden Ausgaben für Büromaterial, Fahrten, Fortbildungen etc.? Je klarer Sie alle Kosten überblicken können, desto leichter werden Ihnen die notwendigen Entscheidungen fallen.

Erfassen der gesamten Ursache-Wirkungs-Kette
Wer etwa Gewinneinbussen ausschliesslich mit einer Massnahme bekämpft wie verstärkter Werbung oder gar Preisreduktion, kuriert nur am Symptom, dringt jedoch nicht zur Ursache vor. Fragen Sie doch einfach mal Ihre TeilnehmerInnen, am besten regelmässig, was ihnen gefällt und – was Sie besser machen könnten. Oft sind es Kleinigkeiten, die bisher treue Kunden veranlassen, nicht mehr zu kommen. Bedenken Sie, dass jede Massnahme positive und negative Effekte hat. Spielen Sie mit unterschiedlichen Szenarien und deren Folgen und rechnen Sie

die jeweiligen Konsequenzen durch. Durch Abwägen möglichst aller Aspekte verschaffen Sie sich mehr Entscheidungssicherheit.

Erheben Sie laufend Ihre Zahlen
Viele Unternehmer entscheiden auf Basis veralteter Quartals- oder Halbjahreszahlen. Oft werden die Vorjahreszahlen zugrunde gelegt, die jedoch meist auf einer anderen Basis entstanden sind. So kann das leicht zu falschen Schlüssen führen, die teuer, wenn nicht gar existenzbedrohend sein können. Deshalb: Mit entsprechenden EDV-Programmen (oder einer konsequent aktualisierten Tabellenkalkulation) oder durch betriebswirtschaftliche Auswertungen, die Ihnen Ihr Steuerberater günstig erstellt, die aktuellen Daten mindestens quartalsweise erheben und genau betrachten.

Tipp: Lassen Sie sich eine solche BwA (Betriebswirtschaftliche Auswertung) in Ruhe erklären. Denn darin liegt der Schlüssel zur Erkenntnis Ihrer Betriebsführung für Ihre weitere Planung und zukünftige Aktivitäten.
Und: Sie sollten nicht nur eine gute TherapeutIn oder LehrerIn sein, sondern auch wissen, warum Sie damit erfolgreich sind – und wo Sie noch Potential haben. Das Argument des Zeitmangels gilt nicht bei der Auseinandersetzung mit Ihren eigenen Geschäftszahlen! Wenn eine gravierende Fehleinschätzung die Existenz nicht mehr nur bedroht, sondern bereits „der Laden" geschlossen ist, haben Sie genug Zeit. Dann ist es allerdings zu spät.

Alle Daten integrieren
Wer nur wenige Zahlen betrachtet, setzt vielleicht weiter auf Verlustgeschäfte oder schlägt ein lukratives Angebot aus. Deshalb sollten Sie immer bedenken: Jede Zahl beeinflusst die anderen. Berücksichtigen Sie bei jeder Entscheidung auch die versteckten Kosten wie zum Beispiel erhöhten Werbungsaufwand oder unbezahlte Vor- und Nachbereitungszeiten. Das gilt insbesondere für die Kalkulation von neuen Kursen und Seminaren oder bei speziellen Aufträgen, die von Ihren normalen Angeboten abweichen. Lassen Sie sich schon bei der Auftragsanfrage nicht unter Druck setzen. Nehmen Sie sich die Zeit, die Sie brauchen und erstellen ein solides Angebot, bei dem Sie Ihre Zahlen und Fakten im Blick halten.

Den Cash-Flow im Auge behalten
Ohne ausreichende Liquidität (s. S. 107, Immer gut bei Kasse bleiben) können Investitionen bei plötzlichen Zahlungs- oder Buchungsausfällen trotz ansonsten guter Auftragslage schnell zur Zahlungsunfähigkeit führen.
Deshalb: Stellen Sie für jedes Projekt und für jedes Angebot den erwarteten Einnahmen die dazugehörigen Ausgaben gegenüber. Sortieren Sie diese jeweils nach Fälligkeit. Arbeiten Sie mit dem Zwei-Konten-Modell (s. S. 107), um Ihre Liquidität zu verbessern.

Renditefelder erkennen
Viele Selbstständige entscheiden nach Sympathie, welche Zielgruppe oder welches Angebot sie fördern wollen. Das kann Sie eventuell teuer zu stehen kommen. Es geht ja nicht darum, sich zu „verbiegen". Doch gerade eine schwierige Zielgruppe kann auch Potential bieten für die eigene Entwicklung.
Deshalb: Ermitteln Sie laufend, mit welchen Kunden oder Angeboten Sie den meisten Gewinn machen. Mit welchen arbeiten Sie am liebsten zusammen?

Simulieren Sie alle Entscheidungen
Wer sich bei der Bewertung neuer Projekte ausschliesslich auf alte Zahlen stützt, verdrängt mögliche Risiken.
Deshalb: Simulieren Sie die geplanten Projekte oder Aufträge nicht nur im Kopf, sondern auf dem Papier oder am Computer, um alles zu erfassen. So erkennen Sie schnell die Faktoren, die Ihre Entscheidung beeinflussen. Danach wissen Sie auf solider Basis, was zu tun ist.

Entwickeln Sie mehrere Szenarien
Wer für ein Projekt oder einen Auftrag nur ein Szenario aufstellt, wird bei plötzlichen Veränderungen leicht handlungsunfähig.
Deshalb: Niemand kann die Zukunft vorhersagen. Nur wer positive und negative Szenarien entwickelt, kann schnell und sicher reagieren. Entwickeln Sie immer auch das Worst-Case-Szenario: Was ist, wenn wirklich alles schiefläuft, was denkbar ist? Wenn Sie auch dazu noch Ideen haben und Möglichkeiten finden, gehen Sie viel entspannter und tatkräftiger an die Umsetzung.

Rechnen Sie mit Personenstunden
Viele Selbstständige orientieren sich nur an der Anzahl der Aufträge oder Buchungen. Ob die persönlichen Kapazitäten und Ressourcen reichen, wird nicht beachtet.
Deshalb: Rechnen Sie mit Personalstunden und nehmen Sie diese als Grundlage für Ihre Akquisitionsplanung und Ihre Preiskalkulation. An erster Stelle: Vergessen Sie nicht die eigenen Stunden. Auf diese Weise können Sie auch frühzeitig feststellen, für welchen Bereich Sie eventuell wie viel Personenstunden einkaufen müssen – in Form von (freien oder festen) MitarbeiterInnen.

Wie viele Kurse oder Beratungen müssen Sie geben?
Das hängt natürlich zuerst einmal davon ab, ob Sie hauptberuflich davon leben oder „nur" neben einem Angestellten-Job tätig werden wollen. Es gilt jedoch schon zu Beginn daran zu denken, dass Sie sich nicht überlasten sollten – auch, wenn es Ihnen grosse Freude macht zu unterrichten oder Menschen in Ihrer Praxis zu helfen und sie zu unterstützen. Allerdings: Wer hilft Ihnen und unterstützt Sie? Berufliche Aktivitäten und freie Zeit für Ihre Familie und für Freunde sollten in

einem für Sie ausgewogenen Verhältnis stehen. Schnell bringt man am Anfang eine grosse Anzahl an Terminen zusammen und rennt von Kurs zu Kurs, von Sitzung zu Sitzung, von Termin zu Termin. Zeigt sich das auch auf dem Konto, wird man eher noch darin bestärkt, so weiter zu machen. Doch bedenken Sie den Wert von Müssiggang und einem guten Gespräch mit Freunden. Danach geht doch meist vieles leichter, oder?

Zur einfachen Orientierung können Sie davon ausgehen, dass Sie mit zehn bis zwölf Kursen pro Woche über zehn bis elf Monate im Jahr so viel einnehmen, dass Sie davon leben können. Eine gute Kalkulation vorausgesetzt, doch das hatten wir ja schon ...

Wenn Sie beraten, als Coach tätig sind oder therapeutisch arbeiten, sollten zwei bis drei Sitzungen pro Nachmittag/Abend (vier bis fünf am Tag) an fünf Tagen in der Woche genügen, so dass Sie davon leben können.

Diese beiden Aussagen sind allerdings sehr differenziert zu betrachten und können tatsächlich nur als sehr grobe Orientierung gelten. Allein die Bedeutung „davon leben können" definiert sich für jede/n Einzelne/n sehr unterschiedlich. Schließlich ist erst von dem, was unter dem Strich übrig bleibt, alles „zum Leben" zu finanzieren. Unterschätzen Sie auch nicht den energetischen Aufwand für eine unterrichtende, beratende oder therapeutische Tätigkeit. 40 Stunden in der Woche arbeiten, heißt nicht, dass Sie auch 40 Stunden Kurse oder (z.B. therapeutische) Sitzungen leiten können.

Wie kalkulieren Sie nun Ihr Honorar?

Da es keine festgeschriebenen Honorarsätze gibt, sind Sie bei der Berechnung der Höhe Ihres Honorars für Unterricht, Beratung und Therapie relativ frei – allerdings auch auf sich selbst gestellt. Zwei Aspekte sollten Sie auf jeden Fall in Ihre Berechnungen mit einbeziehen.

Zum einen müssen mit dem Honorar sämtliche Kosten, die Ihnen entstehen, abgedeckt sein – nicht nur die betrieblichen, auch alle privaten Kosten inklusive aller Steuern, Versicherungen usw. Zum anderen sollten Sie einen örtlichen Vergleich anstellen, um festzustellen, was die Menschen in Ihrer Gegend bereit sind zu zahlen. Das haben Sie bereits im Zuge der Mitbewerberanalyse festgestellt (s. S. 22, Kapitel 1)

Das Honorar für eine (Zeit-)Stunde Gruppen-Unterricht sollte bei mindestens 50 Euro netto liegen. Eine Einzel-Stunde Beratung, Therapie oder Unterricht sollte mit mindestens 70 Euro zu honorieren sein. Zahlen Sie Miete für den Raum, sind Sie umsatzsteuerpflichtig, müssen Sie Werbung machen, telefonieren etc., so müssen Sie diese Kosten anteilig noch zum Honorar addieren.

Fragen Sie sich, wie viel Sie sich selbst wert sind!

Beispiel: Kalkulation Preis je Stunde

Helga wird sich in den nächsten drei Monaten selbstständig machen als Entspannungspädagogin. Die Ausbildung hat sie nebenberuflich erfolgreich abgeschlossen und wird anfangs alles von zu Hause aus organisieren.
Für die einzelnen Kurse und Seminare wird sie Räume stundenweise anmieten. Ein Auto hat sie bereits, einen Computer auch. Nur, wieviel sie für die Kurse nehmen soll, da hat sie keine Ahnung. Wir helfen Helga!

Tipp: Egal, ob Sie Kurse, Seminare, Beratungen oder Therapien anbieten: kalkulieren Sie Ihren Preis auf die immer gleiche Zeiteinheit, nämlich auf eine Stunde (= 60 Minuten). Von dieser Einheit aus können Sie schnell einen Kurs berechnen, auch den Preis unterschiedlich langer Kurs-, Beratungs- oder Therapie-Einheiten (z. B. 75 oder 90 Minuten, Workshop mit vier Stunden usw.).

Kosten für den Kurs

Welche direkten Kosten fallen für Helga an, die durch den Kurspreis gedeckt werden müssen? Die Raumkosten, die Fahrtkosten, anteilige Telekommunikation, Werbung in Form von Flyern und Aushängen, Kurs-Ausstattung (Sitzkissen, Stühle, Decken), Bücher, Kerzen, Duftöle – und natürlich ihr eigener Zeiteinsatz. Sicherlich kommt noch das eine oder andere dazu, jedoch wollen wir hier exemplarisch eine Kalkulation „für alle" erstellen.
Im ersten Schritt müssen alle Kosten auf eine Stunde heruntergerechnet werden. Da Helga die Räume immer nur stundenweise nutzt, zahlt sie auch nur einen Stundenpreis, den sie gleich übernehmen kann. Für unser Beispiel gehen wir von 10 Euro pro Stunde aus. Wie Sie bei eigenen Räumen den Preis je Stunde errechnen, steht auf S. 84.
Die Fahrtkosten fallen auch je Kurseinheit an, können also ebenfalls so übernommen werden. Bei einem eigenen Pkw können Sie hier auch kalkulatorisch die gesetzlichen 30 Cent Kilometerpauschale ansetzen (20 Cent bei Motorrad oder -roller). Dies umfasst Spritverbrauch, Steuern, Versicherung, Wertverlust, etc. Das reicht zwar je nach Auto nicht immer ganz aus, ist aber praktikabel für eine Kalkulation.
Die Telekommunikationskosten (Telefon, Mobilfunk, Internet) müssen in ihrem Anteil geschätzt werden. Hier sagen wir: 1 Euro, denn Helga hat eine Flatrate. Die Kosten für den Flyer werden ebenfalls auf die Stunde berechnet. Wie?
So: Wieviel Kurse werden im Flyer beworben? Beispiel: Sechs Kurse.

Rechnung: Flyerkosten : 6 = Kosten Flyer je Kurs.

Konkret: Flyerkosten netto 180 Euro : 6 Kurse = 30 Euro Kostenanteil Flyer je Kurs.

Dieser Kostenanteil geteilt durch die Anzahl der Kurseinheiten ergibt den Anteil pro Stunde.

Konkret: 30 Euro : 6 Kurseinheiten = 5 Euro je Einheit usw.

Der Stundenanteil am Material wird schon etwas komplexer, jetzt nicht abschrecken lassen! Helga hat nämlich für ihre Ausstattung mit Kissen und Decken und ein paar anderen Dingen insgesamt netto 800 Euro ausgegeben. Sitzkissen halten in der Regel im Kursgeschäft zwei Jahre. Also lautet die Frage: Wieviel Kurse wird Helga in den nächsten 24 Monaten anbieten? Na, sagen wir mal 20. So rechnen wir zunächst mal aus, wie hoch der Anteil für Material am einzelnen Kurs ist.

Konkret: 800 Euro Material : 20 Kurse (in 2 Jahren) = 40 Euro Material je Kurs.

Unser Kurs hat sechs Einheiten, also rechnen wir wie folgt weiter:
40 Euro Anteil : 6 Einheiten = 6,67 Euro Materialanteil je Kurseinheit.

Die Kosten für Kerzen und anderes Verbrauchsmaterial wie Duftöle, Blumen usw. werden entsprechend berechnet.
Nun fehlt in dieser Kalkulation bisher noch der wichtigste Anteil. Welcher? Na, Helgas Honorar pro Stunde! Sie hat den „Leitfaden" gelesen und setzt also an: 50 Euro für eine Stunde Kurs.

Preis für den Kurs gesamt – Helgas Einnahme
Nun müssen alle oben ausgerechneten Beträge addiert werden, dann ergibt sich Helgas Preis für eine Kursstunde. Dann lassen wir mal die Zahlenliste kommen:
+ Raumpreis 10 Euro
+ Fahrt 4 Euro
+ Telekommunikation 1 Euro
+ Flyeranteil 5 Euro
+ Material 6,67 Euro
+ Kerzen/Duftöl 1,33 Euro

direkte Kosten = 28 Euro netto
+ Honorar Helga 50 Euro

gesamt = 78 Euro – netto

In unserem Beispiel kostet also eine Kurs-Stunde bei Helga netto 78 Euro. Wir betrachten später noch mal die Sache mit der Mehrwertsteuer in diesem Zusammenhang, doch gehen wir zunächst mal davon aus, dass Helga auf Basis der Kleinunternehmerregelung aktiv ist und keine Umsatzsteuer abführt. Dann muss diese Summe von 78 Euro durch alle Teilnehmenden je Kursstunde hereinkommen.

Wie viele werden denn kommen?

Tja, das kann man nie so genau wissen, zumal nicht am Anfang. Fangen wir mit der nachfolgenden Frage an: Wie viele Menschen haben im Raum Platz? Nehmen wir mal an, es können maximal 15 Menschen teilnehmen und soviel Material hat Helga auch zur Verfügung. Nur, werden auch wirklich so viele Leute kommen? Wer soll das schon wissen? Zumal, wenn man keinen Freundeskreis hat, der die Werbetrommel rührt und versichert, dass mindestens 14 Interessierte kommen werden?

Die Empfehlung, gerade für den Anfang: Kalkulieren Sie mit max. zwei Drittel, in diesem Fall also mit 10 Teilnehmenden. Dann sieht die Rechnung wie folgt aus:

Preis je Teilnehmer

Die Gesamtkosten für eine Kursstunde bei Helga betragen: 78 Euro : 10 Teilnehmende = 7,80 Euro pro Kursstunde, die die Teilnehmenden zu zahlen hätten. Für den gesamten Kurs also: 7,80 Euro x 6 Einheiten = 46,80 Euro Teilnehmerbeitrag für den gesamten Kurs.

Das wird Helga noch runden und so schreibt sie den Kurs aus zum Preis von 48 Euro. Das sind noch keine 50 Euro, jedoch auch nicht gar so krumm wie der eigentlich errechnete Preis.

Kommen nun mehr als die kalkulierten zehn TeilnehmerInnen, kann sich Helga freuen, denn diese Einnahmen wird sie ja nicht für die Kosten benötigen. Das wäre eine echte Mehreinnahme. Doch Vorsicht! Werden auch wirklich alle Kurse voll? Was, wenn weniger als die kalkulierte Zahl zusammenkommt? Wenn zum Beispiel nur acht oder neun Anmeldungen hereingekommen sind? Dann lässt sich dieser Kurs nur schlecht absagen, denn das würde eine relativ grosse Zahl Interessierter enttäuschen. In der Regel werden Enttäuschungen und schlechte Erfahrungen um ein Vielfaches häufiger weitererzählt als positive Erlebnisse!

Also entscheidet sich Helga, auch diesen Kurs stattfinden zu lassen. Sie weiss natürlich, wo am Ende das Minus abgezogen wird – bei ihrem Honorar. Dafür kann sie allerdings acht oder neun (neue) TeilnehmerInnen von der Qualität ihres Angebots überzeugen. Das wird sich – da dürfen wir uns mit Helga sicher sein – auszahlen. Beim nächsten Kurs.

Was macht Helga mit den Einnahmen?

Alle Kosten, die wir für Helga erfasst haben, sind natürlich zu verteilen. Der Vermieter des Raumes bekommt sein Geld, die Fahrtkosten sind laufend zu bezahlen. Nur, was ist mit dem Geld für das Material und die Flyer? Muss Helga nicht vom Honorar auch noch etwas übrig behalten für Steuern, Versicherungen usw.? Lesen Sie dazu mehr in diesem Kapitel unter „Immer gut bei Kasse bleiben" ab Seite 107.

Was, wenn Umsatzsteuer fällig wird.
Die 78 Euro – Helgas Kosten für den Kurs gesamt – haben wir rein auf der Basis von Netto-Werten gerechnet. Mit Hinblick auf die Mehrwertsteuer, lassen Sie uns drei unterschiedlich Szenarien betrachten:

Fall 1: Es handelt sich um einen geschlossenen Kurs für einen Firmenkunden. Für eine Firma ist es im Grunde unbedeutend, ob Helga umsatzsteuerpflichtig ist oder nicht. Im Falle dass sie das nicht ist, wird Helga die 78 Euro in Rechnung stellen, die Firma verbucht dies gesamt als Kosten. Sollte Helga umsatzsteuerpflichtig sein, wird sie die 78 Euro netto + 14,82 für 19 Prozent Mehrwertsteuer in Rechnung stellen und kommt so auf einen Gesamtrechnungsbetrag von 92,82 Euro, den die Firma ihr auch überweist.
Für die Firma bedeutet dies, dass ebenso 78 Euro als Kosten verbucht werden. Die 14,82 Euro Mehrwertsteuer kann sie als Vorsteuerabzug geltend machen und entsprechend bei der Zahlung ihrer Umsatzsteuer an das Finanzamt abziehen. Für Helga bedeutet das, dass 78 Euro als Netto-Einnahmen bei ihr verbleiben zur Deckung der Kosten wie oben genannt. Die eingenommenen 14,82 Mehrwertsteuer sind für sie ähnlich einem durchlaufenden Posten und wird sie nach Aufforderung bzw. zur nächsten Frist an das Finanzamt überweisen.

Fall 2: Es handelt sich um einen offenen Kurs und Helga ist umsatzsteuerpflichtig, da sie im vergangenen Jahr bereits mehr als 17.500 Euro Umsatz gemacht hat. In dem Fall wird sie den Preis pro Teilnehmer von 46,80 Euro (das war die Zahl, bevor Helga nach oben gerundet hatte) nehmen und 19 Prozent Mehrwertsteuer, also 8,89 Euro, aufschlagen. So kommt sie auf einen Bruttoverkaufspreis von 55,69 Euro je Teilnehmer. Wahrscheinlich wird sie auch dies aufrunden und den TeilnehmerInnen, die Endverbraucher sind, somit einen Kurspreis von 58 Euro pro Person nennen.
Da sich die eingenommene Mehrwertsteuer aus dem tatsächlich eingenommenen Bruttopreis errechnet, bleiben ihr dann wiederum von den 58 Euro netto 48,74 Euro als Einnahme und 9,26 Euro Umsatzsteuer wird sie demnächst an das Finanzamt überweisen – sie hatte ja aufgerundet.
Alles klar? Siehe hierzu auch den Absatz zum Thema Umsatzsteuer auf Seite 50 in diesem Kapitel.

Fall 3: Es handelt sich um einen offenen Kurs, Helga ist als Kleinunternehmerin aktiv und somit nicht umsatzsteuerpflichtig. Sie wird also ihren TeilnehmerInnen einen Preis von 48 Euro für diesen Kurs nennen, wie oben berechnet.
Nun finden die TeilnehmerInnen den Kurs bei Helga ganz großartig und möchten diesen im nächsten Jahr erneut besuchen. In der Zwischenzeit hat sich allerdings für Helga die Situation ergeben, dass sie im vergangenen Jahr mehr als 17.500 Euro Umsatz gemacht hat und sie entsprechend nun umsatzsteuerpflichtig ist.

Als die TeilnehmerInnen hören, dass der gleiche Kurs sie nun 58 Euro kostet, statt der bisher gezahlten 48 Euro sind einige doch erschrocken oder erschüttert oder enttäuscht – und kommen nicht mehr.

Hm, so kann also der finanzielle Erfolg und damit der Wechsel in die Umsatzsteuerpflicht schnell zur Stolperfalle werden. Sollten Sie bereits zu Anfang planen, die Selbständigkeit mittel- oder langfristig zu betreiben, stellt sich die Frage, ob es nicht von Anfang an Sinn macht wie in Fall 2 zu kalkulieren und freiwillig in die Umsatzsteuerpflicht zu gehen. Das hat den Vorteil, dass Sie sich von Anfang an auch die Vorsteuer abziehen können. Besprechen Sie dies am besten mit Ihrem Steuerberater.

Ergänzende Info zur Preisnennung an Endkunden
Die Preisangabenverordnung ordnet unter anderem an, dass Preise gegenüber Endverbrauchern immer einschließlich der Umsatzsteuer und sonstiger Preisbestandteile anzugeben sind (Endpreise). Die bloße Angabe von Nettopreisen – auch mit Zusätzen wie „zzgl. der gesetzlichen Mehrwertsteuer" – gegenüber Endverbrauchern ist somit unzulässig.
Die Preisangabenverordnung (PAngV) ist eine deutsche Verbraucherschutz-Verordnung. Sie bestimmt unter anderem, wie der Preis für das Anbieten von Waren oder Dienstleistungen im Verhältnis zum Endverbraucher anzugeben ist, sofern das Angebot gewerbs- oder geschäftsmäßig oder regelmäßig in sonstiger Weise erfolgt.

Helgas Beispiel soll auch an Ihrem Ort funktionieren?
Als Anhaltspunkt, was die örtliche Kaufkraft hergibt, erkundigen Sie sich, was die Einzelstunde Tennis oder Golf kostet oder was der Physiotherapeut, die Klavierlehrerin oder andere LehrerInnen als Honorar nehmen. Grundsätzlich muss es keinen Unterschied geben zwischen Gruppen- und Einzelunterricht oder Therapie. Die Zeit, die Sie tätig sind, bleibt ja gleich. Es ist diese Zeit, die Sie sich honorieren lassen. Beim Gruppenunterricht wird der Preis eben auf mehrere Teilnehmer umgelegt.
Haben Sie Kontakt zu anderen Lehrenden, Beratenden oder TherapeutInnen in Ihrer Region, so können Sie sich dort auch Rat holen. Nur die Volkshochschultarife sollten Sie nicht als Anhalt nehmen. Die sind eindeutig zu niedrig und werden u.a. durch Steuergelder subventioniert.

Was sind Sie sich wert?
Sabine Asgodom ist eine angesagte Trainerin für Selbst-Management und Selbst- Marketing (www.asgodom.de). Sie hat einen Fragebogen entwickelt um festzustellen: „Das bin ich mir wert". Dazu beantworten Sie die nachfolgenden Fragen, diese wurden durch die Autorin ergänzt bzw. angepasst:
– Was will ich im Jahr verdienen?

- Was muss ich dann im Jahr brutto verdienen?
(Nettoverdienst plus Steuern, Versicherungen, sonstige Abgaben, Kosten für Büro, Telefon, Porto, Büromaterial, Auto, Reisen, Hilfskräfte, Fachzeitschriften und Bücher, Fortbildung etc.)

3. An wie viel Tagen möchte bzw. muss ich mein Geld verdienen?
(365 Tage im Jahr abzüglich aller Samstage und Sonntage bleiben 261 Tage, ohne Feiertage bleiben ca. 248, abzüglich sechs Wochen für eigene Ferien und Fortbildung bleiben 218; Bürotage zur Organisation und für die Routineaufgaben jeweils einer pro Woche, also 46 im Jahr, bleiben 172 Tage zum Geldverdienen)

4. Wie viel muss ich dann pro Tag verdienen?

5. Markt-Check:
Gibt der Markt einen solchen Tagessatz, Monats- bzw. Jahresverdienst her? Wenn ja, dann geht's los!

Wenn nein, woher haben Sie die Informationen, dass dem wirklich so ist?
Wenn es tatsächlich so ist: Was können Sie tun?
Es gibt immer Möglichkeiten.

Der Idee Raum geben

Egal, ob Sie Kurse geben, therapeutisch oder beratend tätig werden wollen, Sie brauchen einen Raum, in dem Sie arbeiten können. Das muss nicht gleich ein eigener Raum sein. Denn gerade am Anfang, wenn Sie noch nicht abschätzen können, wie Ihr Angebot am Ort angenommen wird, würde ein eigener Raum gleich monatliche Kosten für Miete und Nebenkosten entstehen lassen, so dass vielleicht Geld für anderes fehlt.

Starten können Sie in jedem Raum, der geeignet ist für Ihr Angebot. In Stadtmagazinen und Kursblättern Ihrer Region werden in den Kleinanzeigen regelmässig Räume zur stundenweisen Nutzung angeboten. Taiji, Yoga, Qi Gong oder Pilates können Sie gut in jedem Raum mit geeigneter Grösse anbieten, der nicht mit Stühlen oder Möbeln vollgestellt ist und einen sauberen Boden hat. Schön ist natürlich, wenn er zumindest ein bisschen entsprechende und ansprechende Atmosphäre hat. Vielleicht ist das auch situativ zum Kurs und mit einfachen Mitteln zu bewerkstelligen.

Das kann der Gruppentherapie-Raum einer bestehenden Praxis sein oder die Jazz-Dance-Schule um die Ecke. Das Gleiche gilt natürlich, wenn Sie sich mit Beratung oder Therapie selbstständig machen wollen. Kollegen/Innen sind häufig froh, wenn Sie in Zeiten ihre Räume nutzen, in denen sie ansonsten leer stünden. Denn genau das ist das Grundproblem mit eigenen Räumen: Können Sie die Räume noch nicht so oft füllen, dass Sie mit Ihren eigenen Angeboten (Kurse oder Beratungen) lässig die monatliche Miete einspielen, legen Sie schnell drauf. Die Miete ist jeden Monat fällig. Egal, ob Sie die Räume nutzen oder nicht. Erst wenn Sie regelmässig an mindestens drei bis vier Tagen in der Woche einen Raum für mindestens vier Stunden brauchen, lohnt es sich, an eigene Räume zu denken. Brauchen Sie einen Raum weniger als vier Tage die Woche, ist der Leerstand schon höher als Ihre Nutzungszeit.

Das können Sie natürlich dadurch ausgleichen, dass Sie Ihre Räume in diesen Zeiten anderen zur Verfügung stellen. Doch am Anfang sollten Sie sich auf Ihr eigentliches Vorhaben konzentrieren. Also: Wollen Sie einen Kursraum vermieten oder wollen Sie in einem eigenen Raum selber Kurse anbieten? Ihre Antwort? Danach entscheiden Sie.

Welche Anforderungen Sie selbst an Räume stellen sollten, erfahren Sie auch im folgenden Kapitel, ab Seite 119. Dort geht es um Lage, Nähe zu Ihren potentiellen Interessenten, den Bezug zum Marketing und einiges mehr. Hier soll es zunächst weitergehen mit Überlegungen zur Grösse eigener Räume für Kurse bzw. für Therapie oder Beratung.

Eigene Räume für Kurse und Seminare

Stellen Sie sich folgende Fragen aus Sicht Ihrer zukünftigen TeilnehmerInnen: Müssen diese sich umziehen vor dem Kurs, eventuell duschen nach dem Kurs? Dann brauchen Sie eine entsprechende Fläche für Umkleide und Garderobe. Zehn Menschen können sich gut auf acht Quadratmetern umziehen, doch es ist dann auch schnell „kuschelig", anders betrachtet: eng.

Kommen Männer und Frauen zu Ihnen, sollten Sie überlegen, zwei getrennte Bereiche zur Verfügung zu stellen. Dazu kommt mindestens eine Toilette. Die sollte natürlich auch über ein Waschbecken verfügen. Und: Nein, es braucht nicht zwingend eine nach Geschlecht getrennte Toilettenanlage.

Doch gibt es ggf. eine Reihe von baulichen Voraussetzungen für Praxis- und Kursräume, die in den für Ihr Bundesland geltenden baurechtlichen Vorschriften enthalten sind (z.B. Patientenparkplätze, behindertengerechter und barrierefreier Zugang etc.). Genauso können Abweichungen vom örtlichen Bauamt zugelassen werden, wenn die Anforderungen z.b. wegen technischer Schwierigkeiten nur mit einem unverhältnismäßigen Mehraufwand erfüllt werden können. Bei Erfordernis einer Baugenehmigung, Nutzungsänderung oder auch bei Abschluss eines Mietvertrages sollte vorher mit dem örtlichen Bauamt Rücksprache gehalten werden.

▶ Die Unfallverhütungsvorschriften, die u.U. ebenfalls bauliche Konsequenzen haben, können bei der Berufsgenossenschaft für Gesundheitsdienst und Wohlfahrtspflege (BGW), Schäferkampsallee 24, 20357 Hamburg oder online unter www.bgw-online.de angefordert werden. ◀

Informieren Sie sich beim zuständigen örtlichen Bauamt über die Immobilie, für die Sie sich interessieren.

Größe des Kursraumes

Der Kursraum selbst sollte so gross sein, dass Sie mindestens 15 Teilnehmende für Ihr Angebot unterbringen können. Da die Fläche pro Teilnehmer je nach Technik stark variieren kann, hier nur ein paar Anhaltspunkte:
Für Yoga, Taiji und ähnlichem gehen Sie von einem Raumbedarf von ca. zwei Quadratmetern pro Person aus (Ihren Platz müssen Sie mitrechnen!). Dazu addieren Sie 15-20 Quadratmeter als sogenannte Verkehrsfläche, also den Raum zwischen den Matten, den Schwenkbereich der Tür und ggf. der Fenster. Rund um Ihren Platz werden Sie meist auch mehr Raum haben (wollen) als die Teilnehmenden untereinander, denn Sie kommen ja auch noch mit Material, Unterlagen usw. So können Sie ausrechnen, ab welcher Grösse ein Raum für Sie überhaupt in Frage kommt. Für Yoga und Taiji sollte der Kursraum also mindestens 45-50 Quadratmeter haben (15 Teilnehmende x 2 qm + 15-20 qm).
Gestalten Sie Ihr Angebot hauptsächlich im Sitzen (mit oder ohne Stuhl), so rechnen Sie mit 1,5 Quadratmetern je TeilnehmerIn – und wieder ca. 15 Quadratmeter für den Abstand zwischen den Stühlen, Ihren Bewegungsraum von Stuhl zu Flipchart oder Musikanlage usw. (s. oben).
Wenn Sie vorhaben, auch längere Seminare zu geben, über einen Tag oder ein Wochenende, so planen Sie gleich die Möglichkeit ein, dass sich Ihre TeilnehmerInnen in den Pausen einen Tee kochen können und vielleicht auch ausserhalb des Kursraumes zusammensitzen können.

Wieso diese Mindestteilnehmerzahl?

Auch wenn Sie erst einmal mit deutlich weniger Teilnehmenden Ihre ersten Kurse starten: Was ist, wenn Sie mit Ihrem Angebot gut ankommen und erfolgreich sind? Dann wird man Sie weiterempfehlen, mehr Anfragen für Ihre Kurse werden kommen. Das ist schön, oder? Wenn Sie jedoch nur einen Raum für acht oder gar nur sechs Teilnehmer haben, sind Sie schon an seiner Kapazitätsgrenze. In der Folge müssen Sie also einen zweiten Kurs für weitere sechs oder acht Leute anbieten. Dagegen können Sie in einem grösseren Raum die steigende Nachfrage viel leichter auffangen – ohne dass Sie dafür einen zweiten Kurs ausschreiben müssten. Das heisst, Sie gehen auch mit Ihrer Einsatzkraft wesentlich effizienter um.

▶ **Hinweis:** Wirtschaftlich wird ein Kursgeschäft mit eigenen Räumen erst bei konstanter Teilnahme von mehr als zehn Teilnehmenden pro Kurs. Ausserdem sind Ihre kalkulatorischen Kosten geringer in einem grösseren Raum als in einem kleinen. ◀

Eigene Räume für Beratung und Therapie

Wenn Sie ausschliesslich mit einzelnen Menschen arbeiten werden, so genügt schon ein Raum mit einer Grösse von ca. zehn bis zwölf Quadratmetern. Dann sollte jedoch die Garderobe ausserhalb sein. Auch in diesem Fall sollte eine Toilette dazu gehören mit einem Handwaschbecken. Insbesondere bei Erstgesprächen ist ein gewisser Abstand günstig und für das Gespräch und die nachfolgende Beratung oder Therapie eher hilfreich und förderlich. Achten Sie deshalb auf freie Fläche in Ihrem Beratungsraum. Nehmen Sie selbst immer mal wieder dort Platz, wo Ihr/e KlientInnen sitzen. Gefällt Ihnen, was Sie sehen? Wie fühlen Sie sich an diesem Platz? Haben Sie eine schöne Aussicht oder Ansicht? Wenn nicht, was können Sie leicht ändern?

Was kostet der eigene Raum pro Stunde

Weiter oben halfen wir Helga mit einer exemplarischen Kalkulation, um den Preis für den eigenen Unterricht, Beratung oder Therapie pro Stunde ermitteln zu können. Dabei hatten wir dort der Einfachheit halber angenommen, dass Helga einen Raum stundenweise anmietet. Wenn Sie nun eigene Räume haben, egal ob Eigentum oder Miete, müssen Sie für die Kalkulation Ihres Preises erst einmal die Kosten ermitteln. Das geht folgendermassen: Die Miete für den Raum (Studio, Schule) wird monatlich fällig, doch wahrscheinlich werden Sie diesen Raum nicht alle zwölf Monate des Jahres nutzen. Durch Urlaub und Feiertage können Sie von einer durchschnittlichen Nutzungszeit von zehn Monaten im Jahr ausgehen. Deshalb beginnt die Rechnung damit, die Jahresmiete zu ermitteln.

Das geht ja leicht: Monatsmiete x 12 = Jahresmiete.
Da Sie die Räume nur zehn Monate nutzen, ermitteln Sie den Preis pro Nutzungsmonat, indem Sie die Jahresmiete durch diese zehn Nutzungsmonate teilen:

Jahresmiete : 10 = Mietpreis je Nutzungsmonat.

Nächster Schritt: An vielen Tagen eines Monats nutzen Sie Ihren Raum (Studio, Schule)? Sicher nicht an allen, wahrscheinlich an vier, vielleicht sogar an fünf Tagen in der Woche. Also geht es jetzt darum, den Preis pro Nutzungstag zu berechnen. Das sieht wie folgt aus:

Mietpreis je Nutzungsmonat : Nutzungstage (4 Tage x 4 Wochen) = 16 = Preis pro Nutzungstag.
Wie viele Stunden an einem Tag unterrichten oder beraten Sie? Vielleicht vier bis sechs Stunden? Das entspräche zwei bis drei Kursen oder drei bis fünf Beratungen am Tag. Somit teilen Sie in der letzten nötigen Rechnung den Preis pro Nutzungstag durch die Anzahl der Stunden und erhalten Ihren kalkulatorischen Raumpreis je Stunde.

Beispiel: Thorsten zahlt für sein Studio monatlich 800 Euro Miete einschliesslich der Nebenkosten an den Vermieter. Thorsten arbeitet als Coach in Einzelsitzungen und gibt ausserdem Kurse zur gesunden Lebensführung. Im August macht er mit seiner Familie Ferien und schliesst seine Räume. Ebenso macht er über die Weihnachtszeit zu. Somit nutzt er sein Studio an zehn Monaten im Jahr.

Die Rechnungen nun im Einzelnen
Ermitteln der Nutzungsmiete pro Monat:
12 Monate x 800 Euro Miete = 9.600 Euro : 10 Nutzungsmonate = 960 Euro je Nutzungsmonat.

Preis je Nutzungstag: 960 Euro : 16 Nutzungstage = 60 Euro Miete je Nutzungstag

Preis je Nutzungsstunde: 60 Euro : 6 Nutzungsstunden = 10 Euro Raumkosten pro Stunde.

In den Zeiten seiner Abwesenheit und an manchen Wochenenden stellt Thorsten sein Studio anderen zur Nutzung zur Verfügung. Dadurch ergibt sich die Frage:

Was nimmt man für den eigenen Raum bei Fremdnutzung pro Stunde?

Zunächst ermitteln Sie wie im Beispiel zuvor Ihren eigenen Raumpreis je Stunde. Denn bei einer Überlassung an andere haben Sie dadurch eine sichere Berechnungsbasis. Das Rechnen selbst geht schnell: verdoppeln Sie Ihren eigenen Preis bei Fremdnutzung. Denn anders als bei Ihrer eigenen Nutzung müssen Sie bei einer Überlassung an andere bedenken, dass auch deren Teilnehmende die Toilette benutzen, sich die Hände waschen und es nicht alle schaffen, bei Regenwetter Ihre Räume mit sauberen Schuhen zu betreten.

Diesen zusätzlichen Aufwand, verbunden mit Kosten, können Sie mit dieser einfachen Rechnung kalkulatorisch auffangen. Richtig verdient haben Sie dann noch nichts. Dafür müssten Sie die Kostenrechnung aufstellen wie oben, statt eines Honorars dann mit einem entsprechenden Ansatz für Ihre angestrebte Einnahme aus Nutzungsüberlassung.

Angebot von Getränken in den eigenen Räumen

Besondere Aufmerksamkeit ist geboten, wenn Sie planen, in den eigenen Räumlichkeiten neben Ihren Dienstleistungen wie Unterrichten, Beraten oder Therapieren, auch Getränke zu verkaufen – sozusagen als Nebeneffekt Ihrer Tätigkeit. Sobald Sie dies vor haben zu tun, greift unter Umständen das Gaststättengesetz (GastG). Im Zuge der Föderalismusreform 2006 wurde in Deutschland den Bundesländern die Gesetzgebungskompetenz für das Gaststättenrecht übertragen. Das geltende Gaststättengesetz des Bundes behält seine Gültigkeit, soweit die Länder nicht durch Erlass eigener Gaststättengesetze von ihren Kompetenzen Gebrauch machen. Viele Bundesländer haben eigene Gaststättengesetze als Landesrecht erlassen. Andere Länder haben das bisherige Gaststättengesetz des Bundes beibehalten und regeln wie bereits zuvor dessen Vollzug durch eigene Gaststättenverordnungen. In den meisten Fällen heißt es dort, dass ein „Gaststättengewerbe im Sinne dieses Gesetzes betreibt, wer Getränke zum Verzehr an Ort und Stelle" verabreicht. Den Faktor Speisen lassen wir hier mal außen vor, doch sollten Sie auch dies planen, wird das Thema noch umfangreicher und Sie sollten sich detailliert zu den geltenden Vorschriften informieren, z.B. bei der ortsansässigen IHK.

> Es spricht aber nichts gegen das kostenfreie Angebot von Tee und Wasser vor und nach den Kursen.

Eine Erlaubnis braucht es in der Regel nicht, wenn nur Milch, Milcherzeugnisse oder alkoholfreie Milchmischgetränke gereicht werden sowie unentgeltliche Kostproben und alkoholfreie Getränke aus Automaten. Sofern Sie Sitzgelegenheiten haben und offene Getränke verkaufen, brauchen Sie eine Schankerlaubnis und es greifen weitere Regelungen wie Sperrzeiten usw.

Deshalb sollten Sie bei Ideen zum Ausschank überlegen, was ihre Haupttätigkeit ist und in welcher Form Sie diese erweitern möchten. Bedenken Sie auch, dass dies in jedem Fall eine Gewerbeanmeldung voraussetzt, da kostenpflichtiger Getränke-Ausschank keine freiberufliche Tätigkeit darstellt.

Rundfunkbeitrag

GEZ war vorgestern, bis Ende 2012. Deren Satz lautete: „Schon GEZahlt?". Das heisst leider nicht, dass seitdem nichts mehr für Radio und Fernsehen bezahlt werden müsste. Im Gegenteil. Seitdem dürfen wir alle den sogenannten Rundfunkbeitrag zahlen. Wirklich alle, denn jede private Wohnung ist zahlungspflichtig und natürlich auch jede Betriebsstätte, also Büros, Studios, Läden, Schulen usw. Der Rundfunkbeitrag für eine private Wohnung beträgt pro Monat 17,50 Euro. Für eine Betriebsstätte mit bis zu acht Beschäftigten zahlen Unternehmen jedoch nur ein Drittel des Rundfunkbeitrags, nämlich 5,83 Euro pro Monat. Darin enthalten ist auch das erste betrieblich genutzte KFZ. Denn erst bei weiteren überwiegend betrieblich genutzten Fahrzeugen werden pro Fahrzeug nochmal je 5,83 Euro im Monat fällig. Selbstständige, die zu Hause arbeiten und für ihre Wohnung bereits den Rundfunkbeitrag leisten, müssen keinen gesonderten Beitrag für die Betriebsstätte zahlen. Wenn sich das Büro in der Mietwohnung oder im privaten Eigenheim befindet, ist die Beitragspflicht bereits durch den privaten Rundfunkbeitrag abgedeckt. Hier gilt jedoch zusätzlich die Regelung, dass sich die Betriebsstätte im Privatbereich der Wohnung befinden muss. Ist sie über ein Treppenhaus oder einen separaten Hauseingang erreichbar kann der Beitragsservice dafür auch Rundfunkgebühren verlangen. Wie aus GEZ-Zeiten gewohnt, ist in diesem Fall der Beitrag für betrieblich genutzte Kraftfahrzeuge zu entrichten: monatlich 5,83 Euro pro Kfz.
Der Rundfunkbeitrag wird unabhängig von vorhandenen Geräten erhoben. Auch wenn im Extremfall gar kein Radio-, TV- oder anderes Gerät mit Internetzugang (PC, Tablet etc.) vorhanden ist: der Rundfunkbeitrag ist zu entrichten.

▶ Alle Informationen und Formulare gibt es auf der von ARD, ZDF und Deutschlandradio betriebenen Seite: www.rundfunkbeitrag.de. ◀

GEMA – die nimmt auch an Ihrem Kurs teil

Jetzt noch eine schöne Musik zur Entspannung…..auch dabei will noch jemand was von Ihnen. Wie bitte? Ja, so ist es, denn die GEMA ist die „Gesellschaft für musikalische Aufführungs- und mechanische Vervielfältigungsrechte" und schützt weltweit die Rechte von Musikschaffenden, vom Komponisten über Musiker bis zu Bands und Orchestern. Da diese oftmals gar nicht mitbekommen (können), wann und wo ihre Musik gespielt wird, hat man in Deutschland die GEMA gegründet. Weltweit gibt es in fast allen Ländern ähnliche Organisationen.

Wenn Sie in Ihren Kursen Musik einsetzen, so sind Sie verpflichtet, dies der GEMA zu melden. Dabei wird natürlich berücksichtigt, dass Sie für einen Yoga-Kurs oder für Meditation, Entspannung u.ä. eine andere Nutzungs-Intensität haben als zum Beispiel eine Diskothek.

▶ **Hinweis:** Was kostenmässig auf Sie zu kommt, wenn Sie Musik im Kurs einsetzen wollen, erfahren Sie auf der Website www.GEMA.de. ◀

Unter dem Menüpunkt: Musiknutzer, dort dann weiter zu: Musik lizenzieren. Hier können zwei Kategorien ausgewählt werden. Bei Kategorie 1 gehen Sie auf: Gastronomie, Einzelhandel, Freizeit, Gesundheit und Soziale. Bei Kategorie 2 wählen Sie dann entsprechend Ihres Angebotes: entweder den Punkt Einzelhandel, Friseur, Bank, Arztpraxis, Physiopraxis oder den Punkt Fitnessstudio, Sportstudio, Bowling, Eislauf, Inline.

Unter dem zweitgenannten Punkt können Sie dann wiederum die Rubrik wählen: Tarif für Fitness- und Gesundheitskurse. Hier finden Sie die aktuelle Tarifübersicht – auch für Kurse mit ausschließlich Einzelhonoraren - sowie einen Fragebogen zur Anmeldung von Musiknutzung, auch im Kursgeschäft. Bei Kursen berechnet sich der GEMA-Beitrag nach der Anzahl der monatlichen Kursteilnehmenden.

Verbandskasten in eigenen Räumen

Gemäss der Verordnung über Arbeitsstätten und der Berufsgenossenschaftlichen Vorschriften für Arbeitssicherheit und Gesundheitsschutz (früher wurde sie Unfallverhütungsvorschrift genannt), muss an Arbeitsstätten ein ausreichend ausgestatteter Verbandskasten zur Verfügung gehalten werden. Die Füllung richtet sich nach der Arbeitsstätte, da in einem Büro üblicherweise anderes Erste-Hilfe-Material gebraucht wird als zum Beispiel in einer Maschinenhalle.

Sanitätshäuser, Apotheken und der Büro-Versandhandel beraten und bieten entsprechende DIN-gerechte Kästen an (DIN 13157). Dabei ist der Verbandskasten als solches nicht vorgeschrieben, sondern der Inhalt - und aus praktischen Gründen sollte dieser Inhalt (Mullbinden, Schere, Pflaster usw.) natürlich transportabel sein, da die meisten Unfälle nun mal nicht in unmittelbarer Nähe eines Aufbewahrungsschrankes entstehen. Die sterilen Materialien sollten im eigenen Interesse (und weil es vorgeschrieben ist) regelmässig ausgetauscht werden. Die Ablaufdaten finden Sie auf den jeweiligen Verpackungen.

Feuerlöscher in eigenen Räumen

Gemäss der zuvor bereits erwähnten Verordnung über Arbeitsstätten ist es ebenfalls Pflicht, Feuerlöscher bereitzustellen. Diese müssen der DIN EN 3 entsprechen.

Kaufen Sie nicht irgendeinen Löscher, damit Sie ihn haben, sondern entsprechend der möglichen Einsatzstellen.
Für elektronische Geräte wie Computer, Festplatten, Telefon-Anlagen, Router usw. empfiehlt sich ein Kohlendioxyd-Löscher (zwei Kilo Füllung ist ausreichend). Dabei wird nämlich eine rauchende Festplatte oder ähnliches gelöscht, ohne dass die Hardware Schaden nimmt. Das Gas erstickt das Feuer - ohne Rückstände im Gerät zu hinterlassen.
Für alle Arten von Papier (Akten, Zeitschriften), die übliche Ausstattung eines Beratungsraumes oder eines Taiji- oder Yoga-Studios ist ein Schaumlöscher (sechs Liter Inhalt) gut geeignet, da damit auch das Feuer durch einen elektrischen Kurzschluss gelöscht werden kann. Lassen Sie sich von einem Brandschutz-Unternehmen in Ihrer Nähe (zu finden über www.GelbeSeiten.de) beraten, wie viele Löscher Sie benötigen.
Alle zwei Jahre müssen die Löscher auf ihre Funktionsfähigkeit und Dichte geprüft werden. Das kostet bei drei Löschern ca. 75 Euro. Stellen Sie die Löscher so auf oder hängen Sie sie an die Wand, dass man sie direkt sehen kann. Bitte nie im Schrank oder der Abstellkammer verstecken! Das Beste ist, man hat die Löscher immer einsatzbereit und sichtbar zur Hand - und braucht sie nie. Aber wenn, dann ...
Zu weiteren Kosten rund um Arbeitszimmer und Räume (Büro, Studio usw.) beachten Sie bitte auch die Informationen zu Steuern im Kapitel 4: Hilfe, ich mache Gewinn?!, ab Seite 180.

Helfende Hände: Mitarbeiter, Mini-Jobber und angestellte Familienmitglieder

Auch wenn es am Anfang vielleicht noch gar nicht vorstellbar erscheint, drängt sich irgendwann - an einem besonders arbeitsintensiven Tag die Frage auf, ob es mit einer professionellen Hilfe nicht einfacher, schneller, besser ginge. Was ist dann zu tun, wenn bei Organisation, Ablage oder Buchhaltung jemand zur Hand gehen soll? Zuerst ist die Frage zu klären, welchen Status der oder die MitarbeiterIn hat. Ist sie eine freie Mitarbeiterin auf Honorarbasis, eine geringfügig Beschäftigte oder eine festangestellte Voll- oder Teilzeitkraft?

Freie/r Mitarbeiter/in

Freie Mitarbeiter arbeiten selbstständig, auf eigene Rechnung und haben neben Ihnen noch andere KundInnen. Das kann die Vertretung für Ihre Kurs- und Unterrichtsangebote sein, die einspringt, wenn Sie in Urlaub fahren oder krank sind. Das kann auch jemand zur Unterstützung sein für die Büro-Organisation, Buchhaltung, Werbung oder Pflege der Website. Freie Mitarbeiter sind für Sie eine Honorarkraft, der Sie einen klar bestimmten Arbeitsauftrag erteilen. Gerade für Tätigkeiten, für die es spezifische Kenntnisse braucht und für Sie vielleicht Aufwand bedeuten, sich einzuarbeiten, ist es doch naheliegend und kostengünstiger jemanden dafür zu engagieren.

▶ Ein Muster-Honorarvertrag finden Sie im Anhang auf Seite 253 und im Download-Bereich auf der Website. Zugangsdaten dazu auf der Seite 236. ◀

Beachten Sie bei der Zusammenarbeit mit freien MitarbeiterInnen, dass für diese weitgehend die gleichen Regeln und Bestimmungen gelten wie für Sie selbst. Das bedeutet, dass Sie selbst sicherstellen müssen, das Ihre freie Mitarbeiter/In nicht scheinselbstständig bei Ihnen tätig ist. Weitere Infos dazu auf Seite 77.

Geringfügig Beschäftigte – „Mini-Jobber"

Diese dürfen monatlich nicht mehr als 450 Euro verdienen. Für Sie als ArbeitgeberIn ist ein geringfügig Beschäftigter sinnvoll, wenn Sie nur gelegentlich und doch regelmässig für wenige Stunden in der Woche eine Hilfe brauchen, z.B. für Telefon, Büroarbeit oder Buchhaltung. Für geringfügig Beschäftigte müssen Sie pauschale Sozialversicherungs- und Lohnsteuerzahlungen in Höhe von 31,2 Prozent (von der Lohnsumme) abführen, wenn dieser länger als 4 Wochen für Sie tätig ist (Stand Jan 2018). Bei kürzerer Tätigkeit als vier Wochen entfällt die Umlage 1 mit 0,9 Prozent, die zum Ausgleich der Aufwendungen des Arbeitgebers bei Krankheit des Minijobbers dient.
Diese Pauschale muss von Ihnen als ArbeitgeberIn zusätzlich zum Lohn übernommen werden. Die Pauschale darf ausdrücklich nicht dem Mini-Jobber vom Lohn abgezogen werden. Und: Auch Mini-Jobber haben Anspruch auf Urlaub, der tatsächlich gewährt werden muss.

▶ **Hinweis:** Unter www.minijob-zentrale.de müssen Sie Ihren neuen Mitarbeiter anmelden. Dort finden Sie auch Kontaktdaten, um sich individuell beraten zu lassen. ◀

Für Minijobs, die nach dem 1. Januar 2013 begannen, besteht Abgabepflicht an die gesetzliche Rentenversicherung. Da der Arbeitgeber für eine geringfügig entlohnte Beschäftigung bereits einen Pauschalbeitrag zur Rentenversicherung zahlt (15 Prozent, die sind in den o.g. 31,2 Prozent enthalten), ist vom Minijobber nur die Differenz zu übernehmen. Dieser Beitragsanteil beträgt 3,6 Prozent vom Lohn in 2018. Minijobber können sich jedoch von der Versicherungspflicht befreien lassen. Das muss dem Arbeitgeber schriftlich mitgeteilt werden. Dann entfällt der Eigenanteil des Minijobbers und nur der Arbeitgeber zahlt den Pauschalbeitrag (s.o.).

Kurzfristig Beschäftigte

Daneben gibt es auch die Möglichkeit, sogenannte kurzfristige Minijobs anzumelden. Hierbei ist die Beschäftigung seit 2019 im Voraus auf zwei Monate begrenzt, wenn der Minijobber an mind. fünf Tagen pro Woche arbeitet oder insgesamt 50 Arbeitstage in einem Kalenderjahr befristet oder wenn der Minijobber regelmäßig weniger als an fünf Tagen wöchentlich beschäftigt ist. Das Arbeitsentgelt kann dann auch über 450 Euro im Monat liegen.

Diese Zeitgrenzen gelten generell:
- für alle kurzfristigen Minijobs innerhalb eines Kalenderjahres, jedoch auch
- für jahresübergreifende Beschäftigungen, die Sie von vornherein auf zwei Monate oder 50 Arbeitstage befristet haben.

Zu beachten ist noch die Höhe des Mindestlohns. 2019 liegt der gesetzliche Mindestlohn bei 9,19 Euro. Ab 2020 steigt er auf 9,35 Euro pro Stunde.
Sozialversicherungsbeiträge fallen für den Arbeitnehmer nicht an. Auch der Arbeitgeber hat lediglich die Umlagen U1 und U2 (Umlagen zum Ausgleich Ihrer Aufwendungen bei Krankheit (U1) und Schwangerschaft bzw. Mutterschaft (U2), die Insolvenzgeldumlage und Beiträge zur Unfallversicherung zu zahlen.
Zu versteuern ist das Arbeitsentgelt grundsätzlich nach den persönlichen Lohnsteuerabzugsmerkmalen. Der Arbeitgeber kann die Lohnsteuer jedoch auch mit 25 Prozent des Arbeitsentgelts pauschal erheben zzgl. Solidaritätszuschlag und ggf. Kirchensteuer.
Ein kurzfristiger Minijob eignet sich zum Beispiel gut dazu, um einen einmalig erhöhten Arbeitsanfall (Ferienseminare, Kongress, Tag der offenen Tür) durch eine zusätzliche Arbeitskraft aufzufangen. Das kann natürlich auch eine Kollegin sein. Lassen Sie dennoch genau prüfen, ob für Ihren potenziellen Mitarbeiter diese Form der Beschäftigung passt, da es diverse Einschränkungen gibt, z.B. ist dies nicht möglich, wenn sich jemand in Elternzeit befindet oder zwischen dem Schulabschluss und einem freiwilligen sozialen/ökologischen Jahr eine kurzfristige Beschäftigung aufnimmt, sobald er über 450 Euro monatlich verdient. Weiterhin gibt es Grenzen hinsichtlich der zusammenhängenden Arbeitstage und des max-Verdienstes pro Tag.

▶ **Hinweis:** Alle aktuellen Informationen und nötigen Formulare zum Download unter: www.minijob-zentrale.de ◀

Ehepartner oder eigene Kinder beschäftigen?

Wenn Ihr Ehepartner oder Ihre Kinder gelegentlich bei Ihnen im Betrieb mithelfen und die Kinder älter als 14 Jahre sind, so können Sie diese auch als geringfügig Beschäftigte oder als Teilzeit-/Vollkraft (s. unten) anstellen. Mit dem Ergebnis, dass

das Taschengeld bzw. Gehalt, welches Sie Kindern oder Partner dafür zahlen, jetzt für Sie eine ganz normale Betriebsausgabe darstellt.
Da das Finanzamt bei Arbeitsverhältnissen innerhalb der Familie immer besonders danach schaut, ob alles so geregelt ist wie „unter Dritten", sollten Sie unbedingt einen schriftlichen Arbeitsvertrag abschliessen und darauf achten, dass die Vereinbarungen tatsächlich eingehalten werden (pünktliche und belegmässig nachvollziehbare Lohnzahlung, Urlaub usw.).

Wichtig! Besonderes Augenmerk gilt dabei der Gehaltszahlung. Diese muss immer auf ein eigenes Konto Ihres Partners bzw. Kindes laufen. Das heisst, Sie dürfen nicht auf ein Konto überweisen, bei dem Sie auch als Inhaber geführt werden, zum Beispiel ein Familienkonto lautend auf Kontoinhaber: Peter und Irene Müller. Allerdings ist eine Zeichnungsberechtigung für das Konto des Ehepartners nicht hinderlich.

▶ **Hinweis:** Einen Muster-Arbeitsvertrag finden Sie auf Seite 251 im Buch und im Download Bereich auf der Website. Zugangsdaten dazu sind für Sie auf der Seite 236 notiert. ◀

Festangestellte Teil-/Vollzeitkraft

Jeder Mitarbeiter, der mehr als 450 Euro im Monat verdient, also mehr als nur geringfügig beschäftigt ist, ist eine sozialversicherungspflichtige Arbeitskraft. Sie muss von Ihnen als ArbeitgeberIn bei verschiedenen Stellen angemeldet werden: Erstens bei der Krankenkasse, bei der der zukünftige Angestellte Mitglied ist. Denn dieser Krankenkasse müssen Sie die Sozialabgaben überweisen. Und zwar den Anteil Ihrer Angestellten und den Arbeitgeberanteil. Die Krankenkasse leitet von dieser Gesamtsumme der Sozialabgaben auch die Zahlungen weiter an die Pflege-, die Renten- und die Arbeitslosenversicherung.
Zweitens müssen Sie für die Lohnsteuer dem Finanzamt melden, dass Sie nun einen Angestellten beschäftigen. Für das ordnungsgemässe Abführen der Lohnsteuer sind Sie als Arbeitgeber verantwortlich.
Allerdings ist dringend anzuraten, eineN SteuerberaterIn mit der Lohnabrechnung sowie der Berechnung der Sozialabgaben und der Lohnsteuer zu beauftragen. Das spart Ihnen Zeit und Nerven und alles wird immer entsprechend der aktuellen Vorschriften erledigt. Ihr monatlicher Kostenaufwand für das Steuerberatungshonorar ist dafür gering.
Bei Arbeitsantritt erhalten Sie von Ihrem neuen Angestellten die Sozialversicherungsnummer und seine elektronische Lohnsteuerkarte. Mit diesen beiden Informationen (Sozialversicherungsnummer und Lohnsteuer) können Sie als Arbeitgeber bzw. Ihr Steuerberater die oben beschriebenen Anmeldungen tätigen.
Die einheitlichen Meldeformulare für An- und Abmeldung zur Sozialversicherung erhalten Sie kostenlos bei allen Krankenkassen. Zur Anmeldung bei der Berufsgenossenschaft siehe im separaten Abschnitt siehe folgende Seite.

Betriebsnummer

Wenn Sie MitarbeiterInnen (egal, ob nur geringfügig beschäftigt oder sozialversicherungspflichtig festangestellt) einstellen wollen, so müssen Sie für Ihr Unternehmen eine sogenannte Betriebsnummer bei der Agentur für Arbeit beantragen. Über diese Betriebsnummer werden Sie als ArbeitgeberIn bei den Sozialversicherungen (Krankenkassen, Arbeitslosen-, Pflege- und Rentenversicherung) identifiziert und in deren Unterlagen geführt.

▷ **Hinweis:** Sie erfahren alles dazu über die Website: www.arbeitsagentur.de, Suchbegriff „Betriebsnummer". Seit dem 01.01.2017 besteht die gesetzliche Verpflichtung, Betriebsnummern elektronisch zu beantragen. Mit diesem Online-Antrag kann Ihnen rund um die Uhr und ohne Wartezeit in einer Vielzahl von Sachverhalten die Betriebsnummer direkt online automatisiert vergeben und angezeigt werden. ◁

Beachten Sie jedoch, dass der Antrag nicht dazu dient, Änderungen (z.B. Umzug) an bereits bestehenden Beschäftigungsbetrieben mitzuteilen. Grundsätzlich erfolgen Änderungen durch Datenübertragung aus der Lohnabrechnungssoftware heraus. Darüber hinaus nimmt der Betriebsnummern-Service Änderungsmitteilungen derzeit weiterhin auch telefonisch oder schriftlich entgegen. Sie können sich also auch direkt an den Betriebsnummern-Service der Arbeitsagentur wenden, per e-Mail: betriebsnummernservice@arbeitsagentur.de.

Berufsgenossenschaft

Bei der für Sie zuständigen Berufsgenossenschaft müssen Sie Ihren Betrieb ebenfalls anmelden, wenn Sie (auch nur gelegentlich!) geringfügig oder festangestellt Beschäftigte haben. Die Berufsgenossenschaften sind Träger der gesetzlichen Unfallversicherung und treten für die Folgen von Unfällen bei der Ausübung der Arbeit oder bei Unfällen auf dem Weg von und zur Arbeit ein.
Der Arbeitgeberbeitrag zur Berufsgenossenschaft wird anhand der jährlich insgesamt gezahlten Lohnsumme nach einem Hebesatz, der je nach Gefahrenklasse des Unternehmens festgelegt wird, berechnet.

▷ **Hinweis:** Für die freien Berufe (und besondere Unternehmen) ist zuständig die: Verwaltungsberufsgenossenschaft, VBG, Postanschrift: 22281 Hamburg, Telefon 0 40-51 46-29 40, Internet www.vbg.de, Mail kundendialog@vbg.de ◁

Das eigene Zeit- und Selbstmanagement

Sie selbst sind vermutlich der erste Mann / die erste Frau am Start und in Aktion, sowohl um das Unternehmen zu gründen, zu leiten, zu managen und auch Umsätze zu akquirieren und zu generieren durch operative Umsetzung. Sprich: durch einfaches Machen.

Umso wichtiger, dass Sie sich selbst gut managen können. Was nutzt es, wenn Sie selbst auf einmal in einem 14-Stunden-pro-Tag-Job hängen und dies an 360 Tagen im Jahr wenn Sie sich primär um Dinge links und rechts kümmern und gar nicht mehr um das, was eigentlich der Grund für den Schritt in die Selbstständigkeit war – der eigentliche Inhalt Ihres Produktes bzw. Ihrer Dienstleistung. Einige Punkte dazu vor dem Entschluss und wer bei was helfen kann, haben wir ja bereits in Kapitel 1 und auch in diesem Kapitel angesehen.

Neun-Punkte-(Selbst-)Management

Die „Akademie für Führungskräfte der deutschen Wirtschaft" in Bad Harzburg stellte einmal heraus: Um optimale Leistungen zu erbringen, braucht der Mensch kaum fremdbestimmte Führung. Stattdessen sind nach ihrer Erkenntnis nötig: Klare Rahmenbedingungen, nachvollziehbare Aufgaben und Ziele, unterstützende Ressourcen, viel Gestaltungsspielraum sowie die ständige Ermutigung, Verantwortung zu übernehmen.

Genau das also, was auch Selbstständige brauchen. Das folgt hier in neun Punkten. Beachten Sie diese, besser noch: Leben Sie sie, um Ihre Schule, Beratungs- oder Therapiepraxis optimal und für Sie erfolgreich führen zu können.

Punkt 1: Stärken erkennen

Wenn Sie am Markt bestehen möchten, müssen Sie genau wissen, was Sie selbst wollen und können. Und, genauso wichtig, was nicht.

Kennen Sie Ihre Stärken? Identifizieren Sie sich mit der von Ihnen angebotenen Dienstleistung? Nur, wenn Sie selbst überzeugt sind, werden Sie auch potentiell interessierte Kunden erreichen und deren Nachfrage erfolgreich bedienen.

Notieren Sie für sich: Das sind meine Stärken

Wer könnte Sie darin unterstützen, wer könnte für Sie etwas übernehmen?

Ich tue, was ich tue, weil ...

Punkt 2: Vision entwickeln

Haben Sie mehr als nur eine Idee? Wo wollen Sie mit Ihrer selbstständigen Tätigkeit hin? Was sind Ihre unternehmerischen Ziele? Entwerfen Sie eine Vision und beginnen dann mit dem ersten Schritt. Auch bei allen nachfolgenden Schritten behalten Sie Ihre Vision im Blick und orientieren Sie sich daran.

Sri Aurobindo wird der Satz zugesprochen: „Sind Deine Mittel klein und dein Vorhaben gross, handle trotzdem, denn mit Deinem Tun werden Dir die erforderlichen Mittel zufliessen."

Notieren Sie für sich: Was ist Ihre Vision?

Was sind Ihre Ziele auf dem Weg dorthin?

Für den ersten Schritt brauche ich

und fange heute damit an.

Punkt 3: Zahlen definieren

Bereits unter bei dem Thema Kalkulation erwähnt, gehören dazu Umsatz, Gewinn, Kosten und Cash-Flow, jedoch andere Grössen werden dadurch noch nicht erfasst. Ihr Marktpotential, die Zufriedenheit Ihrer TeilnehmerInnen oder PatientInnen, Ihr Ansehen in der Öffentlichkeit (Image) sind wichtige Grössen, die Sie selbst definieren und herausfinden müssen.

Fragen Sie regelmässig Ihre Teilnehmer und Klienten, schriftlich, auch anonym. Bitten Sie um Rückmeldung, was besser werden kann und was gefällt.
Was genau sind Ihre nächsten Aktivitäten dazu?

Punkt 4: Prioritäten setzen
Behalten Sie Ihre Vision im Auge und Ihre anderen strategischen Ziele. Messen Sie daran Ihre Aktivitäten. Bringt Sie dieses Angebot weiter oder ist es nur mit viel Zeitaufwand verbunden? Müssen Sie alles selber machen? Schaffen Sie sich Zeit und geben Aufgaben ab an externe Berater oder Dienstleister (Steuer-, Betriebsberater, Schreibbüro, IT-Unterstützung). Behalten Sie das grosse Ganze im Blick und verlieren Sie sich nicht zu sehr im Detail.

Wann fangen Sie damit an?

Punkt 5: Sich (und andere) fordern
Sie haben Ihre Ziele vielleicht sogar in einem Geschäftsplan schriftlich festgelegt (siehe dazu auch Kapitel 1). Messen Sie sich auch nach Monaten oder Jahren daran? Fordern Sie sich dazu heraus und schreiben Sie zum Beispiel jedes Halbjahr einen Geschäftsbericht. Eine DIN A4-Seite reicht. Mit ungeschönten Zahlen, mit realistischen Planungen und Sollzahlen können Sie ihn auch Ihrem Steuerberater oder Ihrer Beraterin bei der Bank geben. Überprüfen Sie die tatsächliche Entwicklung und werden Sie so immer besser.

Punkt 6: Freiräume schaffen
Gönnen Sie sich nicht nur eine Auszeit im Jahr in Form von Urlaub. Kreativität und Ideen brauchen Freiräume. Machen Sie mal zwischendurch einen Spaziergang. Trinken Sie am Vormittag - wenn alle anderen arbeiten - mal einen Kaffee oder Tee in einem schönen Bistro. Lassen Sie immer mal wieder die Seele baumeln und beschäftigen Sie sich nicht nur mit dem Geschäft.
Schauen Sie über den Tellerrand der eigenen Technik oder Lebenskunst und schnuppern Sie in andere. Besuchen Sie Seminare oder Kurse anderer Anbieter zu Ihnen noch fremden Themen. Besuchen Sie im Urlaub einen Kurs bzw. suchen Sie den Kontakt zu dort ansässigen Anbietern Ihrer Lebenskunst und tauschen Sie sich aus. Da die Angst vor Konkurrenz entfällt, können sich sehr schöne und anregende Gespräche entwickeln. Das können Sie natürlich auch gezielt mit sympathischen Kolleginnen zum Beispiel aus Ihrer Ausbildungs- oder Fortbildungsgruppe verabreden. Treffen Sie sich als Münchnerin mit einer Kollegin aus Köln – und erleben Sie, was Sie in der Selbstständigkeit verbindet und was unterschiedlich ist.

Punkt 7: Orientieren Sie sich an der Kundschaft
Versetzen Sie sich immer mal wieder in die Lage Ihrer KundInnen, TeilnehmerInnen, KlientInnen. Warum sollen sie zu Ihnen kommen? Was bieten Sie ihnen konkret an? Was ist der spezifische Nutzen Ihrer Dienstleistung? Die Antworten sollten Ihnen ziemlich schnell einfallen. Denn, wenn Sie es nicht wissen, woher dann die Kundschaft?
Fragen Sie immer wieder nach und beginnen Sie so ein nachhaltiges Qualitätsmanagement. Mehr dazu auf Seite 101.
Beantworten Sie die genannten Fragen auf einem separaten Blatt schriftlich und notieren Sie das Datum. Vergleichen Sie es mit den Ergebnissen in einem halben Jahr.

Punkt 8: Intuition nutzen
Zahlen und Analysen sind wichtig für die täglichen Entscheidungen. Doch vertrauen Sie mindestens ebenso auf Ihre innere Stimme. Nehmen Sie immer wieder Abstand von Schreibtisch und Computer und lassen Sie ihre Intuition zu Wort kommen. Sie können sich auf Ihr Gefühl verlassen.

Punkt 9: Selbstmotivation
Halten Sie sich immer wieder vor Augen, warum Sie das wollen, was Sie tun. Geniessen Sie die Freude an Ihrem Tun. Und unbedingt: Feiern Sie Ihre Erfolge.

Die Selbstorganisation – Prioritäten setzen

Vieles Dringliche ist nicht wichtig und vieles Wichtige ist nicht dringlich! Dazu kommt, dass es oft Dinge gibt, die entweder wichtig oder dringlich sind, doch die Sie wunderbar abgeben können, weil jemand anderes – mit entsprechendem fachlichem Know-how – wesentlich leichter, einfacher und schneller die Sache erledigt, so dass Sie sich wieder auf den Kern Ihres Geschäfts konzentrieren können. Nach dem ehemaligen US-Präsident Dwight D. Eisenhower benannt, gibt es ein sehr einfaches und praktisches Hilfsmittel als Entscheidungsraster, um schnell Prioritäten setzen und Entscheidungen treffen zu können.

Dadurch sollen die wichtigsten Aufgaben zuerst erledigt und unwichtige Dinge aussortiert werden. Anhand der Kriterien Wichtigkeit (wichtig/nicht wichtig) und Dringlichkeit (dringend/nicht dringend) gibt es vier Kombinationsmöglichkeiten. Die vier Aufgabentypen werden A-, B-, C- und D-Aufgaben genannt und auf vier Quadranten verteilt.

Wenn Sie sich nun die Fragen stellen: wie definiert sich denn wichtig? Oder wie definiert sich denn dringend? Dann snd das gute Fragen. Als Parameter können hier die Punkte Umsatz, Kosten und Qualität angesetzt werden. Stellen Sie sich also jeweils die Frage, z.B. bringt mir die Aufgabe mehr Umsatz? Hat diese Aufgabe einen bedeutenden Einfluss auf meine Kosten? Inwiefern beeinflusst diese Aufgabe die Qualität meiner Dienstleistung? Übung macht den Meister – einfach mal anfangen!

Jedem Aufgabentyp wird eine bestimmte Art der Bearbeitung zugeordnet. D-Aufgaben werden nicht erledigt, sprich; wandern in den Papierkorb („Ablage P").

		Dringlichkeit	
		dringend	**nicht dringend**
Wichtigkeit	wichtig	A / I Sofort selbst erledigen	B / II Terminieren und selbst erledigen oder delegieren und outsourcen
	nicht wichtig	C / III An kompetente Mitarbeiter delegieren / outsourcen	D / IV Nicht bearbeiten (Papierkorb)

Quelle: wikipedia.org/wiki/Eisenhower-Prinzip

Man geht davon aus, dass die wichtigen A-Aufgaben bzw. A-Geschäfte bis zu 80 Prozent des Wertes einbringen (z. B. in Form von Umsatz), die B- Aufgaben und Geschäfte bis zu 20 Prozent, die C-Aufgaben dagegen die verbleibenden bzw. max. fünf Prozent. Allerdings gehören zu diesen C- oder Routineaufgaben auch die Abgabe von Steuererklärungen, Lohn- und Sozialversicherungsanmeldungen usw., die man besser fristgerecht abgibt, um Nachforderungen oder Strafen zu vermeiden.

Für alle A-Bereiche gilt: Intensive Beobachtung und dauernde Optimierung durch Markt-, Preis- und Kostenanalysen, intensive Vor- und Nachbereitung und genaue Durchführung. Für die B-Bereiche gilt es, eine im Vergleich zum A-Bereich differenziertere Vorgehensweise zu entwickeln. Für die C-Bereiche gilt das Prinzip der Vereinfachung, wo immer es möglich ist.

Die regelmäßigen Aufgaben – ein Blick ins Zeitmanagement

Überlegen Sie, welche Aufgaben innerhalb Ihrer Tätigkeit anfallen und listen diese unsortiert auf. Dabei meint es tatsächlich ALLE Aufgaben, sei es die rein unterrichtende oder beratende Tätigkeit, Führung und Leitung eines Studios oder von Praxisräumen usw. als auch alle „kleinen" Aufgaben, wie z.B. Einkaufen, Mails bearbeiten, Informationen für eigene Weiterbildungsmöglichkeiten einholen, Flyer erstellen, Teilnehmer und Kunden verwalten etc.

Überlegen Sie jeweils, ob das eine Kann- oder eine Muss-Aufgabe für Sie ist. Müssen Sie die selbst erledigen? Können nur Sie das? Oder kann das auch jemand anderes machen? Mal unabhängig davon, wer genau. Das können Sie später herausfinden. Überlegen Sie ebenfalls jeweils, iob Sie eine Aufgabe, gerne oder nicht so gerne machen?

Hier ein paar unsortierte Beispiele und zu denen Sie sich gerne direkt Notizen machen. Oft sind die spontanen Gedanken dazu die besten.

– Werbung/Akquise
 kann/muss _____ gerne/ungerne _____

– Kursplan-Erstellung
 kann/muss _____ gerne/ungerne _____

– Vorbereitung der eigenen Kurse
 kann/muss _____ gerne/ungerne _____

– Leitung der Kurse
 kann/muss _____ gerne/ungerne _____

– Personalführung/-entwicklung/-organisation / Vertretungen organisieren
kann/muss _____ gerne/ungerne _____

– Vertragswesen
kann/muss _____ gerne/ungerne _____

– Preisgestaltung / Kalkulation
kann/muss _____ gerne/ungerne _____

– Reinigung der Räumlichkeiten
kann/muss _____ gerne/ungerne _____

– Buchführung
kann/muss _____ gerne/ungerne _____

– Bewirtung / Küchenordnung
kann/muss _____ gerne/ungerne _____

– Kooperationen (z.B. Shop, Merchandise-Artikel)
kann/muss _____ gerne/ungerne _____

– Pressearbeit
kann/muss _____ gerne/ungerne _____

– Anzeigengestaltung/-platzierung
kann/muss _____ gerne/ungerne _____

– Flyererstellung
kann/muss _____ gerne/ungerne _____

– Events/Specials organisieren
kann/muss _____ gerne/ungerne _____

– Organisation Fremdvermietung
kann/muss _____ gerne/ungerne _____

– Instandhaltung
kann/muss _____ gerne/ungerne _____

– Versicherungen / GEMA etc.
kann/muss _____ gerne/ungerne _____

- Anmelde-Organisation der Teilnehmer
  kann/muss _____ gerne/ungerne _____

- Kundenberatung
  kann/muss _____ gerne/ungerne _____

- Telefondienst
  kann/muss _____ gerne/ungerne _____

- Kundenbefragung und Auswertung
  kann/muss _____ gerne/ungerne _____

- Unternehmensentwicklung
  kann/muss _____ gerne/ungerne _____

- Budgeterstellung / Kontrolle der Liquidität etc.
  kann/muss _____ gerne/ungerne _____

- Einkauf
  kann/muss _____ gerne/ungerne _____

Wenn Sie die Liste fertig haben, markieren Sie alle Aufgaben, die Sie ungerne machen und die Kann-Aufgaben sind. So wissen Sie nun, wo Sie ansetzen, um zu überlegen, an wen Sie das am besten abgeben könnten, um für Ihre eigenen und wirklich wichtigen und dringenden Dinge Zeit zu haben.

Qualität feststellen, sichern und entwickeln

Qualitätsmanagement ist in der produzierenden Wirtschaft ein Dauerthema. Anlass war und ist zum einen der Kostenfaktor mit der Fragestellung: Wie lässt sich Qualität sichern bei gleichzeitiger Material- oder Kostenersparnis? Zum anderen hat die weitreichende Zusammenarbeit (Stichwort Globalisierung) verbindliche gemeinsame Standards nötig gemacht, damit auch tatsächlich ein in Asien produziertes Teil funktionstüchtig in eine deutsche Maschine in einem südamerikanischen Werk eingebaut werden kann. Diese Standards und wie sie erreicht werden, allerdings auch wie die Kontrolleure dieser Standards auszubilden sind, regelt seit Jahren eine weltweite Norm, die DIN EN ISO 9000 ff.

Zunächst soll hier ein grundsätzliches Problem angesprochen werden: Qualität ist als solche nicht messbar, sondern stets abhängig vom subjektiven Erleben, Voreinstellungen und Erwartungen. Was macht zum Beispiel die Qualität einer Schokolade aus? Der Schmelz oder der Kakaoanteil? Die Milch oder die beigefügten

Nüsse und Rosinen? Letztlich entscheidet über die Qualität nur der subjektive Geschmack des Einzelnen.

Um Qualität messbar zu machen, müssen also zunächst Standards entwickelt werden, die aussagen, wie etwas sein soll. Daran kann man dann konkrete Leistungen messen. Macht man im Schokoladenbeispiel den Kakaoanteil tatsächlich zum Qualitätsstandard, dann muss man festlegen, ab wann welche Qualitätsstufe erreicht ist, bei 15, 20 oder bei 40 Prozent Kakaoanteil.

Das Gleiche gilt auch für unsere Arbeit in Unterricht, Beratung und Therapie. Vielleicht hat Ihr Verband schon Richtlinien zur Qualitätssicherung erarbeitet. Dann können Sie sich daran orientieren. Manche Regelungen eines Qualitätsmanagements sind bereits vorhanden, ohne dass sie als solche benannt wurden. Die Verpflichtung zur permanenten Fortbildung ist hierfür als Beispiel zu nennen. Das sichert die Qualität der Beratung oder des Unterrichts und kann sie auf Dauer fortentwickeln.

Wenn Ihnen keine Qualitätsstandards zur Verfügung stehen, so können Sie trotzdem für sich selbst und Ihre Arbeit ein persönliches System für ein Qualitätsmanagement entwickeln. Schauen Sie sich Ihr Gründungs- beziehungsweise Ihr Geschäftskonzept an. Die dort benannten Ziele können Sie natürlich noch ergänzen. In einem ersten Schritt definieren Sie noch einmal ganz konkret die Ziele und entwickeln daraus Ihre Standards.

Beispiele: Ein Bereich kann zum Beispiel lauten: Kundenorientierung. Was gehört nun standardmässig dazu? Das könnte heissen, dass Sie für sich festlegen, dass alle schriftlichen Anfragen innerhalb von zwei Tagen beantwortet werden und Mailanfragen am gleichen Tag. Welche Vorlagen/Textbausteine werden dazu verwendet? Welche Informationen bekommt der Teilnehmer vor Kursbeginn bzw. vor dem Gesprächstermin?

Ein anderer Bereich könnte lauten: Ausstattung und Beschaffenheit. Hier definieren Sie die maximale Anzahl der Teilnehmenden in einem Kurs und die Gesamtzahl Kurse zu unterschiedlichen Zeiten. Dazu definieren Sie, wie der Rahmen aussieht, den Ihr Kunde erwarten kann, z.B. welches Equipment wird in welcher Qualität ausreichend und zu jedem Kurs zur Verfügung gestellt. Ob zum Kurs oder Beratungsgespräch (davor/danach) Wasser und Tee bereitgestellt werden usw.

Zu einem interaktiven Qualitätsmanagement gehört auch die Einbeziehung derjenigen, die im Mittelpunkt stehen sollen, nämlich die KundInnen, also diejenigen, die zu Ihnen in den Kurs, in die Beratung oder Therapie kommen. Befragen Sie Ihre Teilnehmenden regelmässig nach Verbesserungswünschen, Vorschlägen und Ideen, wie Ihr Angebot noch attraktiver werden könnte. Sie müssen ja nicht gleich jeden Vorschlag umsetzen, doch Sie werden überrascht sein, was bei einer solchen Befragung alles an guten Ideen zusammenkommen kann.

Der nächste Schritt im Qualitätsmanagement besteht darin, die Nachhaltigkeit festzulegen. Es geht also darum, nicht eine einmalige Qualitäts-Aktion zu veranstalten, sondern systematisch und regelmässig (einmal im Halbjahr oder öfter) alle Punkte anzuschauen, zu messen und festzuhalten. So werden Sie mit der Zeit eine „Fieberkurve der Qualität" Ihres Angebotes erhalten, können Trends erkennen und – mit der positiven Entwicklung Ihrer Qualität – eine solide Werbung machen. Denn natürlich gilt gerade in unserem Bereich: Für unsere Kunden ist die – subjektiv empfundene – Qualität unseres Angebotes entscheidend. Doch Sie steuern, welche Parameter die Aussage beeinflussen und wie die Parameter beschaffen sind.

Ein bisschen Betriebswirtschaftslehre

Wie Sie schon gemerkt haben ist das kleine Einmaleins der Betriebswirtschaftslehre doch gar nicht so klein. Ein Konstrukt aus klaren Zahlen, Daten und Fakten, Energieaufwand richtig zu steuern und die Verfolgung von klar definierten Zielen sowie diese ggf. auch anzupassen. Nur lassen Sie sich nicht verunsichern. Einmal verinnerlicht wie Sie Ihr Geschäft führen wollen, ist es dann doch recht einfach. Hier noch ein paar Begriffe und Gedanken, deren Verständnis Ihnen den Weg erleichtern sollen.

Controlling

Dieser Begriff findet sich immer wieder in den Wirtschaftsteilen der Tageszeitungen. Gemeint sind damit alle Massnahmen, die geeignet sind, die Unternehmung auf das angestrebte Unternehmensziel hin auszurichten. So dient das Controlling als Instrument dazu, den geschäftlichen Kurs zu halten und bei Abweichungen, dies zu erkennen und möglichst frühzeitig zu korrigieren.

Tipp: Sie werden für Ihre Beratungspraxis keinen Controller fest einstellen. Ihr Steuerberater kann viele dieser Aufgaben gemeinsam mit Ihnen übernehmen. Sie selbst können mit Hilfe von Betriebswirtschaftlichen Auswertungen (BWA), die Ihnen Ihr Steuerberater erstellen kann, ein ziemlich gutes Controlling für Ihre Praxis betreiben.
Dafür ist es wichtig, die eigene BWA Betriebswirtschaftliche Analyse zu verstehen. Lassen Sie sich diese im Detail vom Steuerberater erklären. Vielleicht ergibt sich aus diesem Gespräch, dass separate Konten mit aufgenommen werden oder auch welche kombiniert werden. Der Steuerberater kann dies leicht anpassen, so dass es nach steuerlichen Gesichtspunkten korrekt ist und für Sie am leichtesten zu lesen, um mit den Zahlen weiter zu arbeiten.

Marktanalyse

Diese gehört auch zu den regelmässig anwendbaren Kontrollinstrumenten. Welche Veränderungen wird es in naher Zukunft im eigenen geschäftlichen Umfeld geben? Was bringen die neuen Zahlen aus Studien oder Erhebungen des eigenen Verbandes oder der örtlichen Wirtschaftsförderung (Amt für Wirtschaftsförderung, IHK)? Welche Veränderungen ergeben sich für die eigene Zielgruppe? Welche ähnlichen oder gleichen Angebote kommen am Ort auf den Markt? Gibt es Kontakt und Austausch oder eher Konkurrenz mit dem Ziel der Verdrängung? In Kapitel 1 haben wir uns die Punkte Markt- und Mitbewerberanalyse bereits vor dem Start in die Selbstständigkeit angesehen. Immer wieder gilt es diesen Punkt zu hinterfragen und anzusehen, um rechtzeitig ggf. geschäftliche Schwerpunkte zu verschieben.

Erfolgs- und Budgetplanung

Ist Erfolg planbar? Im geschäftlichen Bereich bis zu einem gewissen Masse – ja. Allerdings sollten wir Erfolg in diesem Sinne (und unter der Überschrift Controlling) definieren als das Erreichen von vorgenommenen Zielen. Zur Erfolgsplanung ziehen Sie alle Ist-Zahlen zusammen, die dazu benötigt werden, und erstellen anhand der vermuteten Entwicklung die Soll-Zahlen. Diese werden im Planungszeitraum laufend mit den tatsächlich erreichten Ist-Zahlen verglichen und angepasst. So erreichen Sie eine relativ genaue Vorhersagbarkeit des geschäftlichen Erfolges, was für Sie hilfreich ist und von eventuellen Gläubigern wohlwollend zur Kenntnis genommen wird.

▶ **Hinweis:** Im Download-Bereich erhalten Sie eine Beispiel-Vorlage für eine Budgeterstellung, in der Sie auch IST-Zahlen sowie später entsprechend auch den Vergleich zum Vorjahr verfolgen können. Zugangsdaten sind für Sie auf der Seite 236 notiert. ◀

Wie Sie die Tabelle genau nutzen und anpassen, liegt natürlich völlig in Ihrem Ermessen und in Ihrer Organisation. Beachten Sie bei derartigen Aufstellungen, dass Ihr Steuerberater eventuell hier und da andere Zahlen hat, aufgrund der Verbuchung von Abschreibungen u.ä.. Dazu mehr in Kapitel 4.

Kleiner Exkurs zu Erfolg und Misserfolg

Wer überzeugt ist von seinem Angebot und mit Elan und Schwung sein Geschäft vorantreibt, wird auch erfolgreich sein. Ja, das ist richtig – und manchmal ist der Elan dann einfach auch zu gross, die Schritte zu schnell. Erfolgsfaktoren gibt es viele, Misserfolge haben erstaunlich wenig Gründe. In einem Projekt der Universitäten Bremen und Oldenburg wurden erstmals Misserfolge untersucht. Warum hat diese oder jene Unternehmung Pleite gemacht? Antwort: Es gibt meist nur drei Gründe. Die zu kennen, kann hilfreich sein.

Grund 1 für Scheitern: Übermut

Alles läuft wie geschmiert und gemäss dem eigenen Businessplan. Nein, eigentlich sogar noch besser. Na, da kann man doch schon im ersten Halbjahr drei Wochen Urlaub machen, kann neue Geräte kaufen oder früher in grössere (und leider auch teurere) Räume ziehen? Das ist der Fehler: Risiken werden plötzlich unterbewertet, Erfolge ausschliesslich der eigenen Strategie angelastet.

Grund 2 für Scheitern: Kunden falsch einschätzen

Auch, wenn die Aufmerksamkeit für Rückmeldungen von Kunden da ist, kommt es häufig zu Fehleinschätzungen. Die positiven Rückmeldungen werden gehört und angenommen, die negativen als Teil der Startschwierigkeiten abgetan. Mal ehrlich: Würden Sie noch einmal zu einem Zahnarzt gehen, der Ihnen schmerzvoll einen Backenzahn gezogen hat und sich damit entschuldigt, dass Sie zu seinen ersten Patienten gehören? Sehen Sie. Als Anfänger in der Selbstständigkeit wird leicht das Kundenverhalten falsch vorhergesagt. Wenn ein Kurs voll ist, heisst das eben nicht, dass im nächsten Quartal zwei Kurse voll werden usw. Wenn die ersten Beratungen gut gelaufen sind und der Terminplan sich füllt, muss das eben nicht heissen, dass das immer so weiter geht.

Grund 3 für Scheitern: Streiten

Streit im Geschäft ist oft der Anfang vom Ende. Streit mit Geldgebern, privaten oder öffentlichen, sind schnell der Untergang. Denn, wenn diese den Geldhahn zudrehen, ist Ende. Streit im Geschäft mit Kollegen oder Partnern bindet viel Energie und kostet Zeit. Diese fehlt dann für die wichtigen Kundenkontakte. Die Freundlichkeit im Umgang mit den bereits gewonnenen Kunden geht verloren – und diese wenden sich ab. Deren Entscheidung wird ohne Sie getroffen – die Kunden bleiben einfach weg. Dadurch kann man sich das Ausbleiben gar nicht erklären...
Bevor es zu spät ist – halten Sie inne, besinnen Sie sich auf Ihre Motivation am Anfang (s. Kapitel 1: Fragebereiche vor dem Konzept) – und starten Sie neu! Doch das geht wie beim bekannten Monopoly-Spiel: Gehe zurück auf Los. Neu starten und wieder loslaufen! Denn, aus eigenen Fehlern kann man enorm viel lernen.

Das Finanzamt vergessen

Auch das ist ein häufig auftauchender Grund für das Scheitern. Gerade beim Start in die Selbstständigkeit lässt einen das Finanzamt nach der Anmeldung zunächst einmal tun. Je nach dem, wann die erste Einkommenssteuererklärung abgegeben wurde, kann es bis ca. 2 Jahre nach Beginn dauern, bis sich das Finanzamt meldet. Je nach Erfolg mit sehr deutlichen Forderungen für das voran gegangene Jahr bzw. das Jahr, für das die Erklärung abgegeben wurde.
Obendrein wird das Finanzamt unmittelbar damit auch die Vorauszahlungen für das aktuelle Jahr festlegen, was sich erheblich auf die Liquidität auswirken kann. Dafür ist es sinnvoll, entsprechende Reserven aus den bereits getätigten Umsätzen bei Seite gelegt zu haben. Lesen Sie dazu mehr nachfolgend.

Was können Sie tun, um Scheitern zu vermeiden?

Umsatzplanung

Die Umsatzplanung ist die Darstellung der erwarteten Nachfrage und der daraus resultierenden Erlöse für einen bestimmten Zeitraum. Sie kann differenziert werden nach bestimmten Zielgruppen, Orten und Angeboten. Diese Umsatzplanung findet sich entsprechend im o.g. Budget wieder.

Kostenplanung

Die Planung der Kosten wird erstellt durch die Auflistung aller Aufwendungen für ein Projekt oder alle Angebote. Dazu kommen die jeweiligen Anteile an den Fixkosten. Anhand einer Kostenplanung lassen sich relativ leicht Umsatz- und Erfolgsplanungen erstellen. Auch diese Kostenplanung findet sich zahlenmäßig im o.g. Budget wieder und wird in direkter Relation zu den Umsätzen dargestellt.

Finanzplanung

Die langfristige Finanzplanung sichert die Existenz des Unternehmens, die kurzfristige Finanzplanung stellt sicher, dass die benötigten Mittel zur Finanzierung zur Verfügung stehen. Mehr dazu im nächsten Abschnitt: Immer gut bei Kasse bleiben.
Zu allen Planungen eine alte Managerweisheit zum Schluss: Je mehr und besser Sie planen, umso härter trifft Sie der Zufall.

Immer gut bei Kasse bleiben

Das ist vielleicht eine der grössten Herausforderungen in der Selbstständigkeit: Immer gut bei Kasse sein. Das Problem ist offensichtlich: Die Einnahmen kommen nicht regelmässig, sind saisonabhängig oder kommen alle auf einmal und müssen dann lange reichen.
Eine Beratung stellen Sie meist erst in Rechnung, wenn schon einige Sitzungen/Termine stattgefunden haben. Beginnen Sie einen Kurs oder Seminar, so bezahlen Ihre Teilnehmerinnen am Anfang – für den gesamten Kurs. Läuft der zum Beispiel über zwölf Termine, wird in dieser Zeit drei Mal die Monatsmiete für die Räume fällig. Zu diesen regelmässigen Ausgaben kommen solche, die jährlich anfallen, wie Steuern, Beiträge für Versicherungen oder Verbände und ähnliches. Wie soll man es da schaffen, immer genügend Geld zur Verfügung zu haben – und zwar dann, wenn man es wirklich braucht? Das Zauberwort lautet Liquiditäts-Steuerung und meint schlicht das, was in der Überschrift steht: Immer Geld in der Kasse haben. Wie das geht? Zum Beispiel mit dem Zwei-Konten-Modell. Wir erinnern uns zunächst an das Beispiel zur Kalkulation (Wir helfen Helga, s.S. 76). Helga hat in ihrer Preisberechnung auch Posten, die bereits vor den Einnahmen fällig waren (zum Beispiel für die Flyer) und solche, die erst viel später anfallen werden, wie zum Beispiel der Neukauf von Material (bei ihr waren es Kissen und Decken).

Wie funktioniert nun das Zwei-Konten-Modell?

Mit Ihrem Girokonto und einem dazu gehörenden Tagesgeldkonto. Lassen Sie sich das von Ihrer Bank oder Sparkasse einrichten. Auf Ihr Girokonto laufen Ihre Einnahmen und von dort gehen auch Ihre Ausgaben ab, soweit klar. In den Beiträgen, die Ihnen Ihre Teilnehmenden zahlen, sind auch die Anteile enthalten für Miete, für die Flyer, für die Rückstellung zum späteren Neukauf des Materials (Kissen etc.) und Weiteres. Von Ihrem Honorar müssen Sie Ihre Kranken-, evtl. auch die Rentenversicherung bezahlen und im nächsten Jahr wird darauf die Einkommensteuer fällig.
Nun gehen Sie wie folgt vor: Entsprechend Ihrer Kalkulation ziehen Sie aus den Einnahmen die Kosten heraus, die Sie nicht sofort begleichen müssen. Diese parken Sie nun auf dem Tagesgeldkonto. Auch die Anteile an Ihrem Honorar, die Sie später für die Steuer und für Versicherungen ausgeben müssen, kommen auf das Tagesgeldkonto.
Zwei Vorteile ergeben sich dadurch für Sie: Auf dem Girokonto verbleibt das Geld, was Ihnen wirklich zur Verfügung steht. Auf dem Tagesgeldkonto wartet das Geld, bis es gebraucht wird – und dafür erhalten Sie von Ihrer Bank oder Sparkasse Zinsen (je nach aktueller Zinslage). Wichtiger als die Zinsen ist, dass Sie zum Zeitpunkt X, also dann, wenn Sie Ihre Steuern zu begleichen haben oder neues Material zu kaufen sind, tatsächlich diese Beträge zur Verfügung haben.

Behalten Sie die Übersicht, was Sie alles auf diesem einen Tagesgeld-Konto geparkt haben, indem Sie sich eine Tabelle dazu anlegen. So können Sie alle Teilbeträge sammeln unter der jeweiligen Rubrik, z.B. Material, Rücklage Steuern, Rücklage Versicherungen, Werbung usw. Ob Sie das in einer Tabellenkalkulation auf Ihrem Rechner machen oder in einem Notizheft, ist egal. Notieren Sie sich von Anfang an jede Überweisung auf das Tagesgeldkonto und jeden Abgang. Dann wird dies ein für Sie sehr leicht zu handhabendes, vor allem ein sehr effektives Instrument zur Steuerung Ihrer Finanzen.

Zum Mitreden: Betriebswirtschaftliche Begriffe

In dieser kleinen Auswahl werden häufig verwendete Begriffe kurz erklärt, um besser vorbereitet in Gespräche mit BeraterInnen gehen und um Schriften zum Thema leichter verstehen zu können.

Akquise: Kundenwerbung
Anfangsverluste: Am Anfang eines Unternehmens entstehen Kosten, die mangels erzielter Erlöse (noch) nicht ausgeglichen werden können
Anlagevermögen: Der Teil des Vermögens, der dauerhaft im Betrieb bleiben soll wie zum Beispiel Maschinen, Geräte, Möbel, Fahrzeuge
Ausgaben: Alles, was Sie betrieblich bedingt oder betrieblich veranlasst ausgeben
Bonität: Finanzielles Ansehen eines Unternehmens bzw. einer Unternehmerin/ eines Unternehmers
Break-Even-Point: Ab diesem Punkt überschreitet der Gewinn die bis dahin getätigten Investitionen bzw. Ausgaben
Cash-Flow: „Fluss des (Bar-)Geldes", siehe auch Liquidität
Darlehen: Mittel- oder langfristige Verbindlichkeiten
Einnahmen: Alle in Geld- oder Sachwerten eingenommenen betrieblichen Einnahmen
Erlöse: die Summe aller betrieblichen Einnahmen netto (ohne Umsatzsteuer), siehe auch Umsatz. Hier kommt es bei den Begrifflichkeiten oft zu Verwechslungen oder unterschiedlichen Handhabungen. Seien Sie nicht verwundert, sollte Ihnen jemand begegnen, der von Umsatz spricht und damit einen Netto-Betrag meint, also eigentlich Erlöse.
Exposé: Kurze Darstellung des geplanten Unternehmens oder Projektes
Fixkosten: Kosten, die unabhängig von der Höhe des Umsatzes und Gewinns stets in gleicher Höhe anfallen (z. B. Miete, Löhne, Versicherungen)
Forderungen: Geld, das man von Kunden kurzfristig zu bekommen hat (Beispiel: Eine von Ihnen ausgestellte Rechnung an einen Kunden ist für Sie eine Forderung, für den Rechnungsempfänger eine Verbindlichkeit).

Geschäftsplan: Darstellung der gesamten Planung des Unternehmens bezüglich Art und Grösse des Betriebes, Umsatz, Rendite und Perspektive (s. auch Exposé)
Gewinn: Das Ergebnis aus der Summe aller Einnahmen abzüglich der Summe aller Ausgaben
Gläubiger: Kreditgeber und andere, die noch Forderungen offen haben
Insolvenz: Zahlungsunfähigkeit, führt nach dem Insolvenzverfahren zum Konkurs
Investition: Langfristige Anlage von Kapital mit dem Ziel der Kapitalvermehrung („return on investment")
Ist-Zahlen: Die tatsächlich erzielten Umsätze, Kundenanmeldungen, Kosten usw. (im Gegensatz zu den Soll-Zahlen/Planzahlen/budgetierten Zahlen)
Konkurs: Im Volksmund „Pleite" genannt, nach festgelegten Regeln die Verwertung noch vorhandenen Vermögens eines bereits zahlungsunfähigen Unternehmens zur Befriedigung der Gläubiger, s. auch: Insolvenz
Kosten: Betrieblich bedingte Ausgaben (deshalb kann es keine „Unkosten" geben)
Liquidität: Fähigkeit des Unternehmens, den Zahlungsverpflichtungen (s. a. Verbindlichkeiten) nachkommen zu können, auch: (Geld-)Flüssigkeit
Markt: Die Gesamtheit der Beziehungen zwischen Angebot und Nachfrage nach einem bestimmten Produkt oder einer Dienstleistung bezogen auf ein bestimmtes Gebiet oder einen Zeitraum
Marktlücke: Fehlendes Angebot, das gewünscht und auch bezahlt würde, unabhängig davon, ob die potentiellen Kunden das noch nicht vorhandene Angebot als fehlend empfinden
Rentabilität: Profitträchtigkeit des Unternehmens
Risikofinanzierung: Kredite, die ohne besondere Sicherheiten vergeben werden aufgrund der zu erwartenden (oder erhofften) Entwicklung des Unternehmens (Joint Venture Capital)
Skonto: Ein Skonto ist ein prozentualer Preisnachlass auf eine Ware oder Dienstleistung. Manche Lieferanten gewähren diesen Skonto-Abzug von üblicherweise 2 - 3 Prozent des Rechnungsbetrages. Dadurch sollen die Kunden zu einer schnelleren Zahlung veranlasst werden. Bedingung ist deshalb auch stets die Zahlung innerhalb einer bestimmten Frist - in der Regel acht Tage.
Die Skontobasis ist nicht immer der volle Rechnungsbetrag, sondern - speziell im Handwerk - oft nur der reine Materialkostenanteil. Fertigungskosten sind Lohnarbeit und - dürfen - wie Wartungsrechnungen nicht skontiert werden, was allerdings nur ein Brauch ist und keine gesetzliche Grundlage hat.
Sollzahlen: Was geplant war/ist an Umsätzen, Kundenanmeldungen, Kosten (Gegensatz: Ist-Zahlen)
Tilgung: Rückzahlung eines Kredites
Umsatz: Die Summe aller betrieblichen Einnahmen brutto (inklusive Umsatzsteuer), siehe auch Erlöse
Umsatzträger: Einnahmen (oder Einnahmequellen), die besonders viel zum Gesamtumsatz beitragen

Umschuldung: Ein oder mehrere Kredite werden durch einen anderen abgelöst
Verbindlichkeiten: Geld, das man kurzfristig jemandem schuldet (Beispiel: Ein noch nicht gezahlter Rechnungsbetrag ist eine Verbindlichkeit für den Rechnungsempfänger, für den Rechnungssteller eine Forderung.)
Vorlaufkosten: Alle Kosten, die im Vorfeld einer Unternehmung vor Aufnahme der Tätigkeit entstehen, langfristige Anlage von Kapital mit dem Ziel der Kapitalvermehrung („return on investment")

Marketing ist (fast) alles.
So sind Sie überzeugend mit Ihrem Angebot

Der eigene Status quo – und welchen Weg wollen Sie gehen?
Unter dieser Überschrift haben Sie gleich zu Beginn des ersten Kapitels bereits einige Fragen gefunden – und wenn Sie diese auch beantwortet haben, geht es hier mit Ihren Antworten weiter. Wege gibt es viele. Denn was Sie sind und wer Sie sind, was Ihnen wichtig ist, das sollte auch im Zentrum Ihrer Tätigkeit stehen, oder? Und was für Sie im Zentrum steht, das sollten Sie auch bei allen Marketing-Aktivitäten ins Zentrum stellen. Denn das macht ja Sie als Person und Persönlichkeit aus – und damit werden Sie auch für andere zu etwas Besonderem. Man kann daran erkennen, was Sie und Ihre Dienstleistung, Ihr Angebot von denen anderer unterscheidet.
Ja, Sie sind einzigartig, denn nur Sie interpretieren Ihre Lebenskunst, Therapieform etc. so, wie Sie es eben tun. Ist das nicht auch mit ein Grund, den Schritt in die Selbstständigkeit zu wagen – sich selbst zu verwirklichen?
Es geht im Marketing nicht darum, irgendjemandem gefallen zu müssen. Es geht vielmehr darum, dass Sie ganz Sie selbst sind, in Ihrem Tun und Ihrer Praxis – und dass Sie es auch auf Ihrer Website und in Ihren Flyern zeigen.
Was macht Sie aus? Das ist wichtig. Nehmen Sie Ihre Antworten aus dem ersten Kapitel mit bei allen Überlegungen zum Marketing, die Sie in diesem Kapitel finden. Seien Sie das Original. Nur Sie können es genau so. Sie dürfen sicher sein: Es gibt viele, die genau Ihr Angebot mögen, vielleicht schon darauf gewartet haben. Nun fehlt ein sehr wichtiger und durchaus entscheidender Schritt: Die Personen, die genau Ihr Angebot mögen und darauf warten, sollten erfahren, dass es Sie gibt. Also los!

In Anlehnung an den Slogan eines Baumarktes: Mach' Dein Ding.

Kapitel 3 im Überblick:

① Werbung nicht erlaubt – Werbung erlaubt!
Seite 116 bis 117

② „Für die will ich's tun" – Zielgruppen
- Welche Angebote wann und wo?
- Eigene Praxis, Studio, Schule – wo?

Seite 117 bis 122

③ Die eigene Website – Marketing-Tool Nr. 1
- Möglichkeiten Website
- Daran müssen Sie denken
- So kommen Sie zur eigenen Website

Seite 122 bis 129

④ Texte für Website und Flyer
- Werbe-Texte schreiben
- Bessere Wirkung bei Anzeigen und Flyern
- Flyer und Plakate erstellen, drucken, verteilen

Seite 129 bis 134

⑤ PR – Presse-Informationen und Anzeigen
- Besser mit Artikel und Bild in der Zeitung
- Pressemitteilungen schreiben
- Anzeigen in Print-Medien

Seite 134 bis 136

⑥ Gutes für Ihr Marketing
Eine Auswahl hilfreicher Marketing-Massnahmen und Aktionen

Seite 136 bis 141

⑦ Kooperationen und Netzwerke
Seite 141 bis 145

⑧ Terminplanung
Therapie- oder Beratungspraxis

Seite 144

⑨ Kursorganisation, Reisen, Workshops, Fremdreferenten
Seite 145 bis 156

Was ist eigentlich Marketing?

Der Begriff Marketing kommt, unschwer zu erkennen, aus dem anglo-amerikanischen Sprachraum und bezeichnet zunächst die Tätigkeit „Markt machen". Stellen Sie sich das einmal wörtlich vor: Sie gehen zu einem Wochenmarkt. Woher wissen Sie, wo der Markt stattfindet? Und an welchen Tagen? Was erwarten Sie auf diesem Markt bzw. was müsste dort angeboten werden, damit Sie sich überhaupt auf den Weg machen? Zu welchem Händler gehen Sie dann? Sehen Sie die lehmigen Stiefel des Gärtners am Stand als Zeichen für den Eigenanbau von Obst und Gemüse? Und was sagt die fleckige Schürze der Verkäuferin über sie und ihre Waren im Käsewagen aus?

Ähnliche Fragen sind aus Händlersicht zu stellen, die „Markt machen" wollen. Welche Waren nimmt man mit in die Stadt und zu welchem Preis kann man sie anbieten? Werden genügend Interessierte kommen? Und wie viel andere Händler haben die gleichen oder ähnliche Waren dabei?

All diese Fragen sind tatsächlich die grundlegenden Fragen des Marketings – nicht nur im wortwörtlichen Sinne eines Wochenmarktes auf einem Platz in Ihrer Stadt. Denn von „Markt" wird ja auch in anderem Zusammenhang gesprochen, bei Rohstoffen und Autos, Kunst und Kleidung. Und das gilt auch für Lebenskünste, Therapien und Kursangebote. Das fühlt sich vielleicht ein bisschen „komisch" an, da wir ja mit unserem Angebot auch etwas Persönliches verbinden. Spiritualität und die Kraft des Geistes lassen sich auch schlecht als „Produkt" bezeichnen. Und doch betreiben Sie auch Marketing, wenn Sie unterrichten, eine Therapie oder Beratung durchführen. Denn:

> „Alles was Sie tun –
> und alles, was Sie nicht tun, ist Ausdruck Ihres Marketings."

Unsere tiefgreifendste Angst ist nicht, dass wir ungenügend sind, unsere tiefgreifendste Angst ist, über das Messbare hinaus kraftvoll zu sein. Es ist unser Licht, nicht unsere Dunkelheit, die uns am meisten Angst macht. Wir fragen uns, wer bin ich, mich brillant, grossartig, talentiert, phantastisch zu nennen? Aber wer bist Du, Dich nicht so zu nennen?

Von Nelson Mandela in seiner Antrittsrede vorgetragen

Kundennutzen und USP

Um zunächst die Abkürzung zu erläutern, ein USP (Unique Selling Position) beschreibt ein Alleinstellungsmerkmal. Oder anders: das, was Sie bzw. Ihre Dienstleistung einzigartig macht.
Der Nutzen für Ihre Kunden ist Basis eines erfolgreichen Marketings. Versetzen Sie sich in die Lage Ihres Kunden und fragen Sie sich, was Ihr Produkt bzw. Ihre Dienstleistung dem Kunden bringt. Viele Unternehmensgründungen scheitern daran, dass der geschaffene Kundennutzen entweder nicht besteht oder nicht klar kommuniziert wird. Beschreiben Sie das möglichst aus der Sichtweise des Kunden, das macht es greifbarer. Ergänzen Sie als Beispiel den Satz: Die Teilnahme an meinem Angebot (Kurs, Beratung, Therapie) ist von Nutzen für meine Kunden, weil:

_____

_____

Ein Kundennutzen kann durch verschiedenen Faktoren entstehen – hierzu zählen Preis, Komfort und Bequemlichkeit, Image und Emotionen, Qualität und Sicherheit oder Service. Wenn Ihr Angebot im Vergleich zur Konkurrenz einen einzigartigen Kundennutzen hat, ein Alleinstellungsmerkmal, kann dieser ein signifikanter Wettbewerbsvorteil sein. Wichtig ist, dass dieser Kundennutzen/-Vorteil klar ersichtlich und auf Dauer angelegt ist.
Damit Ihr Angebot ein wirkliches Alleinstellungsmerkmal zeigt, sollte es folgende Eigenschaften aufweisen:
- Es muss bedeutsam sein für Ihre Kunden. Sie haben nur dann einen Wettbewerbsvorteil, wenn das Alleinstellungsmerkmal für den Kunden relevant ist. Ein besonderer Kundennutzen ist somit nur dann ein Alleinstellungsmerkmal, wenn dieses signifikant ist.
- Das Alleinstellungsmerkmal muss vom Kunden wahrgenommen werden! Nur wenn der Kunde vom Alleinstellungsmerkmal und somit dem besonderen Kundennutzen überzeugt ist, besteht ein Wettbewerbsvorteil. Ein gutes Marketing kann helfen, den besonderen Kundennutzen hervorzuheben und somit ein Alleinstellungsmerkmal zu schaffen. Achten Sie also hinsichtlich der Formulierungen darauf, aus Sicht des Kunden zu betrachten und zu sprechen.
- Ein Alleinstellungsmerkmal sollte dauerhaft sein. Im Idealfall weist Ihr Angebot ein Alleinstellungsmerkmal auf, das nicht einfach und vor allem nicht sofort kopierbar ist. Je dauerhafter der besondere Kundennutzen ist, umso wertvoller ist das Alleinstellungsmerkmal.

Werbung ist erlaubt – ist nicht erlaubt

Werbung nicht erlaubt!

Bevor wir tiefer eintauchen, wie vielfältig die Möglichkeiten im Marketing aussehen und was es jeweils zu beachten gibt, lassen Sie uns einen Blick auf das werfen, was grundsätzlich erlaubt und nicht erlaubt ist. Ja, Werbung kann nicht erlaubt sein. Nicht nur für die HeilpraktikerIn oder TherapeutIn, sondern auch für alle anderen gilt: Die Werbung mit Heilung ist verboten.

Das Gesetz über die Werbung auf dem Gebiete des Heilwesens (HWG – Kurztitel: Heilmittelwerbegesetzt) in seiner Fassung vom Dezember 2016 spricht nämlich ganz umfassend über Arzneimittel und „... andere Mittel, Verfahren, Behandlungen und Gegenstände, soweit sich die Werbeaussage auf die Erkennung, Beseitigung oder Linderung von Krankheiten, Leiden, Körperschäden oder krankhaften Beschwerden bei Mensch oder Tier bezieht..."

Es geht also nicht darum, ob ein Verfahren tatsächlich ein Heilverfahren darstellt. Dieses Gesetz gilt schon bei werblichen Aussagen, dass ein Verfahren lindert, heilt oder gesund macht. Es darf weder irreführend geworben werden, noch darf der Eindruck entstehen, dass „...ein Erfolg mit Sicherheit erwartet werden kann ..." (§ 3, 2 a). Es darf also kein sogenanntes Heilversprechen abgegeben werden. Es darf nicht „... mit Äusserungen Dritter, insbesondere mit Dank-, Anerkennungs- oder Empfehlungsschreiben oder mit Hinweisen auf solche Äusserungen ..." geworben werden (§ 11, 11).

Tipp 1, ganz praktisch:

Achten Sie mit Ihren Aussagen auf Plakaten, in Flyern, auf Ihrer Website und anderswo vor allem darauf, dass Sie nur Möglichkeiten benennen und keine faktischen Aussagen machen! So ist es erlaubt zu formulieren: „Es ist möglich, dass Kopfschmerzen seltener auftreten bei regelmässiger Meditation". Oder: „Rückenbeschwerden können nachlassen durch die bewussten und sanften Bewegungen während des Übens".

Tipp 2, ganz praktisch:

Weisen Sie in Ihrem Werbematerial (Flyer usw.) und auf Ihrer Website deutlich darauf hin, dass Ihre Lebenskunst (Taiji, Yoga, Qigong usw.) nicht der Heilung oder Linderung von Krankheiten dient, sondern dass es allenfalls um Vorbeugung geht. Wollen Sie sich sicher abgrenzen, so sollten Sie in Ihren Räumen sichtbar ein Hinweisschild aufhängen mit einem Text in der Art: „Mein Angebot im (Yoga, Taiji usw.) richtet sich an den gesunden Menschen. Es wird kein Versprechen abgegeben, dass Heilung oder sonstiger Erfolg stattfinden wird. Bei Beschwerden und Krankheiten sind alle meine Teilnehmenden gebeten, sich an entsprechende Fachärzte oder Psychologen zu wenden. Sollten Sie in einer ärztlichen oder therapeutischen Behandlung sein, so bringen Sie bitte zum Kursantritt eine Unbedenklichkeitsbescheinigung Ihres Arztes oder Therapeuten mit."

▶ **Hinweis:** Sind Sie als HeilpraktikerIn tätig oder üben Sie einen staatlich anerkannten Heil- oder Heilhilfsberuf aus, so wenden Sie sich bitte an Ihre Standesvertretung bzw. Ihren Berufsverband, um dort die für Sie geltenden Vorschriften zu erfahren. ◀

Werbung ist erlaubt!

Für Lehrende und freie Beratende gibt es ansonsten keine gesetzlichen Beschränkungen, was den Umfang der Werbung angeht. Einige freie Berufe wie zum Beispiel Ärzte, Steuerberater oder Rechtsanwälte unterliegen durch Vorschriften in ihrem Standes- oder Berufsrecht Einschränkungen im Bereich der Werbung. HeilpraktikerInnen unterliegen Beschränkungen in der Werbung aufgrund der Berufsordnung für HeilpraktikerInnen, die Bestandteil der Satzung aller grossen Heilpraktiker-Verbände ist. Durch diese Standesvorschriften kommt es manchmal zur – falschen – Annahme, dass alle freien Berufe einem Werbeverbot unterliegen. Dem ist nicht so! Bei den oben genannten Berufen regeln nämlich die berufsständischen Vertretungen, zum Beispiel die Kammern, dass nicht oder nur in einem eng begrenzten Rahmen geworben werden darf.
Für alle, die nicht unter das Gesetz über die Werbung auf dem Gebiet des Heilwesens (HWG) fallen oder Beschränkungen durch berufsständische Vertretungen unterliegen, besteht - abgesehen vom Heilsversprechen (s.o.) - Werbefreiheit. Einzige Einschränkung: Die Vorschriften des „Gesetzes gegen unlauteren Wettbewerb" (UWG) müssen von allen, auch Gewerbetreibenden, Einzel- und Kleinunternehmern, beachtet werden.

Zielgruppen

Viele Lebenskünste sind mittlerweile kein Trend mehr und in Deutschland gesellschaftlich etabliert. So gibt es sicher genügend Nachfrage zum Beispiel nach Taiji- und Yoga-Kursen für Anfänger, doch es lohnt sich zu überlegen, für wen man besonders gerne seine Lebenskunst anbieten möchte.
Gibt es Zielgruppen, die Sie gerne ansprechen wollen? Ob Schwangere, Kinder, Jugendliche, Männer oder Senioren sind, MitarbeiterInnen in Betrieben oder Führungskräfte, Angebote zum Feierabend oder speziell für Schichtarbeitende (gleiches Kursangebot läuft an einem Tag parallel morgens und abends) liegt bei Ihnen. Mit solchen speziellen, weil zielgruppenorientierten, Angeboten können Sie Ihren Spass am Unterricht erhöhen und setzen sich gleichzeitig gegenüber anderen Anbietern deutlich ab. Sie gewinnen an Profil, wie im Marketing heisst.

Entsprechend können Sie sich überlegen, wen Sie mit Ihrer Therapie oder Beratung unterstützen wollen. Zu welchen Zeiten kann Ihr Angebot von Ihrer Zielgruppe bevorzugt angenommen werden? Es geht nicht darum, krampfhaft anders zu sein als die anderen. Sondern zeigen Sie, was Ihnen wichtig ist und für was Sie stehen. Je klarer Ihr Profil, umso leichter werden Sie von Ihren Zielgruppen auch gefunden. Das wiederum bedeutet ausgelastete Stunden bzw. Termine und mehr Teilnehmende, die durch Mund-zu-Mund-Propaganda für Sie werben. Je mehr Sie sich mit den Bedürfnissen und Wünschen von einzelnen Zielgruppen auseinandersetzen, umso leichter können Sie sie ansprechen. Betreiben Sie Marktforschung im Kleinen und sprechen Sie zum Beispiel Mütter, Schichtarbeiter oder andere Personen, die Sie kennen, aus der von Ihnen anvisierten Zielgruppe an, um mehr über deren bevorzugte Kurszeiten, gewünschte Inhalte etc. zu erfahren.

Das direkte Gespräch ist dabei einer Fragebogenaktion stets vorzuziehen. Vorgefertigte Fragen führen zu schnellen Antworten. Im Gespräch ergeben sich die interessanten Vorschläge und Wünsche oft nebenbei. Bei bereits bestehenden Kursen oder laufenden Beratungen können Sie Ihre Teilnehmenden fragen, was die sich ausser dem laufenden Angebot noch wünschen. Fragen Sie auch, ob sie andere kennen, die gerne mit der von Ihnen angebotenen Lebenskunst beginnen würden. Und aus welchen Gründen sie das bisher noch nicht getan haben. So erfahren Sie einiges über Ihren eigenen Markt vor Ort. Ihr Interesse an den Bedürfnissen anderer wird in aller Regel positiv gesehen. Probieren Sie es einfach mal aus.

Was und wann

Welche inhaltlichen und zeitlichen Angebote wollen bzw. können Sie machen?

Für Ihr Therapie-, Unterrichts- oder Beratungs-Angebot geht es nun darum zu klären, was Sie inhaltlich und ganz konkret anbieten wollen. Sie haben etwas gelernt, Sie wissen um Ihre Fähigkeiten und sehen vielleicht zuerst einmal in diese Richtung. Doch welche Bedürfnisse hat Ihre anvisierte Zielgruppe? Wenn Sie unterrichten, wie wollen Sie Ihre Kurse aufbauen? Unterscheiden Sie zum Beispiel in Anfänger und Fortgeschrittene? Mehr zur Kursorganisation finden Sie ab Seite 144 ff in diesem Kapitel.

Wenn Sie eine Therapie anbieten, geschieht das grundsätzlich in Einzelsitzung oder bieten Sie auch Gruppentermine an? Was konkret ist Inhalt Ihrer Beratung – und was nicht? Zu welchen Zeiten können Interessierte zu Ihnen kommen? Gibt es zyklische Angebote, zum Beispiel im Sommer oder an speziellen Orten? Machen Sie berufsspezifische Angebote für nahegelegene Betriebe? Mehr zur Praxisführung auf Seite 144.

Wann und wo

Welche zeitlichen und räumlichen Angebote machen Sie?

Wenn Sie sich mit Ihren möglichen Zielgruppen beschäftigen, ergeben sich auch schon erste Hinweise darauf, welche Kursinhalte oder Beratungen an welchen Tagen und zu welchen Zeiten besonders nachgefragt werden. Es muss nicht immer der klassische Abendkurs sein mit Beginn um 20 Uhr – und nicht jeder Kurs muss 90 oder 120 Minuten laufen. Für viele Menschen ist 18 Uhr viel praktikabler und 60 oder 75 Minuten völlig ausreichend. Warum nicht spezielle Angebote am Vormittag für die Menschen, die erst mittags zur Arbeit aufbrechen?
Dagegen könnte das abendliche Therapie-Angebot attraktiv erscheinen für bestimmte Zielgruppen mit Arbeitszeiten bis zum Abend. Das Angebot zum Feierabend z.B. bei nahegelegenen Büros könnte auch schon um 17 Uhr beginnen. Kurse für Kinder dauern eh nur eine Stunde und auch am Vormittag sind kurze Kurszeiten beliebt. Lassen sich Kurs oder Beratung mit dem Einkauf kombinieren, kommen eher Hausfrauen und -männer sowie Schichtarbeiter und auch Selbstständige.
Fragen Sie Ihre Zielgruppen, was für sie günstige Zeiten und Tage sind. Heben Sie sich auch mit Ihren Angebotszeiten vom Wettbewerb ab. Machen Sie dann Angebote, wenn alle anderen es nicht tun, zum Beispiel in den Ferienzeiten, am Vormittag, am Samstag um 11 Uhr usw.
Bieten Sie Ihren Unterricht nur in Ihren eigenen Räumen an? Oder können Sie zumindest teilweise, auch auf Ihre Zielgruppe(n) zugehen und dort unterrichten? Bei Senioren, Firmen, Kindern und Jugendlichen liegt das nahe. Doch vielleicht würden sich auch andere freuen, wenn Sie zu ihnen kämen. Die Freizeitgruppe im Nachbarort, der Kulturverein im nächsten Ort, Praxisgemeinschaften usw. Therapien, Massagen und mehr könnte an einigen Tagen in einer Taiji- und Yoga-Schule angeboten werden. Umgekehrt könnte in einer Therapie-Praxis auch mal die Matte zur Entspannung im Kurs ausgerollt werden. Je flexibler Sie sind, umso leichter erweitern Sie Ihre Möglichkeiten.
Für Ihr Marketing ist der Faktor Standort entscheidend. Dazu gehören Überlegungen zur Lage der Räume und deren Ausstattung, die Erreichbarkeit mit öffentlichen Verkehrsmitteln ebenso wie die Frage nach Parkplätzen. Insbesondere wenn Sie eigene Räume anmieten wollen für Ihren Unterricht oder Ihre Praxis, sollten Sie zunächst die Erreichbarkeit prüfen. Wie können Interessierte diese Räume finden? Liegt das Haus in der Nähe einer Haltestelle von Bus oder Bahn? Wie ist es mit dem Auto erreichbar? Ist es leicht zu finden oder liegt es in einem Labyrinth von Einbahnstrassen? Ebenfalls zu bedenken ist das Image der Gegend. Ist es ein sogenannter Problem-Stadtteil oder sind in der Nähe zweifelhafte Etablissements? Versuchen Sie sich in die Situation eines Interessenten zu versetzen, der an einem dunklen Novemberabend Ihre Schule sucht!

Beispiel 1: Eine Teilnehmerin der Yogaschule beklagte sich, dass sie keinen Parkplatz in der Nähe finden würde, wenn sie im Winter mit dem Auto käme. Das war verwunderlich, denn der Inhaber der Schule ging davon aus, dass sie von den schuleigenen Parkplätzen wusste. Tat sie auch, doch sie meinte, die benutze sie nicht, weil sie nicht beleuchtet seien. Dem war mit dem Einschalten des entsprechenden Lichts schnell abgeholfen. Kleinigkeit? Ja, doch die macht ja oft den Unterschied aus.

Beispiel 2: Bei der Suche nach grösseren Räumen fand der Inhaber einer Taiji- und QiGong-Schule ein Objekt, bei dem alles stimmte. Lage top: mitten im Ort, Parkplätze vor dem Haus, sogar kostenlos ab 18 Uhr. Die Etage im Altbau mit grossen hellen Flächen, helle Räume usw. Dann das gewichtige „Aber": Hinter der schönen alten Eingangstür fiel der Blick sofort auf eine Galerie von Mülltonnen aller Art, die auch je nach Befüllung ihren typischen Geruch ausströmten. Der war bis vor die Tür im ersten Stock gut zu riechen. Das war ein klares „k.o.-Kriterium" und so entschied er sich gegen dieses Objekt. Es stand weitere Monate leer.
Erstellen Sie eine Liste, was Ihre Räume auf jeden Fall haben müssen, was also unbedingt erfüllt sein sollte. Notieren Sie auf der anderen Seite, was für Sie gar nicht geht. Das zusammen sind Ihre k.o.-Kriterien. Dadurch wird das Suchen (und auch das Finden!) leichter.
Übrigens: Eine andere Schule oder Praxis in relativer Nähe zu Ihren anvisierten Räumen mit einem gleichen oder ähnlichen Angebot ist allein noch kein Grund, nicht dorthin zu gehen. Vielleicht wird dort in einem ganz anderen Stil unterrichtet oder eine andere Therapievariante genutzt. Vielleicht ergänzen Sie sich gar mit Ihren Angeboten.

Fragenkatalog zum Standort

Schaffen Sie sich selbst ein klareres Bild, indem Sie schriftlich auf die folgenden Fragen antworten. Gerne hilft auch ergänzend den einzelnen Punkten Noten zu geben, z.B. nach dem Schulnotensystem. Der daraus errechnete Schnitt erleichtert Ihnen möglicherweise einen Vergleich, doch achten Sie ggf. auf unterschiedliche Gewichtungen der Punkte.

Haben Sie Ihren Standort behutsam ausgewählt? Auf was haben Sie geachtet?

_____

_____

In welchem Haus befinden sich Ihre Räume und welches Image hat die Adresse?

_____

_____

Passt das zu Ihrer Zielgruppe?

_____

_____

Ist die Verkehrsanbindung günstig für die Menschen, die Sie erreichen wollen?

_____

_____

Ist das soziale, ggf. auch politische, kulturelle oder geistige Umfeld für Ihre Arbeit günstig?

_____

_____

Sind die Räume für Ihre Zwecke dienlich und können sie mitwachsen? Haben Sie ggf. die Möglichkeit, leicht Ihre Fläche zu erweitern?

_____

_____

Ist die Fläche ausreichend, ebenso die Anzahl der Räume (und die Raumaufteilung)?

_____

_____

Haben sie genügend Tageslicht? Wieviel Lärm sind Sie ausgesetzt?

_____

Dürfen Sie „laut" sein bei Ihrer Arbeit, zum Beispiel mit Musik bei Abendkursen oder am Wochenende?

_____

_____

Versuchen Sie, die Räume mit den Augen Ihrer zukünftigen BesucherInnen zu sehen. Zeigen Sie sie auch Freunden oder Bekannten und bitten Sie diese um ehrliche aufrichtige Rückmeldung.
Darüber hinaus ist natürlich auch der Zustand der Räume wichtig, doch denken Sie daran, dass eventuelle Investitionen einmalig sind und ggf. einen günstiger gelegenen Standort aufwiegen.

Die Website – Marketing-Tool Nr. 1

Sie haben noch keine Website? Dann beginnen Sie Ihr Marketing damit. Besorgen Sie sich eine Domain und bauen Sie Ihre Website auf. Denn schon, wenn Sie mehr als nur drei Kurse im Jahr geben oder mehr als nur gelegentlich Beratung oder Therapien anbieten wollen, lohnt es sich, eine Homepage einzusetzen. Das ist billiger als Sie denken, kostet monatlich deutlich weniger als jede Anzeige und steht InteressentInnen nicht nur sprichwörtlich rund um die Uhr zur Verfügung.

Möglichkeiten einer Website

Auf Ihrer eigenen Website können Sie die eigenen Therapieformen bzw. Ihre Lebenskunst oder Beratung ausführlich vorstellen. Sie selbst können sich Ihren Interessenten zeigen, denn mit Text und Bild wird die Vorstellung Ihrer Person genau das: Persönlich.
Auf einer eigenen Website können Sie Ankündigungen unterbringen über besondere Angebote, Ihre Praxis-Zeiten oder Ihren Kursplan veröffentlichen und das alles immer aktuell. Ihre Erreichbarkeit wird erhöht, denn auf der Website teilen Sie auch mit, wann Sie telefonisch zu erreichen sind und bieten die Möglichkeit, Ihnen per Mausklick eine Mail zu senden.

Kontaktformular

Über Ihre Website kann man jederzeit mit Ihnen in Kontakt treten: Bauen Sie dazu ein Kontakt-Formular ein, so ermöglichen Sie den Besuchern Ihrer Website sich direkt an Sie wenden zu können – auch ohne Mailprogramm. Achten Sie dabei darauf, dass der Kunde darüber informiert wird, dass dazu seine Daten gespeichert werden und dass Sie nur notwendige Daten abfragen. Oder anders formuliert:

achten Sie bei der Verwendung eines Online-Kontaktformulares darauf, dass dies entsprechend der Datenschutzgrundverordnung (DSGVO, s. S. 67ff) aufgebaut ist und die Erläuterungen dazu sich in der Datenschutzerklärung auf Ihrer Website wiederfinden.

Aktuelles
Aktuelles kann wirklich aktuell auf Ihrer Seite zu finden sein. Allerdings: Haben Sie einen Link „Aktuelles" auf Ihrer Website, dann muss es auch wirklich so sein: Aktuell, von heute oder für morgen, nächste Woche usw. Es ist absolut kontraproduktiv, unter Aktuelles eine Einladung zum Sommerfest zu finden, Beginn am 23.08.2018 – danach wird man Ihre Website mit hoher Wahrscheinlichkeit verlassen und weiterklicken zu anderen. Also: Haben Sie laufend Aktuelles zu melden? Dann ist das eine gute Möglichkeit – sonst lassen Sie diese Seite besser weg oder packen die aktuellen Informationen schlicht auf die Startseite, ggf. in eine entsprechende Rubrik.
Berichte über gelungene Veranstaltungen in der Vergangenheit können leicht den früheren Dia-Abend ersetzen. Das heisst, für die, die dabei waren, ist es nett, für alle anderen eher langweilig. Besser zeigen Sie ein ausdrucksstarkes Bild und einen kurzen knappen Text ohne allzu viel Lobgehudel. Verweisen Sie dabei deutlich auf die kommenden Termine, also wann die nächste Veranstaltung und das nächste Angebot dieser Art stattfinden wird! Ihre eigene Website sollte im Zentrum Ihrer Internet-Aktivitäten stehen.

Social-Media-Plugins
Dann können Sie Ihre Website gut verknüpfen mit Ihren Auftritten in sozialen Netzwerken wie z.B. Xing, Facebook u.a. Ob das für Sie eine lohnende Option ist, müssen Sie selbst einschätzen. Doch auch hinsichtlich der sogenannten Social-Media-Plugins beachten Sie die seit dem 25.05.2018 geltenden Regeln der Datenschutzgrundverordnung (DSGVO, s. S. 67ff) sowie den entsprechenden Hinweis in der Datenschutzerklärung auf Ihrer Website.

Newsletter
Auch Sie selbst werden sicherlich den einen oder anderen Newsletter beziehen. Auf manche freut man sich, bei anderen fragt man sich, wieso man den überhaupt erhält. Und ein weiteres Merkmal: manche Newsletter sehen aus wie normale eMails, andere wie eine Website, mit Bildern und Grafiken usw.
So bieten Newsletter im eMail-Versand auch heute noch eine bedeutende Möglichkeit mit relativ geringem finanziellen Aufwand eine grosse Zahl von Menschen zu erreichen.
Grosse Zahl?! Klar, am Anfang einer Selbstständigkeit hat man noch keine Gruppe von ehemaligen Teilnehmenden, die an weiteren Informationen interessiert sind. Aber bedenken Sie, dass ziemlich jede grosse Sammlung einmal klein angefangen

hat. Fragen Sie Ihre Teilnehmenden in Kursen, in Beratung oder Coaching, ob Sie ihre Mailadresse für einen Newsletter verwenden dürfen.

Überlegen Sie sich von Anfang an, wie oft Sie welche Informationen oder Themen in einem Newsletter vorstellen wollen. Einmal im Quartal oder im Monat? Schaffen Sie es in den jeweiligen Zwischenzeiten weiter interessant zu schreiben und genügend neue Themen zu generieren? Kalkulieren Sie Ihre Zeit realistisch ein, um den Newsletter zu schreiben. Denn das ist keine schnelle geschäftliche eMail, sondern soll potentiell Interessierte ebenso erreichen wie frühere Teilnehmende. Das bedeutet, eine gute Mischung aus Bekanntem und Neuigkeiten herzustellen. Haben Sie dafür die Zeit? Dann ran. Mehr Tipps zum Texten finden Sie ab Seite 129 in diesem Kapitel.

Sie benötigen bei wenigen (und bis zu 250) Adressen kein Newsletter-Tool. Versenden Sie eine schlichte, aber sauber gegliederte Mail ohne Fotos und Anhänge aus Ihrem Mail-Programm. Fotos und weiterführende Informationen setzen Sie auf Ihre Website und stellen den Link dorthin in Ihren Newsletter.

Bitte beachten Sie, dass Sie die Zieladressen alle (!) in bcc. setzen, sonst schicken Sie einen „offenen Verteiler", so dass alle Empfänger alle Zieladressen einsehen können und das ist ein eindeutiger Verstoss gegen die Grundlagen des Datenschutzes. Also vor dem letzten Klick auf „Senden an alle" nochmal alles genau anschauen.

Auch bei einem solchermassen vollständig selbst gebauten Newsletter vergessen Sie nicht den Hinweis an Ihre Empfänger:

Sie erhalten diesen Newsletter, weil Sie uns Ihre Mailadresse dafür zur Verfügung gestellt haben. Wenn Sie keine weiteren Newsletter erhalten möchten, so antworten Sie auf diese Mail mit „Bitte keinen Newsletter mehr" im Betreff und wir werden Ihre Mailadresse nicht mehr verwenden.

Verfügen Sie bereits über einige hundert Mailadressen, dann lohnt es sich über Newsletter-Tools nachzudenken. Damit können Sie viele Schritte automatisieren, haben viele Formate, aus denen Sie Ihr Layout auswählen und können Bilder in den Newsletter einsetzen oder mit Grafiken arbeiten. Informieren Sie sich zum Beispiel über den Blog www.websitetooltester.com/blog über Anbieter von Newsletter-Tools.

Website und Datenschutz

Hier eine Liste mit Stichpunkten, denen Sie im Zuge der Website-Gestaltung besondere Aufmerksamkeit schenken sollten:
- Sorgen Sie dafür, dass Ihre Website verschlüsselt ist
- Achten Sie auf eine aktuelle Datenschutzerklärung (siehe auch Seite 128)
- Überprüfen Sie alle Formulare auf Ihrer Website (es dürfen nur personenbezogene Daten erhoben werden, die Sie tatsächlich brauchen, um eine Anfrage zu beantworten)
- Überprüfen Sie Social-Media-Plugins und eingebettete Videos
- Überprüfen Sie Ihr Statistik-Tool

- Informieren Sie über Cookies
- Überprüfen Sie Ihren Newsletter (Anmeldeformular siehe oben, Einwilligung vorhanden, Info zum Widerruf, etc.)
- Prüfen Sie, ob Sie mit Ihrem Webhoster einen Vertrag zur Auftragsverarbeitung schließen müssen

Stimmen Sie sich mit Ihrem Webadministrator ab zur DSGVO-konformen Einrichtung der einzelnen Punkte.

So kommen Sie zur eigenen Website

Provider
Eine Website muss auf einem Server liegen, von dem aus jederzeit via Internet auf diese Seite zugegriffen werden kann. Server laufen im Normalfall also 24/7, sprich Tag und Nacht und an jedem Tag des Jahres. Das wäre ein bisschen viel Aufwand für eine einzelne Person, deshalb wenden Sie sich an einen sogenannten Provider, also einen Anbieter wie zum Beispiel Telekom, 1&1 und andere, die Ihnen einen Platz auf ihrem Server zur Verfügung stellen, auf dem Sie dann die Dateien Ihrer Seiten stellen können. Erst dadurch wird Ihre Website im Internet zugänglich. Wenn Sie unter dem Begriff Websiten Provider im Internet suchen, werden Ihnen eine Reihe von Anbietern angezeigt.
Für dieses sogenannte Webhosting berechnen Ihnen die Provider eine (meist monatliche) Gebühr. Auch das Anmelden einer eigenen Domain können Sie über diese Anbieter machen lassen. Allerdings sind Sie bei grossen Providern nur einer von sehr vielen, auch wenn der Kundendienst über eine Support-Hotline vielleicht auch am Wochenende für Sie erreichbar ist.
Sicher gibt es auch in Ihrer Nähe kleinere Provider, bei denen Sie den direkten Kontakt mit einem Menschen bekommen, der sich um Ihre Fragen und Probleme kümmert, weil man sich kennt, versteht und weiss, worum es dem anderen geht.

▷ Über www.GelbeSeiten.de können Sie Provider finden. Fragen Sie Freunde oder Kollegen, bei wem sie ihre Website hosten lassen und fragen Sie, ob sie mit deren Service zufrieden sind. Der Hosting-Preis pro Monat sollte immer in Relation zu Service, Datenmenge und Traffic-Volumen betrachtet werden. ◁

Domain
▷ **Hinweis:** Unter www.denic.de können Sie die Domain für Ihre eigene Website auch selbst anmelden. Na, gut, www.yoga.de oder www.therapie.de sind schon vergeben, doch wie wäre es mit www.schmitz-yoga.de oder www.Shiatsu-Offenburg.de. Nicht so prickelnd? Macht nichts. Tüfteln Sie etwas herum. Fragen Sie in Ihrem Freundes- und Bekanntenkreis, was denen spontan als Domain-Name

für Sie und Ihre Tätigkeit einfällt und klicken dann auf www.denic.de. Hier sitzen die Leute, die die Registrierung der Domains für Deutschland vornehmen, auch für Endungen auf „.net", „.info" usw. Auf deren Seite können Sie kostenlos prüfen, ob der von Ihnen ausgesuchte Domain-Name schon vergeben oder noch frei ist. Ist das der Fall, können Sie auf dieser Seite gleich die Registrierung bei denic vornehmen. ◀

Website selber bauen oder machen lassen
Wenn Sie technisches Verständnis haben und auch gut mit Ihrem Computer zurechtkommen, dann können Sie Ihre Website auch selbst aufbauen.

▶ **Hinweis:** Schauen Sie auf https://de.wordpress.com/ unter „Produkte" und finden Sie dort Ihren kostengünstigen Bausatz zum Start einer eigenen Website. Sie können dort auch gleich Ihre Wunsch-Domain bestellen und einrichten. Ein weiterer Anbieter, der das Erstellen einer eigenen Website auch für Ungeübte anbietet, ist zum Beispiel Jimdo: https://de.jimdo.com. ◀

▶ **Hinweis:** Auf der Seite http://de.selfhtml.org finden Sie zum Beispiel eine umfangreiche und nützliche Online-Dokumentation zur Erstellung von HTML-Seiten. ◀

Bedenken Sie allerdings, dass ein laienhafter Web-Auftritt auch mit Ihrer sonstigen Arbeit gleichgestellt werden kann! Da Sie professionell arbeiten, sollte das auch durch Ihre Website vermittelt werden – und besonders dort. Sollten Sie sich nicht sicher sein oder sollte Ihnen der Umgang mit dem Computer in diesem Falle nicht leicht fallen: Beauftragen Sie am besten Profis im Webdesign. Die finden Sie sicher auch in Ihrer Nähe, durch Empfehlung, über www.GelbeSeiten.de oder über eine Suchmaschine.

▶ **Hinweis:** Unter www.websitetooltester.com finden Sie einen Blog, auf dem regelmäßig über alle Tools rund um die Erstellung von Websites berichtet wird. ◀

Für den Aufbau einer Website brauchen Sie….

Struktur und Menüführung
Überlegen Sie sich vorher, welche Inhalte Sie darstellen wollen und unter welchen Überschriften/Menüpunkten Sie diese angezeigt haben möchten. Steht erstmal die Struktur und damit das Grundgerüst, lassen sich leichter Bilder und Texte dort hineinarbeiten.

Bildrechte
Bitte beachten Sie bei Nutzung nicht selbst angefertigter Fotos und Abbildungen auf bestehende Urheberrechte am Bild und an der Nutzung dieses Bildes.
Das Urheberrecht am Bild hat stets der Fotograf bzw. die Künstlerin.
Die Nutzungsrechte werden von diesen erteilt. Allerdings hat jeder Mensch das „Recht am eigenen Bild", was ebenfalls im Kunsturheberrechts-Gesetz geregelt ist.
Das heisst für Sie konkret: möchten Sie Bilder einsetzen auf Ihrer Website für Ihren Flyer oder als Logo und wollen/können diese Bilder nicht selbst erstellen, so benötigen Sie bei vorhandenem Bildmaterial die Nutzungsrechte. So genannte Stockfoto-Agenturen bieten dazu Millionen unterschiedlichster Motive an und verlangen dafür Gebühren, die sich u.a. nach individueller Nutzung, Verbreitung und Grösse orientieren. Lassen Sie sich mal auf gettyimages.com oder bei fotolia.com inspirieren. Suchen Sie spezielle Fotos über eine Suchmaschine im Netz, denn es gibt neben diesen grossen Anbietern viele auf einzelne Sparten spezialisierte, zu denen auch direkt Fotografen oder Studios gehören.
Wollen Sie eigene Bilder verwenden, so beachten Sie ebenfalls das Recht am eigenen Bild. Fragen Sie zum Beispiel Teilnehmende im Vorfeld, ob Sie damit einverstanden sind, bevor sie auf einem Foto zur Veranstaltung auf Ihrer Website oder in einem Facebook-Post erscheinen.
Wenn Sie Aufnahmen für Ihre dauerhafte Präsentation im Netz oder auf Flyern anfertigen möchten, so lassen Sie sich von erwachsenen Personen stets eine schriftliche Einwilligung zur Verwendung unterschreiben, in der Sie die geplante oder mögliche Verbreitung benennen müssen, zum Beispiel für Flyer, Website, Aushänge.

Texte und Artikel
Bei Formulierung der Texte achten Sie auf die Sprache und Betrachtung aus Sicht des Kunden. Zu Anfang des Kapitels finden Sie hierzu die Infos unter den Stichworten Kundennutzen und USP.
Die Texte auf einer Website sollten immer kurz, knapp und präzise sein. Zur Orientierung: Die Textlänge sollte eine Bildschirmseite nur zur Hälfte füllen. Haben Sie längere Artikel oder Abhandlungen, die Sie online stellen wollen, so beginnen Sie mit einer kurzen Einleitung, die die wesentlichen Punkte des Textes zusammenfasst oder die formuliert ist wie ein Inhaltsverzeichnis. Wer dann mehr dazu lesen will, wird weitergeführt über einen Link zur vertiefenden Seite. Das sieht dann zum Beispiel so aus: (Mehr zu Texte im Internet...) Klickt man auf diesen Klammertext, wird man weitergeleitet zu der Seite, auf der nun der gesamte Text in voller Länge zu finden ist.
Ähnlich können Sie vorgehen, wenn Sie auf Bildergalerien verweisen. Zeigen Sie ein (kleines) Bild auf der Ursprungsseite, die dadurch nicht so datenlastig wird und verweisen die Interessierten zum Beispiel auf einen Link mit dem Text: Mehr Bilder finden Sie hier. Klickt man auf „Mehr Bilder hier", wird man auf die entsprechende Seite weitergeleitet.

KAPITEL 3   *Marketing ist (fast) alles*

Impressum – Pflichtangaben gemäss TMG und RStV
Jede Website muss ein eigenes Impressum haben, das bei Aufruf der Website mit einem weiteren Klick aufrufbar ist. Das Telemediengesetz (TMG) regelt die Nutzung von elektronischen Nachrichten- und Kommunikationsdiensten und schreibt im Paragraph 5 vor, dass „... Diensteanbieter für geschäftsmässige Teledienste mindestens folgende Informationen leicht erkennbar, unmittelbar erreichbar und ständig verfügbar zu halten haben ...": den Namen bzw. die vollständige Firmenbezeichnung inklusive Rechtsformzusatz sowie die Anschrift.
Des Weiteren „Angaben, die eine schnelle elektronische Kontaktaufnahme und unmittelbare Kommunikation mit ihnen (den Diensteanbietern) ermöglichen, einschließlich der Adresse der elektronischen Post." Bei gesetzlich geregelten Berufsausbildungen und bei Kammerzugehörigkeit sind hierzu jeweils Angaben zu machen (§5, 5, TMG). Ausserdem muss die Steuernummer oder, falls vorhanden, die Umsatzsteuer-Identifikationsnummer angegeben werden.
Die in Grenzbereichen schwierige Abgrenzung zwischen Tele- und Mediendiensten wurde mit der Neuregelung zum 1.3.2007 abgeschafft. Die alten Kategorien werden in der neuen der sog. Telemedien zusammengefasst. An Stelle der beiden alten Gesetze treten das Telemediengesetz (TMG) und der Staatsvertrag über Rundfunk und Telemedien (RStV). Das TMG regelt dabei vorwiegend die technischen und wirtschaftlichen Aspekte von Webseiten, der RStV Fragen, die die Inhalte der Telemedien betreffen. Beide Gesetze gelten nebeneinander. Für das Impressum einer Webseite bedeutsam sind die Bestimmungen in § 5 TMG und § 55 RStV.

▶ **Hinweis:** Sie finden den genauen Wortlaut dieses Paragraphen 5 des TMG sowie des Paragraphen 55 des RStV im Downloadbereich zu diesem Buch.
Achten Sie unbedingt auf die korrekte Angabe aller zu leistenden Informationen. Es ist leider schon zu Fällen von Abmahnungen gekommen. Eine Möglichkeit, wie Sie an ein ordentliches Impressum kommen, siehe nachfolgend unter Datenschutzerklärung. ◀

Datenschutzerklärung
▶ **Hinweis:** Sowohl das Impressum als auch die Datenschutzerklärung können Sie selbst generieren. Dafür gibt es online verschiedene Tools, ein Angebot von vielen im Netz: www.e-recht24.de. ◀

▶ **Hinweis:** Eine Datenschutzerklärung können Sie sich auf der Website der DGD Deutsche Gesellschaft für Datenschutz unter https://dsgvo-muster-datenschutzerklaerung.dg-datenschutz.de/ zusammenstellen, indem Sie anklicken, welche der Bestandteile Sie brauchen. ◀

Wichtig ist, dass die Datenschutzerklärung auf Ihrer Website einfach zu erreichen ist. Am besten also ebenso wie das Impressum in die Navigation oder in die Fußzeile Ihrer Website aufnehmen. Als Bezeichnung der Verlinkung sollte Datenschutz oder Datenschutzerklärung verwendet werden.

▶ **Hinweis:** Auch über die Website www.deutsche-anwaltshotline.de/recht-auf-ihrer-website/disclaimer-baukasten können Sie neben den o.g. Vorlagen sich selbst einen Disclaimer zusammen stellen.
Achten Sie jeweils auf die angegebenen Nutzungsbedingungen. ◀

Links und Disclaimer
Sie verweisen von Ihrer Website auf die Website anderer Anbieter? Das können Seiten Ihrer Freunde und Kollegen sein oder von Ihren Ausbildungsschulen oder Berufs- und anderen Verbänden. Prima, denn das erhöht den Nutzen Ihrer Seite für Ihre Besucher. In den jungen Jahren des Internets gab es jedoch den Fall, dass ein Betreiber einer Website belangt wurde, weil von seiner Website über einen Link auf eine Website verwiesen wurde, von der aus es einen Link auf eine illegale Seite gab. Wie bitte, war jetzt etwas kompliziert? Also, wenn Sie auf eine Seite verweisen, weil Sie die Inhalte, die dort zu finden sind, für interessant halten für Ihre Besucher und von dieser verlinkten Seite, auf die Sie ja inhaltlich keinen Einfluss haben, möglicherweise ein Link besteht zu einer Seite mit anstössigem und/oder rechtswidrigem Inhalt, so könnte man Sie dafür belangen, weil Sie den Zugang ermöglicht haben.
Abhilfe verschafft ein sogenannter Disclaimer, vom englischen Wort „to disclaim": bestreiten oder ablehnen. Die ausführliche Formulierung lautet dazu: Mit Urteil vom 12. Mai 1998 hat das Landgericht Hamburg entschieden, dass man durch die Anbringung eines Links die Inhalte der gelinkten Seiten ggf. mit zu verantworten hat. Dies kann nur dadurch verhindert werden, dass man sich ausdrücklich von diesem Inhalt distanziert. Für alle Links auf dieser Homepage gilt deshalb, dass sich der Betreiber hiermit ausdrücklich von allen Inhalten aller verlinkten Seitenadressen auf dieser Homepage distanziert und deren Inhalte nicht zu eigen macht. Beim sogenannten Suchmaschinen-Ranking spielt die Anzahl der Links, die auf die eigene Website verweisen, eine besondere Rolle. Je mehr Links auf die eigene Website verweisen, umso wichtiger wird diese Website von den Suchmaschinen eingestuft. Deshalb macht ein Link-Tausch immer Sinn, doch bedenken Sie auch, dass jeder Link zuallererst den Besuchern Ihrer Seite helfen sollte.

Texte für Website, Flyer, Broschüren

Egal für welchen Zweck Sie einen Text erstellen wollen, Sie sollten stets eine klare Gliederung haben. Denn dadurch haben Sie selbst beim Schreiben schnell eine Struktur, an der entlang Sie schreiben können. Auch die Lesenden, für die der Text schliesslich gedacht ist, können kurze Sätze und Abschnitte, die klar

gegliedert sind, leichter lesen, aufnehmen und verstehen sowie entsprechende Aktionen umsetzen.
Dieselbe Aussage noch mal in Kurzform:
- Leicht lesbarer Text
- klar und verständlich aufzunehmen
- positive Handlungsaufforderung an die Lesenden.

Nun gliedern wir das Ganze in diese vier aufeinanderfolgenden Teile:
Insight – Positionierung – Benefits – Reasons to believe
Darauf gehen wir nun ausführlicher ein.

Insight
Zum Einstieg in den Text schreiben Sie etwas, was den Lesenden abholt, wo er/sie steht. Mit dem sogenannten Insight versuchen Sie anzuknüpfen an den Alltag beziehungsweise an die Erfahrungen Ihrer potentiellen Zielgruppe. Der Insight ist der hinführende Einblick in das Problem, in das Verfahren oder die Technik. Das sind Sätze wie: „Sie kennen das Problem geschwollener Füsse" oder „Vom vielen Sitzen ist der Rücken manchmal belastet." Oder auch etwas wie: „Sie wollten schon länger etwas für Ihre Fitness tun."
Formulieren Sie hier unbedingt positiv und zukunftsorientiert. Also, in die Richtung, in die der Lesende sich bewegen will und nicht dahin, wo er derzeit steht. Ein negatives Beispiel: „Haben Sie auch genug von ständigen schmerzhaften morgendlichen Hustenattacken und gelben Zähnen durch zu viel Tabakrauch?" Das ist zwar ein stimmiger hinführender Einblick in den Alltag von starken Rauchern, wird jedoch eher eine andere Reaktion auslösen, nämlich in der Art von: „Igitt – das kann man doch nicht lesen, das ist ja widerlich. Jetzt muss ich erst mal eine rauchen." Besser zukunftsorientiert und positiv formulieren mit Blick auf eine mögliche Zielsetzung: „Wollen Sie frei sein beim Luftholen? Frei vom Husten, frei von der Sucht?"

Positionierung der eigenen Tätigkeit
Beschreiben Sie im zweiten Schritt Ihre Position, also Ihre Technik, bzw. Ihr Angebot. Zum oben genannten Beispiel: „Theo Mayr hat ein mental-psychologisches Verfahren entwickelt zur dauerhaften Raucherentwöhnung ohne Entzugserscheinungen."

Benefits – die möglichen Vorteile
Es folgt der Benefit: Der Nutzen, Vorteil oder Gewinn, der möglich ist, wenn man sich auf das Verfahren oder die Technik einlässt. Im Beispiel weiter: „Geniessen Sie es, wieder tief und frei durchatmen zu können. Zeigen Sie Ihr Lächeln mit weissen Zähnen und einem angenehmen Atem – auch ohne Kaugummi." Oder: „Fühlen Sie sich um Jahre jünger und bleiben Sie länger fit und gesund."

Reasons to believe
Zum Abschluss die Reasons to believe: Also, die Gründe, den gemachten Aussagen beziehungsweise Ankündigungen zu glauben. Die eigene Ausbildung, wissenschaftliche Erkenntnisse, Ergebnisse von Studien, jedoch auch jahrhundertealte Erfahrung (etwa bei Taiji und Yoga) gehören hierher.
In unserem Beispiel könnte hier stehen: „Theo Mayr bewies durch mehrere klinische Studien an Rauchern den Erfolg seiner Methode ... und hat mittlerweile schon Tausenden von Raucherinnen und Rauchern in ganz Deutschland geholfen ... ist so überzeugt von den Erfolgen seiner Methode der Entwöhnung, dass Ihnen Theo Mayr verspricht: Bei mir bekommen Sie eine Raucherentwöhnung mit Garantie".

Positive Handlungsaufforderung

Zum Schluss formulieren Sie immer noch eine positive Handlungsaufforderung wie zum Beispiel: „Ich freue mich auf Ihre Rückmeldung per Telefon 0 12 34-45 67 89" oder „Schicken Sie eine Mail an info@theomayr-raucherentwöhnung.de." oder „Machen Sie heute den ersten Schritt weg von der Sucht und melden sich an auf www.theo-mayr-raucherentwöhnung.de."
Diese Aufforderung einer Kontaktaufnahme sollte auf jedem Flyer, Plakat und auf Ihrer Website enthalten sein. Je leichter der Weg zur Kontaktaufnahme mit Ihnen, umso eher wird er genutzt.

Rücklauf messen

Ob uns das gefällt oder nicht; für einen gewissen Teil des Marketings ist es notwendig Geld auszugeben, ohne unmittelbar die Wirkung messen zu können. Fragen Sie Ihre Kunden immer, wie sie Sie gefunden haben oder auf Sie aufmerksam wurden. Daraus können Sie eine Menge nutzlicher Infos ableiten. Dennoch ist es wichtig dran zu bleiben und auf sich aufmerksam zu machen – und das möglichst mit Köpfchen. Manchmal gilt es auch neue Marketingtools und -wege einfach mal auszuprobieren. Umso wichtiger etwas einzubauen, mit dem Sie zumindest ein Gefühl dafür bekommen können, wie viel Aufmerksamkeit Sie damit erlangt haben. Bauen Sie etwas ein, mit dem Sie Rückläufe messen können. Das kann z.B. ein Angebot sein, das speziell nur von diesem Flyer buchbar ist (11 Kursteilnahmen zum Preis von 10) oder nur aus dieser bestimmten Anzeige (Freundin mitbringen zum halben Preis o.ä.). So können Sie auch genau zuordnen, was woher kommt. Achten Sie darauf, dass jeweils die geltenden Restriktionen knapp und präzise genannt sind, z.B. nur für Neukunden oder nur bei Buchung bis zum xyz o.ä.

Bessere Wirkung bei Print-Anzeigen, Flyern und Plakaten

Blättern Sie einfach mal irgendein beliebiges Print-Erzeugnis durch, egal ob Zeitung, Zeitschrift, Illustrierte oder Magazin. Auf welche Anzeigen reagieren Sie? Welche nehmen Sie überhaupt wahr? Versuchen Sie herauszufinden, was diese Anzeigen von den anderen, den von Ihnen nicht wahrgenommenen unterscheidet. Machen Sie sich diese Erkenntnis für Ihre eigenen Anzeigen zunutze.

Beachten Sie grundsätzlich: Jede Anzeige trifft zunächst bei den Lesenden auf Filter im Gehirn, auf „Türsteher der Wahrnehmung", die gnadenlos aussortieren, noch ehe der Verstand reagiert hat. Das ist für unser Wohlbefinden sehr wichtig. Es ist für jede Form von Werbung die eigentliche Herausforderung. Die Filter sortieren vor allem nach den zwei Fragen: Kenne ich das? Ist das interessant für mich? Das heisst für Ihre Texte in Flyern und auf Plakaten:
- Schaffen Sie klare Aussagen.
- Formulieren Sie verständliche Botschaften.
- Kurze Sätze oder Schlagworte.

Allerdings: Vorsicht bei Wortspielen. Die gehen schnell daneben und Ironie wird nicht immer als solche erkannt oder gar falsch interpretiert.

Für Anzeigen heisst das:
Viel Platz lassen. Viel Weisses drumherum, denn in Zeitungen und Zeitschriften stehen nebenan noch die Anzeigen aller anderen. Verwenden Sie nur eindeutige Bilder, die gut zu erkennen sind, den Text nicht stören, sondern die Aufmerksamkeit anziehen.

Bei Anzeigen, die kleiner sind als eine ganze oder halbe Seite sollten Sie auf trennende Linien innerhalb Ihres Anzeigenfeldes verzichten, da sonst schnell beim Betrachter die Zusammenhänge verloren gehen (was gehört eigentlich wo hin?). Und eh er es realisiert, hat er schon weitergeblättert und Ihre gut gemeinte Anzeige wurde leider nicht wahrgenommen.

Flyer und Plakate erstellen, drucken, verteilen (lassen)
Flyer und Plakate können Sie in jedem Format drucken lassen oder mit einem entsprechenden Drucker vom PC aus (nur für kleine Auflagen!) selbst erstellen. Für den Start reicht das erst mal. Erstellen und kopieren Sie postkartengrosse Flyer und verteilen diese in allen Läden rund um Ihre Praxis oder Ihre Schule. Zusätzlich können Sie die Zettel am Fussgängerüberweg an die Ampelmasten (nur mit Klebefilm! Sonst strickt daraus jemand den Tatbestand der Sachbeschädigung...) kleben. Solche Zettel lassen sich auch gut unter die Scheibenwischer von Autos hängen. Jedoch, bekommen Sie dadurch auch die Aufmerksamkeit Ihrer Zielgruppe? Lassen Sie ein paar Flyer überall dort liegen, wo Sie gerade sind: Im Bus, an der Haltestelle, im Café, an der Tankstelle, im Supermarkt, im Wartezimmer usw.

Wollen Sie das Ganze professionell haben, beauftragen Sie City-Card damit. Diese und weitere Unternehmen haben sich auf den Service spezialisiert, den Sie wahrscheinlich aus Kneipen, Restaurants und Kinos kennen. In einem Halter an der Wand gibt es kostenlose Postkarten, die gerade dann, wenn sie ein attraktives Motiv zeigen, grossen Absatz finden.
Auch Sie können für Ihre Schule oder Praxis damit werben. Selbst die Gestaltung kann man Ihnen abnehmen. Die Verteilung bestimmen Sie, denn in einer Stadt wie Berlin oder München macht es ja keinen Sinn flächendeckend auf Ihr Angebot hinzuweisen. Wenn Sie wissen, welche Zielgruppe Sie ansprechen wollen, so können Sie gezielt bestimmte Restaurants, Kultureinrichtungen, Kneipen etc. bei den Postkarten-Verteilern buchen. Die garantieren dann zum Beispiel 14 Tage volle Fächer in jedem Lokal mit Ihrer Karte.

▶ **Hinweis:** Je nach Menge schon für weniger als 300 Euro! Zum Beispiel auf www.citycards.de gibt es alle Infos dazu. ◀

Darüber hinaus gibt es sicher vom Verlag Ihres lokalen Wochenendblättchens ein Angebot, mit dem Sie einen Beileger über eben genau dieses Blättchen in alle Haushalte bringen. Informieren Sie sich bei der jeweiligen Redaktion, die sicher in der nächsten Ausgabe genannt ist.

Anzeigen

Anzeigen in Zeitungen, lokalen Monatsheften und Broschüren

Die Rückmeldung, dass fast alle Ihre Teilnehmenden die örtliche Tageszeitung lesen, bedeutet noch nicht, dass sich dort eine Anzeigenschaltung lohnt. Denn vielfach werden die Anzeigenseiten nur überflogen, so dass eine kleine Anzeige untergeht. Ausserdem haben Tageszeitungen relativ hohe Preise, die sich immer auf den Millimeter pro Spalte beziehen. Je nach Verbreitungsgebiet und Auflagenhöhe variieren die Preise zwischen 1,50 und 8 Euro oder mehr. Um einen halbwegs aussagekräftigen Text unterzubringen, werden 100 Millimeter einspaltig oder 50 Millimeter zweispaltig benötigt. Das kostet dann schnell mal 150 bis 600 Euro! Für diesen Preis steht dann die Anzeige zwar in jedem gedruckten Exemplar des Tages (womit die Anzeigenverkäufer der Zeitung werben), allerdings auch tatsächlich nur an diesem Tag. Und Sie kennen ja den Satz: Nichts ist älter als die Zeitung von gestern. Haben Sie gute Gründe, die Zeitung als Werbemedium zu nutzen, dann wählen Sie ungewöhnliche Anzeigenformate.

Beispiel: Einen guten Erfolg in Form von konkreten Kontakten per Telefon hatte ein Bekannter eine Weile mit einer Anzeige, die nur zehn Millimeter hoch war, dafür sechsspaltig über die gesamte Breite der Zeitungsseite ging. Da diese Anzeige mit den anderen Anzeigen des Tages beim Satz der Zeitung auf eine Seite gebracht werden musste, stand diese Anzeige oft ganz oben auf dem Blatt – manchmal jedoch auch wie erdrückt unter einer grossen Möbelannonce ganz unten.

Stadtmagazine, lokale Monatshefte und Broschüren

Stadtmagazine und andere Monatshefte und Broschüren sind manchmal recht günstig mit Preisen für Kleinanzeigen. Wenn das Blatt von der gewünschten Zielgruppe gelesen wird, stehen die Chancen gut, dass die Anzeige ebenfalls gelesen wird.

Beispiel: Mit einer vierzeiligen Kleinanzeige im sogenannten Fliesstext (einfache Schrift, erstes Wort fett), die mit unendlich vielen anderen auf sechs eng bedruckten Seiten stand, hatte eine Bekannte den höchsten monatlichen Rücklauf – für gerade mal 50 Euro im Monat. Warum? Dieses Blatt wurde fast ausschliesslich von Suchern gelesen, die zwar die unterschiedlichsten Sachen suchten, jedoch zur Zielgruppe gehörten. Dadurch war der Streuverlust überschaubar und der Rücklauf hoch.

Presse-Informationen

Günstiger als eine Anzeige und viel besser platziert sind Sie natürlich im redaktionellen Teil der Tageszeitung. Wenn man mal eben in der Redaktion der Tageszeitung anruft und dort fragt, ob die nicht mal was über einen schreiben wollen, weil man so klasse meditieren könne, dann kann es schon mal vorkommen, dass man schroff abgewiesen wird. Hier helfen gute Kontakte, die gut gepflegt sein wollen. RedakteurInnen wollen nicht für Werbeartikel missbraucht werden. Sie wollen über etwas schreiben, was für die Lesenden ihrer Zeitung interessant sein könnte. Bevor Sie also die Redaktionen stürmen, haben Sie sich überlegt, was für die Zeitung und ihre Leserschaft interessant sein könnte – welchen Nutzen hat die Zeitung davon, über Sie zu berichten.
Artikel über Yoga, Qigong und andere Techniken finden sich immer mal wieder in grossen Publikumszeitschriften wie Petra oder Brigitte. Für den Lokalredakteur kann es interessant sein, aus direkter Quelle, nämlich von Ihnen, zu erfahren, was denn nun am Üben dran ist. Und was das für die LeserInnen der Zeitung vor Ort bedeutet (Motto: Nicht mehr nur in Berlin und München, sondern jetzt auch bei uns in Castrop-Rauxel).

Presse-Mitteilungen schreiben

Eine Kurz-Anleitung zum Verfassen von Pressemitteilungen: Formulieren Sie eine kurze, sachliche Überschrift (Headline). Jede Pressemitteilung hat immer einen Pyramiden-Aufbau (s. Grafik)

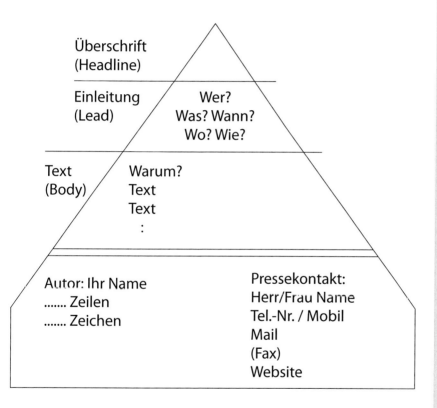

Das Wichtigste steht gleich am Anfang (Lead) und macht Aussagen zu: Wer? Was? Wann? Wo? Wie?

Dann erst der ausführliche Text (Body), beginnend mit Warum?
Verwenden Sie verständliches Deutsch, kein Fach-Chinesisch. Lassen sich Fachausdrücke nicht vermeiden, dann gleich in einer Klammer in umgangssprachlichem Deutsch erklären.
Eine Pressemitteilung soll nicht in erster Linie schön, sondern schön lesbar sein.
Sie schreiben nicht für das Publikum, sondern für Journalisten und Redakteure!
Egal über was; schreiben Sie die Wahrheit und nichts als die Wahrheit.
Für wen hat Ihre Mitteilung Bedeutung? Schätzen Sie Ihre Nachricht kritisch ein. Denn die Einladung zum Tag der offenen Tür der Therapiegemeinschaft Hamburg-Harburg ist für eine Zeitung in München nicht interessant, oder warum doch?
Keine Überdosis: Eine Nachricht pro Pressemitteilung.
Nennen Sie immer namentlich einen Ansprechpartner mit all seinen Telekommunikationskanälen (Telefon, Mobil, Mail, Fax, Website).
Kündigen Sie Termine rechtzeitig an. Bedenken Sie, dass der Redaktionsschluss bei Zeitschriften mitunter sechs bis acht Wochen vor Erscheinen liegen kann.
Bebildern Sie Pressemitteilungen, wann immer es möglich ist, doch verschonen Sie die Redakteure mit Mailanhängen jenseits von 1,5 MB. Stellen Sie Ihre hochauflösenden Bilder (300 dpi) auf Ihrer Website zur Verfügung, ggf. auf einer nicht-öffentlichen Unterseite, so dass der Redakteur sie bei Bedarf von dort herunterladen kann oder senden Sie einen dropbox-Link o.ä.

Gutes für Ihr Marketing

Die vier Säulen für Ihr erfolgreiches Marketing sind Ihre Glaubwürdigkeit, Persönlichkeit, Fairness und Erreichbarkeit. Was darüber hinaus gut und verkaufsfördernd für Ihre Angebote sein kann, folgt hier:

Ihr Name und Ihr Angebot

Verknüpfen Sie Ihren eigenen Namen mit Ihrer Dienstleistung. Erfinden Sie keine Phantasie-Namen, die weder einen Bezug zu Ihrer Person, noch zu Ihrer Dienstleistung beinhalten. Schaffen Sie es, mit Ihrer Dienstleistung assoziiert zu werden. Mehr zur Namensgebung auch in Kapitel 1 auf Seite 32.

Beispiel: Ein Yogalehrer hatte für seine erste Yoga-Schule in den eigenen Räumen den Namen „Sein" und ein Logo entwickelt, doch den eigenen Namen nicht angegeben. Damit startete er eine Anzeigen- und Flyerkampagne. Nach ein paar Tagen traf er eine gute Bekannte, die meinte, dass es jetzt wohl schwer würde

wegen der Konkurrenz. Da habe jetzt so eine neue Yoga-Schule aufgemacht, die hiesse übrigens „Sein". Tja.
Also: Lieber „Taiji Schmidt" als irgendein exotischer Name, den sich in Deutschland niemand merken kann oder der nicht mit Ihnen assoziiert wird.

Ihre Visitenkarte

Die hat mehr drauf als nur Name, Anschrift, Telefon, Website und Mail-Adresse. Natürlich wieder Logo und Farbe, doch nutzen Sie auch die Rückseite. Da ist genügend Platz, um mit einer Headline und/oder Subline etwas über Ihre Therapie oder Lebenskunst oder Ihren besonderen Stil mitzuteilen – kurz und „auf den Punkt".

Adressen, Kundenpflege

Vom Beginn Ihrer selbstständigen Tätigkeit an sollten Sie eine Kundendatei führen. Darin nehmen Sie alle auf, die sich je für Ihre Angebote interessiert oder daran teilgenommen haben. Haben Sie noch keine solche Datei, so starten Sie damit gleich heute.
Neben Mailadresse, Telefonnummer und Anschrift notieren Sie die jeweils besuchten Kurse. So können Sie später ganz leicht Ihre KundInnen anschreiben, auf neue Aktivitäten zielgenau hinweisen und Ihren Teilnehmenden regelmässig Informationen zukommen lassen. Sie können einzelne Gruppen selektieren und so zum Beispiel Ihr Programm an Interessierte mit einem anderen Begleittext versehen als an Ihre langjährigen Teilnehmenden.

Beispiel: In einer Schule der Lebenskunst mit manchmal bis zu 200 Teilnehmenden in der Woche galt es nach einiger Zeit als Privileg, das Programm nicht im Kurs bzw. in der Schule zu erhalten, sondern mit der Post, später dann per Mail, zugeschickt zu bekommen. Es blieb unklar, wie das entstanden war, doch plötzlich wollten alle in den Adressverteiler, damit sie das neue Programm auch ganz sicher erhalten. So können Sie schon nach relativ kurzer Zeit über eine grosse Kundendatei verfügen, die sich für Einladungen zu besonderen Veranstaltungen, für Aktionen und natürlich den Programmversand nutzen lässt. Die Kundendatei ist der Goldschatz jeden Marketings in einer selbstständigen Tätigkeit. Lesen Sie hierzu auch auf Seite 123 zum Thema Newsletter.

Hinweis zum Datenschutz
Bitte beachten Sie unbedingt die Vorschriften aus der Datenschutzgrundverordnung (DSGVO, siehe dazu auch auf Seite 67 ff)! Sie müssen Ihre Teilnehmenden an Kurs oder Beratung darauf hinweisen, dass Sie deren Daten elektronisch speichern, welche genau Sie speichern und für welche Zwecke. Dazu ergänzend sollten Sie darauf hinweisen, dass diese nicht an Dritte weitergegeben werden.

Außerdem brauchen Sie schriftlich deren Einverständnis dazu (das kann per Anklicken bei elektronischer Anmeldung erfolgen). Auch müssen die Teilnehmenden darüber informiert werden, dass sie die über sie gespeicherten Daten einsehen können und auf Verlangen diese gelöscht werden.

Dekoration Ihrer Räume

Sie geben mit der Dekoration Ihrer Praxis oder Ihrer Schule einen Ausdruck Ihrer selbst. Ist dieser Ausdruck eindeutig und positiv? Finden sich Logo und Farbe wieder? Sind die Räume freundlich, einladend und hell? Gehen Sie immer mal wieder mit gefühlt fremden Augen in Ihre Räume (beginnend vor der Haustür) und schauen sich kritisch um. Fragen Sie bei Erstgesprächen gezielt nach dem Wohlbefinden Ihrer Besucher.

Kleidung

Auch die Kleidung, die Sie in Ihrer Praxis beziehungsweise zum Kurs tragen, ist Teil dessen, was Ihr Image – das Bild von Ihnen, das sich andere machen – bestimmt. Sauber, ordentlich und zweckmässig, klar.
Auf jeden Fall in einem Stil, der zu Ihnen passt und in dem Sie sich selbst wohlfühlen. Lassen Sie sich wohlwollend kritisch beraten von FreundInnen oder Bekannten. Auch zur Meditation darf die Kleidung von Gucci sein, muss es allerdings nicht. Finden Sie ein gutes Mittelmaß von Wertigkeit ohne Überheblichkeit zu vermitteln. Achten Sie auf Kleinigkeiten, Ihre KundenInnen tun es ganz sicher.

Pünktlichkeit, Verbindlichkeit, Verlässlichkeit

Sind eigentlich selbstverständlich und machen gerade deshalb sehr viel aus im geschäftlichen Alltag und Umgang mit Ihren Teilnehmenden. Wenn es mal schief gegangen ist und Sie sind zu spät: Kurze Entschuldigung und dann ein „Jetzt geht's auch endlich los für Sie!" statt langatmiger Beschreibung der Umstände, die dazu geführt haben, dass Sie sich verspätet haben.
Achten Sie auf die Selbstorganisation, siehe auch dazu auf Seite 94 zum Thema Zeitmanagement. Gerade für neue Kunden ist der Faktor Sicherheit – der sich aus den drei o.g. Punkten zusammen setzt – sehr wichtig und erfordert aufmerksamen Umgang. Manchmal liegt der Unterschied zum Mitbewerber eher an einem solch kleinen Details statt darin, wie der eigentliche Kurs oder die Beratung gelaufen ist.

Telefon und Anrufbeantworter

Melden Sie sich klar und deutlich, freundlich und interessiert? Gut. Beenden Sie das Gespräch mit einer persönlichen Grussformel, denn die letzten Worte bleiben besonders im Gedächtnis haften. Sind Sie nicht selbst anwesend, lassen Sie einen Anrufbeantworter laufen. Bedenken Sie, dass auch im 21. Jahrhundert noch immer viele nicht gerne auf das Band sprechen. Manche haben regelrecht Hemmungen. Sprechen Sie selbst deshalb den Ansagetext locker auf. Stellen Sie sich vor, dass Sie im Moment der Aufnahme mit einem echten Menschen am Telefon sprechen. Formulieren Sie eine freundliche Aufforderung für den Anrufenden, dass er/sie eine Nachricht für Sie aufspricht. Vermeiden Sie behördenmässige Aufforderungen. Die Art und Weise darf gerne zu Ihnen, Ihrer Persönlichkeit und Ihrem Unternehmen passen und eine persönliche Note haben.

Doch sprechen Sie auch nicht zu lustig oder gar albern auf. Man hat festgestellt, dass gerade auf die lustig gemeinten Ansagen am wenigsten reagiert wird. Eigentlich möchte man ja mit einem echten Menschen sprechen, da läuft nur eine Ansage – und wenn die lustig ist, soll man nun noch schlagfertig antworten?! Also, legen viele schnell auf. Sprechen Sie alle paar Wochen einen neuen Ansagetext auf, der sich vom bisherigen nur geringfügig unterscheiden muss. Das erhöht die Aufmerksamkeit und die Redebereitschaft. Versprechen Sie einen umgehenden Rückruf. Und: Rufen Sie tatsächlich, sobald es geht, zurück.

Service und Kundenorientierung

Egal, was Sie anbieten: Service für die Kunden ist eine der wichtigsten Marketing-Massnahmen und sorgt für positive Mund-zu-Mund-Propaganda. Was das konkret für Ihre Dienstleistung bedeuten kann, müssen Sie für sich abschätzen.

Jedoch gerade der kleine Zusatznutzen, die zusätzliche Minute Zeit zum Zuhören oder die vorausschauende (Termin-)Planung, das kann den Unterschied ausmachen.

Beispiel: Eine Schule der Lebenskunst gab lange Jahre den Teilnehmenden Blätter mit Informationen zu den Übungen der Kursstunde mit. Das erleichterte gerade den AnfängerInnen das Üben zu Hause. Es war schnell ein Markenzeichen für diese Schule, das sich herumsprach.

Farbe, Symbole, Bilder

Wählen Sie eine Farbe, die Sie bei allem benutzen, was Sie herausgeben, egal ob Broschüre, Flyer, Brief oder Visitenkarte. Es muss nicht unbedingt ein blaues, gelbes oder violettes Papier sein. Es reicht schon ein farbiger Balken, immer an der gleichen Stelle oben rechts (oder unten links, wenn Sie es wollen). Haben Sie farbig gestrichene Wände in Ihrem Büro, Ihrer Praxis oder Schule? Dann können Sie diese Farbe auch für Ihre Prospekte, Logo usw. nutzen.

Wir Menschen können Farben und Bilder schneller aufnehmen und verarbeiten als Worte und Textinformationen. Warum das so ist, ist zwar auch sehr spannend,

doch führt jetzt zu weit. Versuchen Sie, ein einfaches, eindeutiges Symbol zu finden für das, was Sie tun. Besser keine filigranen Zeichnungen von asiatischen Reispapiervorlagen. Das erkennt hier bei uns niemand. Und was der Mensch nicht wahrnimmt oder erkennt, das merkt er sich nicht!
Also: Ein einfaches Symbol, schwarz auf weiss, dazu eine Farbe (max. 2!), Ihr Name und Ihre Dienstleistung – fertig! Fertig? Ja. Das reicht für Briefbögen, Visitenkarten, für kleine Plakate im A3-Format (das ist prima für ein Schaufenster) und für den ersten Internet-Auftritt. Wichtig ist die Wiederholung. Die Leute sollten das so oft wie möglich sehen und einfach erfassen können.

Beschriftung für Auto und Gebäude

Sie haben ein Auto? In die hinteren Seitenscheiben können Sie je einen Flyer kleben, auf die Hutablage legen Sie gleich mehrere. Natürlich können Sie Ihr Auto auch professionell mit (grossflächigen) Aufklebern oder Folienmagneten versehen. Je nach Anzahl der Farben kostet eine wagentürgrosse Folie etwa 60 bis 80 Euro. Hängen Sie Ihre Plakate auch in Ihren Räumen auf. Wenn Sie Fenster zur Strasse haben, dann darf auch dort eines hin.
Bei Werbung, die Sie aussen an der Hauswand anbringen, müssen Sie unbedingt vorher das Einverständnis des Vermieters einholen. Dazu gehört auch schon das Anbringen eines schlichten Praxisschildes. Bei beleuchteten und/oder sehr grossen Werbetafeln brauchen Sie eventuell zusätzlich eine behördliche Genehmigung. Informationen dazu bekommen Sie in Ihrem zuständigen Rathaus oder Bürgeramt.
Können Sie nur stundenweise gemietete Räume nutzen, so hängen Sie an die Tür zum Raum und als Wegweiser im Gebäude jedes Mal Ihre Flyer auf oder benutzen Sie Hinweiszettel mit Ihrem vergrösserten Logo darauf, die Sie laminiert haben! Mit einem Krepp-Klebeband fixiert, können sie von (fast) jedem Untergrund rückstandsfrei wieder abgenommen werden – bis zum nächsten Mal.

Mitbewerberbeobachtung – kontinuierlich bitte

In Kapitel 1 haben wir im Rahmen der Erstellung eines Businessplans bereits die Mitbewerberanalyse thematisiert. Eine gute Analyse vor Beginn der eigenen Selbstständigkeit ist sicher hilfreich und notwendig, doch verpassen Sie es nicht, Ihre Mitbewerber auch zu späteren Zeitpunkten zu beobachten. Gehen Sie davon aus, dass diese auch nicht schlafen und sich ebenfalls Gedanken machen und Ideen entwickeln.
Es braucht ja nicht jeden Monat eine genaue Analyse bis ins kleinste Detail zu sein, doch empfiehlt es sich sicher einmal im Jahr die Mitbewerber genauer unter die Lupe zu nehmen, ähnlich wie zur Erstellung des Businessplans (siehe Seite 26). Bietet es sich an auch mal persönlich einen Kurs zu besuchen? Warum nicht. Das persönliche Erlebnis kann am besten reflektiert werden.

Darüber hinaus seien Sie wachsam und aufmerksam und beobachten, wann welche Angebote kommuniziert werden. Besser gut geklaut wie schlecht erfunden.

Tag der offenen Tür

Grössere Sonderaktionen funktionieren immer bestens bei Kauf- und Möbelhäusern, bei Industrieunternehmen und beim Kindergarten. Warum nicht immer so gut bei Ihnen? Weil der Kuchen fehlt? Nein, zumindest nicht nur deshalb.
Ein Tag der offenen Tür oder eine Aktion wie die Woche des Shiatsu, braucht eine gewisse Anzahl interessierter Menschen, günstige Termine, am Tag selber unbeständiges Wetter oder leichten Regen (bei Sonnenschein sind alle im Schwimmbad oder auf Radtour, bei Schnee und starkem Regen daheim), Neugier erzeugende Aktionen, den obligatorischen Kaffee, Tee, Kuchen und verschiedene Ingredienzen, die man nie so genau benennen kann.

Beispiel: An zwei offenen Yoga-Tagen kamen zu den Schnupperkursen, kostenfrei und zu günstigen Zeiten, nur insgesamt zwei Leute (bei fünf angebotenen Kursen). Bei der Lesung zweier Yoga-Lehrer, die philosophische Texte vortrugen, von denen am Ort noch nie jemand etwas gehört hatte, war abends die Schule voll besetzt! Manchmal steckt man einfach nicht drin.

Wichtig: Lassen Sie sich nicht gleich entmutigen! Funktioniert etwas gut: Machen Sie mehr davon. Funktioniert etwas nicht: Machen Sie etwas anderes!

Kooperationen und Netzwerke

Netzwerke sind immer hilfreich und brauchen Pflege. Das es dazu kommt bedeutet natürlich erst mal ein Netzwerk aufzubauen. Wo packt man dieses Thema am besten an? Überlegen Sie, wer ist für Sie interessant und für wen sind Sie interessant.

Beispiele: Sie bieten innerhalb Ihres Leistungsportfolios systemische Familienaufstellungen an. Dann sind sicherlich Kindergärten für Sie interessant. Um dort einen guten Kontakt zu halten, damit Sie an der richtigen Stelle auch empfohlen werden oder Flyer auslegen dürfen, können die Betreuerinnen kostenlos an einer Schnupperstunde in ihrem Rückenkurs teilnehmen oder können sogar mehrmals teilnehmen. Solange Sie Platz in Ihrem Raum haben und der Kurs eh stattfindet, tut das nicht weh und es entsteht eine Win-Win-Situation.
Vielleicht umfasst Ihr Angebot Privatstunden zu geben, z.B. mit Hinblick auf therapeutisches Yoga. Setzen Sie sich mit den ortsansässigen Ärzten in Verbindung und erläutern Sie diesen persönlich Ihr Angebot, damit deutlich wird, in welchen Fällen genau Sie mit Ihrem Angebot ergänzen und dies für die Patienten dienlich sein kann.

Sonderaktionen und Veranstaltungen erfordern viel Organisation und Zeit. Das können Sie sich mit anderen doch gut teilen. Tun Sie sich mit anderen zusammen für besondere Aktionen wie einen Tag der offenen Tür oder machen Sie mal etwas ganz anderes.

Beispiel: Mit einer Buchhandlung zusammen veranstaltete eine Lebenskunst-Schule eine Fastenwoche im März. So konnten die Werbekosten geteilt werden und gleichzeitig wurden zusammen mehr Leute angesprochen, als es jeweils einzeln möglich gewesen wäre. Beide konnten so auf ihre sonstigen Angebote hinweisen. Die Räume in einem Pfarrheim standen ihnen kostenlos zur Verfügung, weil die Buchhandlung dort schon mehrfach Büchertische organisiert hatte. Später veranstaltete man gemeinsame Lesungen, Kreativ-Workshops und einiges mehr. Wer bietet in Ihrer Richtung passend etwas Ähnliches an? Gibt es einen aufgeschlossenen Künstler, Buchhändler, Musiker usw.?

Networking Offline

Natürlich wird alles etwas einfacher, wenn man erst die richtigen Leute kennt. Über den Austausch hinaus können so auch ganz neue Projekte entstehen. Benachbarte Berufe können zusammenarbeiten, zum Beispiel ÄrztInnen, Fitness-Studios, Kosmetikerinnen, MasseurInnen, Shiatsu-TherapeutInnen, Hebammen, Kunst- und MusiktherapeutInnen, Körperkünste wie Yoga, Qigong und so weiter. Schwieriger ist es zu erfahren, wo denn bitte schön diese Leute sich aufhalten und treffen. Gibt es an Ihrem Ort auch schon einen GründerInnen-Stammtisch, ein Treffen sogenannter Business-Angels, einen Arbeitskreis Lebenskunst oder eine Gruppe für ganzheitliche Therapie?
Wenn Sie selbst nichts finden – dann fangen Sie doch an, ein Netz zu knüpfen! Die Information zum ersten Treffen können Sie zum Beispiel auch mit einer Pressemitteilung an die Redaktionen der örtlichen Presse weitergeben. Laden Sie jemanden aus der Redaktion ein, über diese Veranstaltung zu berichten und sorgen Sie für weitere Publicity. Wenn genügend Menschen erfahren haben, dass es ein solches Netz geben soll, werden die Richtigen schon kommen. Vielleicht hilft auch das nächste Amt für Wirtschaftsförderung im Rathaus beziehungsweise der Kreisverwaltung mit Tipps und AnsprechpartnerInnen weiter.
Halten Sie sich auf dem Laufenden, was sich in Ihrer Region so tut. Ein Blick ins sogenannte Käseblättchen, um zumindest die Überschriften zu lesen, hilft dabei zu sehen, wer und was sich so neu ansiedelt. Zum einen natürlich hinsichtlich der Mitbewerber, zum anderen auch hinsichtlich potentieller Kunden und Kooperationspartner. Vielleicht baut gerade ein großes Unternehmen eine neue Niederlassung in Ihrer Nähe und Sie können dort mit Firmenkursen einsteigen. (siehe dazu auch den Punkt Firmenkurse auf Seite 151).

Auch kleinere Unternehmen, wie Anwaltskanzleien, Zahnarztpraxen o.ä. haben ggf. Bedarf an Kursen im Unternehmen oder bzw. für die Mitarbeiter. Überlegen Sie, wer in den Unternehmen in Ihrem Umfeld typischerweise arbeitet und ob das Ihre Zielgruppe ist. Wenn ja, dann nehmen Sie den Hörer in die Hand oder fahren direkt vorbei. Ein NEIN haben Sie schon, Sie können höchstens noch ein JA bekommen.

Außerdem bekommen Sie Informationen zu neuen Unternehmen und geplanten Änderungen im Stadtbild, etc. von der ortsansässigen Wirtschaftsförderung. Erkundigen Sie sich im Rathaus, Bürgerbüro, Stadthaus oder ähnlich, wer Ihnen da weiterhelfen kann. In der Regel werden Sie auf offene Ohren stoßen, da man dort natürlicherweise ein Interesse haben sollte, dass es allen Unternehmen in der Region gut geht und alle gut zusammenarbeiten.

Suchen Sie den Austausch und das Gespräch mit Selbstständigen aus ganz anderen Branchen. Manche Probleme sind nämlich sehr ähnlich – alle klagen zum Beispiel über Steuern und Vorschriften. Für manches gibt es vielleicht schon eine Lösung, an die Sie noch gar nicht gedacht haben. Solche Treffen bringen nicht unbedingt den geschäftlichen Durchbruch, allerdings: Sie bringen sich ins Gespräch!

Gucken Sie über den Tellerrand

Wo Selbstständige unterschiedlicher Branchen zusammentreffen, gibt es immer gute Kontakte. Betrachten Sie alle Ihre Angebote, Ihre Werbung, Ihre Räume aus der Sicht Ihrer zukünftigen Kundschaft. Beobachten Sie sich selbst, wenn Sie Dienstleistungen in Anspruch nehmen. Egal, ob beim Arzt, beim Bäcker oder in einem Kurs. Auf was reagieren Sie wohlwollend, was empfinden Sie als angenehm und zuvorkommend? Was stört, was ärgert Sie? Und dann:

Wie könnten Sie es besser machen?

Vergessen Sie nie, dass alles den Weg des geringsten Widerstandes gehen will. Deshalb sollten Sie bei Ihrem Marketing auch die Bequemlichkeit des Menschen beachten. Kommen Sie Ihren KundInnen entgegen, indem Sie leicht zu finden und gut erreichbar sind (persönlich, am Telefon, im Internet), Ihre Dienstleistung(en) einfach anzufordern und zu bezahlen sind. Tun Sie alles, was möglich ist, um das Geschäft mit Ihnen einfach zu gestalten.

Networking Online

Sicherlich geht nichts über ein persönliches Gespräch. Genauso wenig geht es heutzutage ohne Online-Verbindungen. Hier können Sie aktiv werden, um sowohl den lokalen Markt zu kontaktieren und ausfindig zu machen, also auch den überregionalen Markt – je nach dem, was Ihr Angebot beinhaltet. Gerade im

Online-Bereich ist durchaus auch interessant, von wem man so gefunden wird und warum. Gefunden werden Sie natürlich nur, wenn Sie online auch präsent sind.

▶ **Hinweis:** Die Netzwerk-Plattformen mit den größten Reichweiten sind in Deutschland sicher www.xing.com und international www.linkedin.com. Auf beiden Portalen sind die Basiseinträge kostenfrei, so können Sie sich erst einmal positionieren. Umfassendere Informationen und Dienstleistungen gibt es gegen Gebühr. So gibt es z.B. auf XING auch eine eigene Plattform für Coaches, auf der Sie sich listen und finden lassen können. Entscheiden Sie selbst, ob Sie dafür eine Affinität haben und es probieren möchten. Wie vieles im Online-Bereich ist der Output nur so groß, wie Input geliefert wird oder auch durch Aktivität gefordert wird. ◀

Selbst-Marketing

Die Vorstellung Ihrer Person als Dienstleister (Lehrende, Beratende oder Therapeutin) sollte stets derart geschehen, wie Sie selbst gerne angesprochen werden wollen: Persönlich, wertschätzend, authentisch.

Mit der persönlichen Ansprache geht einher: Respekt und Toleranz, eine gewisse Zurückhaltung, die sich jedoch nicht versteckt. Schreiben Sie Ihre Flyer und Briefe so, wie Sie auch an einen Bekannten schreiben würden. Drängen Sie sich nicht auf, vermeiden Sie Superlative und übertreiben Sie nicht. Zeigen Sie den Interessierten die Vorteile Ihrer Beratung beziehungsweise Lebenskunst.

Gelingt Ihnen die persönliche Ansprache, wird die Antwort nicht lange auf sich warten lassen. Eigenlob stinkt nicht mehr. Denn, wenn Sie selbst sich nicht loben können, warum sollten es andere tun? Und wenn Sie gelobt werden, dann bitte keine falsche Bescheidenheit! Freuen Sie sich und zeigen Sie, dass Sie dieses Lob tatsächlich auch verdient haben. Also, nicht im Stil von „ach, das war ja nicht der Rede wert" oder „das ist doch selbstverständlich", sondern eher ein „Danke, das habe ich gerne gemacht, freut mich, dass Sie es bemerkt haben". Es kann Spass machen, für sich bei anderen zu werben.

Doch die Werbung ist nicht das Wichtigste. Das, was als wichtig wahrgenommen wird, ist die Qualität Ihres Angebotes, also des Unterrichts, der Therapie oder der Beratung. Bei allen Strategien und Handlungen sollten Sie sich Ihrer Zielsetzung bewusst sein. Bewusst-Sein im Alltag. Die Zielsetzung adelt oder tadelt die Mittel.

Terminplanung in der Therapie- oder Beratungspraxis

Wie bieten Sie Ihre Beratungen oder Ihre Therapie-Angebote zeitlich an? Wann können Menschen zu Ihnen kommen? Nutzen Sie die Möglichkeiten, die sich Ih-

nen in der Selbstständigkeit bieten und kommen Sie den interessierten Klienten/ Teilnehmenden mit Ihren Praxis-Zeiten entgegen.
Sie müssen keine festen Öffnungszeiten anbieten wie der Hausarzt an der Ecke. Überlegen Sie sich vielmehr, wie viel Sitzungen Sie an einem Tag anbieten wollen – und bedenken Sie Ihre eigenen Bedürfnisse. Planen Sie also auch Pausen und Regenerationszeiten für sich selbst ein. Ein Coach, der selbst im eigenen Termin-Stress unterzugehen droht, ist kein gutes Vorbild.
Sind Sie eher ein Morgenmuffel, so starten Sie mit den ersten Terminen eben später. Darüber werden sich diejenigen freuen, die länger arbeiten müssen und denen Sie auch noch eine Sitzung um 20 Uhr anbieten können. Sind Sie eine sogenannte Lerche, also schon früh morgens frisch und fit, dann sieht Ihr Angebot umgekehrt aus: Die ersten Klienten kommen vielleicht schon vor der Arbeit. Auf jeden Fall: Bleiben Sie Chef/in Ihrer Zeit.

Kursorganisation

Gerade wenn Sie erst anfangen, stellt sich die Frage, wie man selbstorganisierte Kurse gegen die – preisliche – Konkurrenz der Volkshochschule oder anderer gemeinnütziger Anbieter durchsetzen kann. Das ist eine Überlegung, die man überspitzen kann dahin, dass sich zum Beispiel der Handwerks-Bäcker um die Ecke doch nicht mit dem Brötchen- und Brotangebot beim Aldi oder einem anderen Discounter messen sollte. Natürlich erhält man dort für wenig Geld Backwaren, ebenso deutlich ist der qualitative Unterschied und die Auswahl im Vergleich zum Bäcker. Der wiederum einen anderen Preis dafür verlangen muss als der Aldi (wir bleiben hier mal exemplarisch bei der Nennung des Namens). Dies als Beispiel. Was damit gesagt werden soll: Bitte nicht in Konkurrenz treten mit Anbietern wie einer VHS und anderen. Diese haben einen Bildungsauftrag zu erfüllen, der subventioniert wird. Diese finanzielle Unterstützung fehlt bei selbstständigen KursanbieterInnen.
Gleichzeitig ist auch klar, dass sich nur mit VHS-Kursen keine eigene Existenz aufbauen lässt. Konsequenz? Das eine tun und das andere nicht lassen. Wie das gehen soll? Die Volkshochschulen verbreiten ihr Programmheft oft sehr breit gestreut und in hoher Auflage. Zusätzlich wird in den Tageszeitungen an prominenter Stelle darauf hingewiesen. Bieten Sie bei der VHS Kurse an, so können Sie von dieser Werbung profitieren. Menschen lernen nicht nur die von Ihnen angebotene Technik beziehungsweise Lebenskunst kennen, sie lernen auch Sie als Lehrende kennen! VHS-Kurse sind – leicht überspitzt – sozusagen bezahlte Werbung. Denn dort können Sie relativ vielen Leuten zeigen, dass Sie einen guten Unterricht bieten, brauchen sich um die Organisation der Kurse wenig bis gar nicht zu kümmern und haben bei Überschreiten der Mindestteilnehmerzahl ein garantiertes Honorar, unabhängig von der tatsächlichen Anzahl an TeilnehmerInnen. Soweit – so gut.

Bieten Sie jetzt nun gleichzeitig, womöglich am gleichen Ort, einen selbst organisierten Kurs an, so haben Sie selbst die Kosten für Raummiete, Werbung, Organisation, Ausstellen von Quittungen usw. zu tragen. Das verursacht Kosten und Zeit, die notwendigerweise durch den Kursbeitrag wieder hereinkommen müssen. Fast immer wird auf diesem Wege der VHS-Beitrag wesentlich niedriger sein. Machen Sie sich also nicht über den Preis selbst Konkurrenz! Nutzen Sie doch die Voraussetzungen, die Volkshochschulen und ähnliche Institutionen bieten, um Ihre Lebenskunst – und sich selbst – bekannt zu machen.

Tipp: Bieten Sie zum Beispiel Anfängerkurse nur bei der VHS an und organisieren Sie alle weiterführenden Kurse für Fortgeschrittene oder zu speziellen Themen nur selbst. Bieten Sie diese konsequent in eigenen oder selbst angemieteten Räumen an. Durch den unterschiedlichen Kursinhalt wird der qualitative Unterschied per se deutlich (s. o.: Aldi und der Bäcker), was auch einen Unterschied im Preis erklärt.

Übersicht: Kursangebot vs. fortlaufende Angebote

	Geschlossenes Kursangebot	**fortlaufendes Kursangebot**
Vorteil:	Gut planbar, vorhersehbar, überschaubar, bei kurzen Kursverläufen niedrig-schwelliges Angebot für Neueinsteiger („Schnupperkurse")	gut planbar, bei offenen Stunden freie Gestaltung möglich für Einsteiger und „Gelegenheitskunden" durch Monatsabo, „Streifenkarten", Schnupperstunden, Geschenkabos etc. Auch geschlossene Stundenangebote sind möglich, z.B. für Fortgeschrittene und/oder spezielle Zielgruppen. Ermöglicht langfristige Kundenbindung durch verlässliches Angebot
Nachteil:	Bei anfänglich ungenügender Belegung fällt evtl. der gesamte Kurs aus, evtl. unflexibel für wechselnde Bedürfnisse von Teilnehmenden, Wechsel von Teilnehmenden schwierig bis unmöglich	Teilnehmerzahl je Stunde unwägbar, besonders am Anfang oft riskant bzw. unrentabel. Flexibles Austarieren der Nachfrage und ständige Überprüfung der Auslastung sind deshalb wichtig – Zeitaufwand.
Gut geeignet für:	Nebenberuflich Selbstständige, Lehrende in der Startphase und zum Ausprobieren von speziellen oder neuen Angeboten	Ambitionierte Lehrende, die eine hauptberufliche Existenz aufbauen wollen und solche, die mit anderen zusammen unterschiedliche Angebote offerieren wollen

Anfängerkurse wenden sich an Menschen, die noch nicht genau wissen, was sie wollen oder ob sie diese Übungsweise weiterverfolgen wollen. Fortgeschrittene haben sich entschieden, haben sich sozusagen auf den Weg gemacht und wünschen oftmals jahrelange Begleitung durch entsprechende Angebote. Diese lange laufenden Angebote für Fortgeschrittene sollten Sie in eigener Organisation anbieten. Immer mal wieder weisen Sie auch in Ihren VHS-Kursen darauf hin und geben Ihre Flyer an Interessierte weiter. So können regelmäßig neue TeilnehmerInnen zu Ihren weiterführenden Kursen kommen, die Sie so kontinuierlich ausbauen – zu einem Kurs- oder Schulsystem, das Ihnen Freude macht und Ihren TeilnehmerInnen Hilfe ist auf dem Weg.

Ungewöhnliche Kurskonzepte oder: Wie kommen die Menschen in Ihre Kurse?!

Neben dem oben beschriebenen Weg über die Kurse bei der VHS braucht es natürlich noch weitere Wege, um die eigenen Kurse auf gesunde Füße zu stellen. Manche fragen sich, wie Neugierige oder potentiell Interessierte für einen Kursbesuch zu gewinnen sind. Bereits weiter oben wurde auf die Möglichkeit von Vorträgen hingewiesen. Hier ist die Hemmschwelle zu kommen für Besucher sehr gering. Die anonyme Gruppe, zudem auf Stühlen sitzend, bietet Schutz. Respektieren Sie dies und versuchen Sie, bei Ihrem Vortrag möglichst alle anzusprechen. Bringen Sie viele Beispiele aus Ihrer Erfahrung und lockern Sie den Vortrag auf mit praktischen Übungen, die garantiert jeder mitmachen kann. Lassen Sie die Wirkung Ihrer Methode erspüren, vermitteln Sie ein sinnliches Erlebnis. Sie werden Ihre ZuhörerInnen bewegen … im besten Fall in Ihren nächsten Kurs. Doch niemand möchte eine langfristige Bindung eingehen, wenn noch nicht ganz sicher ist, ob das denn nun das Richtige ist. Senken Sie auch hier die sogenannte Schwelle, die mögliche Interessierte abhalten könnte, sich anzumelden oder überhaupt erst mal in einen Kurs zu kommen.

Möglichkeit 1: Die erste Stunde kostenlos

Die erste Stunde eines Kurses ist frei. Gleichzeitig ist der Besuch dieser Stunde unverbindlich. So können sich Interessierte einen eigenen Eindruck verschaffen, ohne vorab gleich eine Verpflichtung einzugehen. Klare Regelung jedoch auch von Ihrer Seite: Nach dieser ersten Stunde muss sich entschieden werden, ob oder ob nicht, das heisst, ab der zweiten Stunde ist der Kursbeitrag fällig (kann natürlich später bezahlt werden, ist allerdings fällig, muss also beglichen werden).

Möglichkeit 2: Drei für zwei

Dies ist ein bekanntes Angebot aus ganz anderen Bereichen („… beim Kauf von zwei Shirts bekommen Sie ein drittes gratis dazu"), was auch die Schwelle senken kann. Vor allem, wenn das Preisargument angeführt wird („… ich würde ja gern mal kommen, doch ich weiss noch nicht, ob Feldenkrais gut für mich ist und dann ist es zum Ausprobieren auch ein bisschen teuer ..."). Das kann auch eine Ergänzung zur ersten Möglichkeit sein.

Möglichkeit 3: Kurze Kurse
Kurze Kurse können beispielsweise fünf Einheiten als klassische Schnupperangebote oder zu besonderen Zeiten sein – Yoga in den Osterferien, Meditation im Advent, Qigong für Daheimgebliebene in den Sommerferien etc. Kurze Kurse senken die Hemmschwelle, lassen sich leicht einplanen und andere Freizeitaktivitäten können von den TeilnehmerInnen für solch eine überschaubare Zeit auch mal verschoben werden.

Möglichkeit 4: Spezielle Angebote für die Freundin
Um es der Teilnehmerin leichter zu machen, auch die Freundin von Ihrem Angebot zu überzeugen, gibt es einen Bonus für denjenigen, der jemanden mitbringt. Das kann in Form eines Gutscheins sein oder eine Bonusstunde und/oder auch die Freundin bekommt ein spezielles Angebot, wenn sie sich z.B. nach der ersten Kursteilnahme für eine 10er-Karte entscheidet.

Kontinuität fördern

Das ist mehr eine grundsätzliche Überlegung zur Kursgestaltung, die sich hier anschliessen soll. Kennen Sie die Unsicherheit gegen Kursende, wenn sich noch nicht genügend für den nächsten Kurs angemeldet haben? Wie können Sie den TeilnehmerInnen nahe bringen, dass sie sich (früher) anmelden?
Zunächst: Bieten Sie den jetzigen TeilnehmerInnen einen Vorteil. Nach dem Motto: „Ihr seid schon bei mir in einem Kurs, deshalb könnt ihr euch vor allen anderen entscheiden, in welchem Kurs ihr weitermachen wollt. Danach erst wird der Kurs öffentlich ausgeschrieben" Oder: „Wer sich frühzeitig anmeldet, erhält einen Preisbonus". Und: „Wer noch jemanden kennt mit Interesse und diesen mitbringt, erhält einen Nachlass auf die Kursgebühr."

Tipp: Gerade über den Sommer entsteht oft im Kursbereich das sogenannte Sommerloch, da sich doch viele dann eher draussen tummeln für Aktivitäten aller Art. Oder sich zumindest die Option offen halten wollen, um an die Aktivität drinnen gebunden zu sein. Dadurch kann es auch in Ihrer Liquidität schon mal zu einem Sommerloch kommen, da die Kosten wie Miete usw. ja weiterlaufen. Um diesem Problem entgegen zu wirken empfiehlt es sich frühzeitig über ein entsprechendes Angebot Gedanken zu machen. Fangen Sie damit nicht erst im Juni an, eher zu Ostern. Bieten Sie z.B. im Mai an – gültig vom 01. – 31. des Monats und nur für Teilnehmer der letzten 12 Monate (Restriktionen fest definieren) – dass es beim Kauf von zwei 10er-Karten auf einmal einen Nachlass von x-Euro auf beide Karten oder die zweite Karte gibt. So können Sie den Verkauf ankurbeln, um Ihren Cash-Flow stabil zu halten.

Preissteigerungen umsetzen

Immer wieder taucht das Thema der Möglichkeit von Preissteigerungen auf. Nicht selten werden gerade zu Beginn besonders günstige Angebote verkauft, um überhaupt erstmal das Geschäft anzukurbeln oder auch, weil der eigene Kostenapparat unterschätzt wurde. Es kann auch einfach sein, dass es generell gut läuft und sich die Frage daraus stellt, dass man finanziell effizienter sein möchte. Egal was der Hintergrund ist, Preissteigerungen sind in regelmäßigen Abständen notwendig und auch generell nichts Ungewöhnliches. Gehen Sie grundsätzlich davon aus, dass der Kunde Ihnen dafür nicht um den Hals fallen wird, geschweige denn sich dafür bedankt. Eher gehört es ja zum guten Ton, sich irgendwie negativ darüber zu äußern und dies zu monieren. Okay, das steht jedem zu.
Natürlich sollte sich eine Preissteigerung in einem annehmbaren Rahmen bewegen. Lieber häufiger und in kleinen Schritten, z.B. alle zwei bis drei Jahre, statt einmal nach zehn Jahren und dann einen Sprung, der so groß ist, dass Ihnen tatsächlich zu viele Kunden und Teilnehmer abspringen. Den ein oder anderen werden Sie auch bei einer kleinen Steigerung verlieren, egal wie klein sie ist. Dafür werden Sie neue Teilnehmer und Kunden generieren.
Um die bittere Pille für bestehende Teilnehmer im Kursbereich nicht ganz so bitter schmecken zu lassen, bietet es sich an, die Preissteigerung gleichzeitig mit einem besonderen Angebot zu kombinieren. Dies kann ähnlich dem o.g. Tipp geschehen.

Beispiel: Angenommen, Sie planen eine Preissteigerung für 10er-Karten Kursteilnahmen ab Oktober. Im Juni informieren Sie darüber Ihre bestehenden Teilnehmer, noch bevor (!) Sie dies an die sonstige Öffentlichkeit kommunizieren, also auf Ihrer Website usw. Alle aktuellen Teilnehmer haben den großen Vorteil, dass Sie bis dahin, oder bis zu einem von Ihnen festgelegten Datum, 10er-Karten zum alten Preis kaufen können. Wenn Sie dabei anbieten, auch zwei oder drei 10er-Karten zum alten Preis kaufen zu können, haben Sie zwei Fliegen mit einer Klappe geschlagen. Sie bringen Ihren Cash-Flow auf Vordermann und Sie haben mit einer gehörigen Portion Kundenorientierung und ohne maulende Teilnehmer eine Preissteigerung platziert. Seien Sie versichert, spätestens im Januar spricht eh keiner mehr davon.

Dauer der Kurse

Vielleicht ändern Sie grundsätzlich die Länge Ihrer Kurse. Der Inhaber eines Pilatesstudios tat dies irgendwann aus einer Not heraus, beobachtete die Folgen und fand folgendes heraus: Runde Kurszahlen machen quasi satt, also eine gerade Anzahl von Kursen. Vom Gefühl her ist ein Kurs über acht, zehn oder zwölf Abende fertig. Fertig im Sinne von abgeschlossen, erledigt, geschafft, „das brauche ich jetzt erst mal nicht mehr zu machen" usw. Die acht ist vollkommen, die zehn ist die Einheit unseres Zahlensystems und die zwölf ist das volle Dutzend.

Probieren Sie doch mal sozusagen appetitanregende Kurslängen. Bieten Sie Kurse an über fünf, sieben oder neun Abende. Lassen Sie sich überraschen und vergleichen Sie. Weiterer Effekt: Durch kürzere Kurse bieten Sie sogenannten Quereinsteigern eine Chance. Andere kommen vielleicht eher, weil sie ihre Termine nicht so langfristig verplanen können (s. o.).

Kurs im Quartal

Noch ein Kurskonzept, das langsam anlief, sich dann jedoch sehr gut etablierte: Yoga im Quartal. Eine Yogaschule arbeitete aufgrund der TeilnehmerInnenstruktur stets im Kurssystem. Dadurch entstanden allerdings immer wieder kursfreie Zeiten. Das war in der Phase nebenberuflich betriebener Unterrichtstätigkeit recht angenehm.

Mit eigenen Räumen und dadurch bedingt fortlaufenden Ausgaben für Miete usw. ergab sich jedoch die Notwendigkeit zur Auslastung. Bald war die Idee geboren, ein Kursangebot zu entwickeln, das die sonst kursfreie Zeit füllen könnte, um die Räume zu belegen und gleichzeitig vielleicht noch andere interessierte Gruppen ansprechen zu können. So entstand das Angebot: Yoga im Quartal. Eine feste Gruppe erhält (bevorzugt in kursfreier Zeit) drei bis fünf Abende, beispielsweise viermal hintereinander dienstags, Unterricht. Es erwies sich als sinnvoll, diese Einheiten jeweils unter ein Thema zu stellen wie Schultern und Rücken, Atem und Bewegung, Stand etc. Nach dieser Einheit von drei bis fünf Abenden pausierte die Gruppe im Direktunterricht, um zu Hause für sich weiter zu üben. Zwei bis drei Monate später begann die nächste Einheit für drei bis fünf Kursabende. Jetzt wurde zunächst die letzte Einheit wiederholt, vertieft und dann zum nächsten Thema für die nächsten drei Kursabende übergeleitet. Danach folgten wieder zwei bis vier Monate Pause im direkten Unterricht usw. Über das Jahr ergab sich so eine Folge von direktem Unterricht etwa alle drei Monate, also einmal je Quartal. Deshalb der Titel.

Da diese Kursform anfangs völlig neu und auch ungewöhnlich war, kamen die ersten Anmeldungen recht schleppend. Bald zeigte sich ein ganz anderer Aspekt bei den Übenden. Aufgrund der Sicherheit, dass nach den ersten vier Abenden und der folgenden kursfreien Zeit wieder eine Einheit mit Direktunterricht für drei bis fünf Abende folgen würde, war die Motivation, allein daheim weiter zu üben, enorm hoch! Die TeilnehmerInnen meldeten durchgängig zurück, dass sie fast problemlos die gesamte kursfreie Zeit geübt hätten. Schon nach einem halben Jahr fühlten sich fast alle so sicher und wohl im regelmässigen Üben, dass sie angaben, auf das tägliche Üben nicht mehr verzichten zu wollen!

Aufgrund von kontinuierlichen Hinweisen auf dieses etwas andere Angebot und weil es bestimmten Berufsgruppen sehr entgegenkam, bildete sich rasch ein fester Teilnehmerstamm, der bereits im zweiten Jahr ein weiteres Angebot für Yoga im Quartal nötig machte für weitere Interessierte!

▶ **Hinweis:** Für Ihre Kursorganisation lesen Sie bitte auch „Kursliste wird Beleg" auf S. 203. ◀

▶ **Hinweis:** Eine Vorlage Kursliste finden Sie im Downloadberech zu diesem Buch auf unserer Website www.leitfaden-online.de. Die Zugangsdaten dazu auf der Seite 236. ◀

Firmenkurse

Bei dem Punkt Networking Offline (siehe Seite 142) wurde bereits kurz der Punkt erwähnt hinsichtlich von Firmenkursen. Möchten Sie Ihr Kursangebot dort platzieren, fragen Sie hier nach der verantwortlichen Person für den Bereich Human Ressource oder der Person, die für das sogenannte betriebliche Gesundheitsmanagement verantwortlich ist. Je nach dem wie groß das Unternehmen ist, sind das unterschiedliche Personen oder sogar Abteilungen. Bei kleineren Unternehmen kann es sein, dass beides über eine Person oder Abteilung abgewickelt wird.
Einerseits ist das Bewusstsein in den Unternehmen für diese Thematik durchaus gestiegen und es werden zunehmend die unterschiedlichsten Angebote für die Mitarbeiter aufgestellt, andererseits kann es je nach Firmenphilosophie auch sein, dass man nicht auf Sie gewartet hat. Seien Sie auf alles gefasst.
Bereiten Sie sich auf ein solches Telefonat oder Gespräch vor, indem Sie parat haben, welche Vorteile die Firma und deren Mitarbeiter von Ihrer Dienstleistung haben. Man wird Ihnen natürlich auch die Frage stellen, was Ihre Dienstleistung kostet. Das charmante bei Firmenkursen ist, dass es dem Unternehmen gleich ist, ob Sie Kleinunternehmer sind oder nicht, sprich; ob Sie Umsatzsteuer abführen oder nicht. Anders als für Ihren Teilnehmer als Endkunden, ist für die Firma immer nur der Nettopreis interessant (siehe dazu auch das Thema Umsatzsteuer auf Seite 50) und es macht keinen Unterschied, auch wenn sich für Sie persönlich mit steigendem Umsatz mal die Situation ändert und Sie auf einmal Mehrwertsteuer aufschlagen müssen.
Weiterhin haben Firmenkurse den Vorteil, dass Sie i.d.R. nicht die Teilnehmer organisieren brauchen und den Kurs in Rechnung stellen, unabhängig davon, wie viele Teilnehmer es waren. Darüber hinaus, sind sie meist preislich für Sie attraktiver, als z.B. in einem Fitnessstudio zu unterrichten. Durchaus üblich ist es auch zusätzliche Fahrtkosten zu berechnen. Dass Sie dazu die üblichen Euro 0,30 je gefahrenen Kilometer ansetzen, ist für das Unternehmen wahrscheinlich völlig normal. Aus den Beratungsbereichen ist bekannt auch durchaus höhere Preise je km anzusetzen, da auch die Zeit dafür mit vergütet wird.
Zu klären ist auf jeden Fall, ob die Firma dafür einen eigenen Raum zur Verfügung stellt und wie dieser ausgestattet ist, sprich; Sind Matten u.ä. vorhanden und gibt es ein Gerät um Musik abzuspielen, wenn Sie das brauchen.

Präventions-Kurse für Mitglieder gesetzlicher Krankenkassen

Wenn Sie Kurse anbieten möchten, die der gesundheitlichen Prävention dienen und entsprechend von Krankenkassen bezuschusst oder gar ganz übernommen werden, ist Voraussetzung, dass der Kurs durch die ZPP Zentrale Prüfstelle Prävention zertifiziert ist. Die Kooperationsgemeinschaft, der die meisten Krankenkassen in Deutschland angehören, prüft und zertifiziert Ihre Präventionsangebote nach § 20 Abs. 4 Nr. 1 SGB V und bedient sich dabei der ZPP.

▶ **Hinweis:** Die Registrierung und das Hochladen aller für die Zertifizierung notwendigen Unterlagen erfolgt direkt auf der Website der ZPP www.zentrale-pruefstelle-praevention.de/. ◀

Die Unterlagen für die Beantragung müssen eine detaillierte Kursbeschreibung/Kurskonzept enthalten. Jede Kurseinheit muss genau beschrieben werden mit den jeweiligen Zielen und Inhalten sowie eine Beschreibung des Aufbaus der einzelnen Kursstunden in Minutenangaben. Zusätzlich zu den Stundenverlaufsplänen müssen kurze Hand-outs für die Kursteilnehmer (Teilnehmerunterlagen) online eingereicht werden, mit denen die Teilnehmer auch zu Hause üben können. Diese können z.B. 1 DIN A4 Seite inkl. Bildern pro Kurseinheit umfassen und eine oder zwei Übungen beschreiben.
Dieses Prüfsiegel wird von der ZPP in den vier Handlungsfeldern Bewegung, Ernährung, Stressbewältigung/Entspannung und Suchtmittelkonsum vergeben. Die Kooperationsgemeinschaft prüft und zertifiziert Ihren Kurs kostenfrei und innerhalb von 10 Arbeitstagen.
Ausgenommen von dem Prüfangebot sind Leistungen der betrieblichen Gesundheitsförderung und der Lebenswelten (Settings), wie Kindergärten und Schulen. Darum kümmern sich die einzelnen Krankenkassen und ihre Verbände. Sollten Sie bei der Akquisition eines Firmenkurses darauf angesprochen werden, ist es sicher vorteilhaft, bereits bei der ZPP registriert zu sein und ein zertifiziertes Kursprogramm zu haben, doch sind Präventionskurse an den Anbieter gebunden und sind nicht auf einen anderen Anbieter übertragbar. D.h. wenn Sie auf Honorarbasis für ein Studio tätig sind, muss das Studio die Zertifizierung des Kurses beantragen und bei einem betrieblichen Gesundheitsprogramm kümmert sich die Firma darum braucht jedoch sicherlich die Zuarbeit von Ihnen als durchführende Person. Für die unterschiedlichen Handlungsfelder und Kursangebote gibt es unterschiedliche notwendige Voraussetzungen. Nach den Vorgaben des Leitfaden Prävention ist z.B. für Kursangebote im Bereich der fernöstlichen Verfahren (Yoga, Taiji, QiGong, etc.) ein staatlich anerkannter Abschluss in einem Gesundheits- oder Sozialberuf notwendig. Bei Vorliegen eines staatlich anerkannten Abschlusses außerhalb eines Gesundheits- oder Sozialberufs kann eine Prüfung in Verbindung mit einem Nachweis der Kursleitererfahrung von mindestens 200 Zeitstunden

beantragt werden. Die Ausbildung muss über einen Zeitraum von mindestens 2 Jahren absolviert worden sein und muss mindestens 500 Stunden umfassen (Zertifikat über mind. 500h von einem Ausbildungsinstitut).
Folgende Unterlagen sind hierfür notwendig:
- Ihre Berufsurkunde oder Abschlussurkunde des Studiums
- Das unterschriebene Dokument der „Selbsterklärung Kursleitererfahrung"
- Das ausgefüllte Dokument „Vorlage tabellarische Darstellung Kursleitererfahrung".

Bitte beachten Sie, dass nur die Kursleitererfahrung anerkannt werden kann, die nach Abschluss der leitfadenkonformen Zusatzqualifikation absolviert wurde. Die Zertifizierung Ihrer Präventionskurse gilt in der Regel 3 Jahre, nach Ablauf der Zertifizierung kann eine Verlängerung für weitere 3 Jahre, ebenfalls kostenfrei, beantragt werden.
Die Meinungen zu der Notwendigkeit von zertifizierten Kursen gehen auseinander. Zwar ist es einerseits ein Tool, um neue Mitglieder zu generieren, Marketing zu betreiben und weiter bekannt zu werden. Doch nicht selten nutzen die Teilnehmer genau den Umfang der bezuschussten Kurseinheiten und hören danach wieder auf. Dem gegenüber steht ein recht hoher administrativer Aufwand, gerade bei der ersten Beantragung. Wägen Sie ab und entscheiden Sie selbst.

Kursverwaltung Online

In der Welt der Studios – gleich, ob es um Tanzen, Fitness, Reha, Yoga, Pilates oder ähnliches geht – halten zunehmend Online-Tools für die Verwaltung der Kurse sowie der Workshops Einzug. Eine bequeme und durchaus auch bezahlbare Lösung für die Verwaltung der Teilnehmer, sobald Sie ein gewisses Aufkommen an Teilnehmern haben. Zwar ist es sicher am Anfang Aufwand, bis mal alles eingerichtet ist, doch mittel- und langfristig eine zeitsparende Erleichterung.

▶ **Hinweis:** Beispiele finden Sie auf www.manager.eversports.com/ und auf https://de.mindbodyonline.com/ und auf der Seite www.studiobookings.com (unten auf dieser Seite eventuell die Sprache ändern). ◀

Yoga-Ferien, QiGong-Urlaub und ähnliches

Zusammenarbeit mit einem Reiseveranstalter
Um den Vorgaben aus dem Weg zu gehen, die mit der Organisation und Abwicklung einer Reise-Organisation auf eigene Faust einher gehen, bietet es sich an, mit einem professionellen Reiseveranstalter zusammen zu arbeiten.

Wie läuft das und was macht den Unterschied? Der Reiseveranstalter kauft praktisch Sie und Ihre Dienstleistung auf Honorarbasis ein. Dieses Honorar wird neben den Kosten für Anreise, Unterkunft, Verpflegung und eventueller Miete für den Kursraum auf die Teilnehmer umgelegt. Dazu kalkuliert der Reiseveranstalter alle notwendigen Versicherungen, die in der Grundsätzlichkeit diesem vorliegen. Daraus entsteht der Verkaufspreis für den Teilnehmer. Auf den letztendlichen Ausschreibungspreis haben Sie natürlich insofern Einfluss, als das die Frage ist, wie hoch Sie Ihr Honorar ansetzen. Am Ende ist dann die Frage, ob Ihr Teilnehmer auch bereit ist, den Ausschreibungspreis zu bezahlen.

Der Reiseveranstalter übernimmt das ganze Anmelde- und Bestätigungswesen, achtet auf Stornofristen bei der ausgewählten Location, übernimmt die organisatorische Abstimmung zwischen allen Beteiligten und kümmert sich auch um das Inkasso, sprich darum, dass alle angemeldeten Teilnehmer auch rechtzeitig zahlen. Wieso macht der das? Es entsteht eine sogenannte win-win-Situation. Der Reiseveranstalter nimmt Ihnen die ganze Arbeit drumherum ab, dafür bringen Sie vermeintlich interessierte Teilnehmer bereits mit, die der Reiseveranstalter nicht mehr akquirieren braucht.

Schauen Sie sich im Internet um nach Veranstaltern für Yogareisen. Die meisten haben solche Angebote für Community-Reisen bzw. suchen Kursleiter und Lehrer mit entsprechenden Kursformaten, die sich dafür anbieten, wie Yoga, Taiji, QiGong, Feldenkrais, usw. Darüber hinaus haben Sie damit direkt die Online-Werbung und die entsprechende Online-Buchbarkeit für Ihr Retreat gelöst.

▶ **Hinweis:** Beispiele dafür sind www.yogatravel-friends.de/, www.indigourlaub.com/, https://yogadelight.de/ . Auch, wenn der Name der Website den Fokus auf Yoga vermuten lässt, so werden doch auch vielseitig andere Reisethemen jeweils angeboten. ◀

Workshops

Eine weitere Einnahmequelle bieten Workshops. Gerade, wenn Sie schon eine Weile am Ort tätig sind und eine gewisse Anzahl Stammteilnehmer haben. Oft bieten sich eine Reihe von Themen an, die es besonders Interessierten ermöglicht, tiefer in eine bestimmte Thematik einzutauchen. Fangen Sie ruhig erst mal klein an und tasten sich vor. Beobachten Sie, wie Reaktionen und Resonanzen sind. Doch probieren Sie unterschiedliche Konstellationen aus hinsichtlich Wochentag, Uhrzeit und Dauer. Zur Organisation eines Workshops gibt es unterschiedliche Möglichkeiten an Konstellationen.

Eigener Workshop in fremden Räumlichkeiten

Sollten Sie einen Raum erst anmieten für einen Workshop, achten Sie bei der Kalkulation wieder darauf, dass Sie die Gebühr für den Raum auf die Teilnehmer über den Workshopbeitrag umlegen. Die Höhe der Umlage resultiert natürlich u.a. auch daraus, wie viele Teilnehmer überhaupt im gemieteten Raum Platz haben und wo Sie die Grenze ansetzen für die Mindestteilnehmerzahl, damit der Workshop auch stattfindet. Jeder, der mehr kommt: wunderbar, doch rechnen Sie lieber so, dass Sie den Workshop auch bei geringer Teilnehmerzahl gut umsetzen können. Gerade am Anfang ist es unglücklich, wenn für einen Workshop akquiriert wird, sich einige Teilnehmer melden und dieser dann wieder abgesagt wird, weil es sich doch nicht rechnet. Das macht die Akquisition für Folgeworkshops umso schwieriger, da aus dieser Erfahrung für die Teilnehmer und damit letztendlich für Sie etwas entsteht, was wir auch als sogenanntes Chicken-Egg-Problem kennen. Sprich: was ist zuerst da? Das Huhn oder das Ei – der Workshop oder der Teilnehmer? Die Anmeldung der Teilnehmer oder die Gewissheit, dass der Workshop stattfindet und erst dann meldet sich der Teilnehmer an. Damit drehen Sie sich im Kreis.

Eigener Workshop in eigenen Räumlichkeiten
In den eigenen Räumlichkeiten kalkuliert sich ein solcher Workshop natürlich wesentlich leichter, da es zwar unmittelbare Ausgaben gibt bezüglich der Werbung, ansonsten sich die unmittelbar zuzuordnenden Kosten auf die eigene Arbeitskraft beschränken. Alles andere ist ja sozusagen eh da.

Fremdreferent in den eigenen Räumen
Dies hat den Charme, dass Sie sich die Arbeit ersparen, das Konzept zu erstellen – was sicher an Aufwand nicht zu unterschätzen ist. Allerdings ist bei der Kalkulation natürlich das Honorar der/des Workshopleitenden zu beachten.
Auch dabei gibt es unterschiedliche Konstellationen. Schlicht und ergreifend ist hierzu eine Honorarvereinbarung zu erstellen. Beachten Sie, dass Reisekosten und Spesen für den Referenten dazu kommen. Häufig gibt es auch Vereinbarungen, sich die Einnahmen zu teilen. So ist das Risiko auf mehrere Schultern verteilt.

Beispiel: Helga hat Sven engagiert, um einen Ernährungsworkshop zu leiten. Für den Workshop veranschlagen sie 80 Euro als Teilnehmerbeitrag. Von jedem Teilnehmer gehen 70 Prozent an Sven und 30 Prozent an Helga. Sven hat davon seinen eigenen Arbeitsaufwand zu decken, hinsichtlich der Konzeption, inhaltliche Vorbereitung und der Workshopdurchführung. Von den 30 Prozent hat Helga eine anteilige Einnahme zur Raummiete und trägt die Kosten für die Werbung, wie Flyer, etc. und führt das Anmeldewesen und Inkasso durch, also stellt die Rechnung aus und verwaltet die Zahlungseingänge. Eventuell trägt sie davon auch die Reisekosten und Spesen für Sven. Sollten sich also nun 25 Teilnehmer anmelden, bekommt Sven ein Honorar von 1.400 Euro und Helga bekommt 600 Euro. Bei 10 Teilnehmern bekommt Sven 560,00 Euro und Helga 240 Euro. Achtung: Wenn Helga keine Kleinunternehmerin ist, muss der Teilnehmerbeitrag brutto sein, da er für Endkunden ausgeschrieben wird. Bei 80 Euro bleiben für die Aufteilung noch 67,22 je Teilnehmer. Darüber sollte vorher Klarheit herrschen.

Manchmal eignen sich solche Workshops auch einfach gut, um sich als Anbieter interessant zu machen, ins Gespräch zu bringen, vielleicht für eine Pressemeldung zu nutzen – schlicht für das Eigenmarketing. Daher kann es durchaus reichen, wenn es am Ende des Tages zumindest ein +/- 0-Ergebnis gibt. Sehen Sie es so: Das Marketing wurde bezahlt.

Auf Honorarbasis einen Workshop woanders durchführen
Wenn Sie ein spannendes Thema referieren können und über gute Präsentations- und Vermittlungsfähigkeiten verfügen, ist es natürlich auch interessant, als ReferentIn für einen Workshop in ein anderes Studio zu gehen. Das Prinzip dreht sich dann ja nur um, wie im Absatz vorher beschrieben.

Was zu beachten ist, wenn Sie als Deutsche im Ausland tätig sind oder einen ausländischen Referenten nach Deutschland holen, lesen Sie in Kapitel 4 den Absatz: Als Deutsche im Ausland und als Ausländer in Deutschland ab Seite 197..

Hilfe, ich mache Gewinn?!
Einnahmen und Ausgaben, Möglichkeiten, Vorschriften und Gesetze

Eigentlich ist es ja das, was wir (auch) wollen, nämlich mit unserer Idee Geld verdienen. Nur: Hilfe, was muss man dann tun?! Einfach Weiterlesen. Denn in diesem Kapitel geht es darum, was Sie mit Ihren Einnahmen und auch Ihren Ausgaben machen müssen. Wie Sie auf der Folgeseite in der Übersicht sehen, erfahren Sie alles Wichtige und Wissenswerte in diesem Kapitel.

Im ersten Teil geht es darum, wie Sie Ihren tatsächlich gemachten Gewinn aus selbstständiger Tätigkeit ermitteln können. Dazu wird die Einnahmen-Überschuss-Rechnung vorgestellt. Keine Sorge, Sie finden hier auch praktische Anleitungen, um wirklich leicht mit allen Belegen und Abrechnungen klar zu kommen: Buchführung, ganz einfach.

Es folgt eine Erläuterung zu Ihren möglichen Betriebsausgaben und was Sie beachten müssen (oder sollten), damit Ihre Ausgaben auch vom Finanzamt anerkannt werden. Die Besonderheiten bei teuren bzw. grossen Anschaffungen finden Sie unter: Grosseinkäufe für das Geschäft. Manches ist zusätzlich zu bedenken, wenn Sie Kollegen im Inland oder solche aus dem Ausland hier in Deutschland engagieren bzw. Sie selbst im Ausland aktiv werden: als „Gast-Arbeiter".

Im Teil „Kein Stress mit dem Finanzamt" geht es um Vorschriften zur Rechnungsstellung, Aufbewahrungsfristen, Kontroll-Mitteilungen, Liebhaberei und wann möglicherweise ein Betriebsprüfer bei Ihnen klingelt.

Zum Schluss finden Sie Informationen zu privaten Handwerker-Rechnungen, Kinderbetreuung und Umzug. Nun mal los.

Man soll alles so einfach wie möglich machen. Nur nicht einfacher.

Albert Einstein

Kapitel 4 im Überblick:

① Gewinnermittlung
E – A = G
Einnahmen – Ausgaben = Gewinn
Seite 161

② Buchführung, ganz einfach
Seite 162 bis 168

③ Betriebsausgaben
Alle Ausgaben, die Sie geltend machen können
Seite 168 bis 191

④ Grosseinkäufe für's Geschäft
GwG und AfA
Seite 191 bis 196

⑤ „Gast-Arbeiter"
Als Deutsche/r im Ausland, als Ausländer in Deutschland
Seite 197 bis 199

⑥ Rechnungslegung
Quittung, Rechnung und Belege
Seite 197 bis 204

⑦ Kein Stress mit dem Finanzamt
Seite 204 bis 210

⑧ Private Tipps
Handwerkerrechnungen, Kinderbetreuung, Umzug
Seite 210 bis 211

KAPITEL 4   *Hilfe, ich mache Gewinn?!*

Es wurde schon darauf hingewiesen, dass die Einnahmen, die Sie durch Beratung oder Unterricht erzielen, noch kein Verdienst sind, Sie diese also noch nicht frei für private Dinge bzw. nach eigenem Gutdünken ausgeben können. Gerade am Anfang arbeitet man voreilig mit einer Kassenführung nach Kontostand und Bargeldmenge. Damit wird jedoch der wichtigste Teilhaber an unseren geschäftlichen Aktivitäten noch nicht eingeplant: Das Finanzamt. So ist die Formel „Einnahmen minus Ausgaben gleich Gewinn" auch nur bedingt richtig. Die Fachleute sprechen hier vom „Gewinn vor Steuern".

Auf alle Einnahmen ihrer Bürgerinnen und Bürger hat nämlich die Bundesrepublik Deutschland, gemeinhin kurz „der Staat" genannt, anteilig einen gesetzlichen Anspruch, den wir unter dem Begriff Steuer kennen. Dass wir uns nicht falsch verstehen: Das zugrundeliegende Prinzip ist ja in Ordnung (auch wenn andere Systeme denkbar sind), dass nämlich alle im Rahmen ihrer Möglichkeiten in einen grossen gemeinsamen Topf einzahlen und davon die Ausgaben und Investitionen getätigt werden, die die Verantwortlichen für nötig erachten. Gut ausgebaute Strassen und Gleise wollen wir alle haben und sind im Notfall froh über Rettungsdienste und Krankenhäuser, eine funktionierende Justiz und gut ausgestattete Bildungseinrichtungen. Trotzdem möchte ich im Folgenden nicht nur zeigen, was zu tun ist, damit der Staat an seine Steuer kommt, sondern auch, was möglich ist, damit wir nicht zu viel zahlen.

> Wer die Pflicht hat, Steuern zu zahlen, hat auch das Recht, Steuern zu sparen. (Helmut Schmidt, während seiner Amtszeit als Bundeskanzler)

Allerdings: Spare nie, nur um gut gespart zu haben!

Hinweis und Tipp
Halten Sie Ihren Erfolg nicht künstlich auf, indem Sie danach trachten, Freigrenzen nicht zu überschreiten. Vor lauter Aufpassen und Kleinrechnen kommen Sie zu nichts. Wenn es gut für Sie läuft, dann kalkulieren Sie Ihre Steuerzahlungen ebenso ein wie alle anderen Ausgaben auch. Das erhöht zwar nicht den Spass an der Zahlung, doch verbessert mit Sicherheit Ihre strategische Finanzplanung und sichert Ihr Vorwärtskommen.

Gewinnermittlung

Zunächst also die Überlegung, wie wir den eigentlichen Gewinn für das Finanzamt (und für uns) korrekt ermitteln. Dazu erst mal ein bisschen finanzamtliches Behördendeutsch.
Der Gesetzgeber verlangt für sogenannte Gewinneinkünfte, das heisst, auch für Einnahmen aus selbstständiger Tätigkeit, eine Gewinnermittlung gemäss Paragraph 4 Abs. 3 des Einkommensteuergesetzes (EStG): „Steuerpflichtige, die nicht auf Grund gesetzlicher Vorschriften verpflichtet sind, Bücher zu führen und regelmässig Abschlüsse zu machen und die auch keine Bücher führen und keine Abschlüsse machen, können als Gewinn den Überschuss der Betriebseinnahmen über die Betriebsausgaben ansetzen."
So, einmal tief durchatmen und – Entspannung. Sie müssen keine Bücher führen und auch keine buchhalterischen Abschlüsse machen. Trotzdem muss der Gewinn ermittelt werden – und dafür braucht man doch wiederum ein bisschen Buchhaltung, allerdings nur ein bisschen. Wieviel genau und wie es leicht geht, erfahren Sie in diesem Kapitel ab Seite 162.

Was sind Betriebseinnahmen?

Das sind alle Einnahmen, die Sie durch Ihre selbstständige Tätigkeit erzielen. Gegebenenfalls müssen bei Umsatzsteuerpflicht die Einnahmen getrennt erfasst werden nach den unterschiedlichen Steuersätzen von sieben beziehungsweise neunzehn Prozent.
Umsatzsteuerpflichtig werden alle Selbstständigen, wenn der Umsatz, also die Summe aller Einnahmen, in einem Jahr über 17.500 Euro liegt. (Mehr zur Umsatzsteuer in Kapitel 1 ab Seite 50).
Begrifflich gehören zu den Betriebseinnahmen alle Einnahmen in Geld- oder Sachwerten (!), die im betrieblichen Rahmen zufliessen. Das sind zum einen Kursentgelte, Honorare für Unterricht, Therapie oder Beratung und so weiter. Des Weiteren zählen Veräusserungen, wie beispielsweise der Verkauf von Anlagevermögen (der alte PC oder Bürostuhl ...) zu den Einnahmen.
Wer umsatzsteuerpflichtig ist, muss auch die Umsatzsteuer als Einnahme verbuchen, denn die Umsatzsteuer ist kein durchlaufender Posten! Diese scheinbare Ungerechtigkeit gleicht sich dadurch aus, dass Umsatzsteuerzahlungen an das Finanzamt wiederum als Betriebsausgaben verbucht werden dürfen.

Was sind Betriebsausgaben?

Kurz gesagt: Alle Ausgaben, die Ihnen im Zusammenhang mit Ihrer selbstständigen Tätigkeit entstehen. Und das meint tatsächlich: alle! Mehr zu einzelnen Betriebsausgaben finden Sie in diesem Kapitel ab Seite 168.

KAPITEL 4   *Hilfe, ich mache Gewinn?!*

Wie ermittelt man nun den Gewinn?

Das Gesetz sagt (s.o. Einkommenssteuergesetz, § 4,3), der Gewinn ergibt sich aus dem Überschuss der Einnahmen über die Ausgaben. Weiter heisst es: Mindestens am Schluss des Kalenderjahres müssen die Betriebseinnahmen und die Betriebsausgaben jeweils zusammengerechnet werden. So müssen also zunächst die Summen für alle Einnahmen und alle Ausgaben addiert werden.

Beispiel: Inga hat im letzten Jahr insgesamt 3.800 Euro eingenommen durch Honorare für Unterricht. Für Fahrten, Bücher, Fortbildungen usw. hat sie über das Jahr insgesamt 2.300 Euro ausgegeben.
Einnahmen minus Ausgaben = Gewinn - sieht in Ingas Fall dann so aus
3.800 Euro - 2.300 Euro = 1.500 Euro
Inga hat also im Sinne des Gesetzes 1.500 Euro Gewinn gemacht im letzten Jahr.
Nun weiss es Inga, das Finanzamt noch nicht. Deshalb müssen auch gewerblich oder freiberuflich selbstständig Tätige, also alle KursleiterInnen, BeraterInnen und alle anderen lehrend, erziehend oder heilend Tätigen ihre Betriebsausgaben und alle Betriebseinnahmen so aufzeichnen, dass ein sachverständiger Dritter sie leicht und einwandfrei prüfen kann.
Alle Einnahmen und Ausgaben müssen dazu einzeln, fortlaufend und unter Angabe des Datums sowie des Verwendungszweckes aufgezeichnet werden. Eine zusammenfassende Buchung, zum Beispiel aller Ausgaben eines Tages, ist nämlich nicht zulässig. Dabei genügt jedoch die belegmässige Erfassung und (einfache) Aufzeichnung der Betriebseinnahmen und der Betriebsausgaben. Die Vorgaben des Gesetzgebers klingen vielleicht nach grossem Aufwand? Wir dürfen es uns dennoch leicht machen.

Buchführung – ganz einfach

Für unsere Tätigkeiten schreibt das Finanzamt lediglich vor, dass unsere Belege und Aufstellungen von Einnahmen und Ausgaben nachvollziehbar sein müssen. Mehr nicht! Damit leuchtet ein, dass der Schuhkarton voller Rechnungen und Quittungen dieser Vorgabe (und der Vorgabe: einzeln, fortlaufend und unter Angabe des Datums sowie des Verwendungszweckes) nicht genügt. Ob Sie jedoch alle Belege in eine Kladde einkleben oder in einem Aktenordner verwahren, bleibt Ihnen überlassen.
Es sollte vor allem praktisch und einfach sein – für Sie. Suchen Sie sich die für Sie passende Form aus und – sorgen Sie (mindestens einmal monatlich) dafür, dass Sie alle Einnahmen und Ausgaben in die Ordnung Ihres Systems bringen. Je grösser der zeitliche Abstand zu einzelnen Belegen, um so aufwändiger wird nämlich das Bearbeiten. Mit etwas Disziplin halten Sie leicht Ordnung und das

ist gerade bei Tätigkeiten, die unangenehm erscheinen, der Schlüssel zum Erfolg – und zur Leichtigkeit.
Es folgen zwei erprobte Möglichkeiten für eine einfache und doch effektive Buchführung. Insbesondere für den Start in eine selbstständige Tätigkeit und/oder wenn nur wenige Buchungen (Einnahmen und Ausgaben) im Monat anfallen, empfiehlt sich die Buchführung mit Kassenbuch. Haben Sie mehr Belege, insbesondere auch viele unterschiedlicher Art, so empfiehlt sich die Buchführung mit einem Journal, z.B. über ein Tabellenkalkulationsprogramm auf Ihrem Computer. Buchhaltungssoftware gibt es zwar jede Menge am Markt, doch schauen Sie sich dazu unbedingt die Demo-Versionen an und prüfen Sie für sich, ob Sie damit zurechtkommen. Manche sind nur leicht in der Anwendung, wenn man über gewisse Grundkenntnisse der Buchhaltung verfügt. Wägen Sie Ihren Einsatz ab und überlegen Sie sich, für was Sie wirklich Zeit verwenden wollen: Für die Belege oder für Ihre eigentliche Tätigkeit?

Kassen-Nachschau

Seit dem 1. Januar 2018 gibt es die sogenannte Kassen-Nachschau, die in § 146b AO geregelt ist. Ohne Voranmeldung können die Finanzämter einzelne Betriebe prüfen. Es geht darum, ob die in einem Kassensystem erfassten Daten den gesetzlichen Vorschriften hinsichtlich der Form entsprechen.
Der Prüfer kann die gespeicherten Daten und die Programmierung einsehen oder auch Daten für eine spätere Kontrolle auf einem Datenträger mitnehmen. Auch bei Unternehmen ohne Kassensystem ist die Kassen-Nachschau möglich. Die Prüfung beschränkt sich dann allerdings auf eine Zählung des in der Kasse befindlichen Bargeldes und der Barbelege sowie die Tageskassenberichte der Vortage. Deshalb:

Buchführung mit Kassenbuch

Besorgen Sie sich im Schreibwaren- oder Büro-Handel ein Kassenbuch. Das hat das Format A4 und ist bereits mit entsprechenden Spalten und Beschriftungen versehen. Ein Muster sehen Sie nachfolgend:

Kassenabrechnung

vom _____ bis _____ Seite _____

Datum	Beleg Nr.	Vorgang	Einnahme brutto	Einnahme MwSt.	Einnahme netto	Ausgaben brutto	Ausgaben Vorsteuer	Ausgaben netto
		Übertrag/Kassenbestand des Vortages						
12.5.	2	Briefmarken				10,-		
12.5.	3	Fachbücher				24,80		
	4							

Beispiel: Sie kaufen am 12.05. Briefmarken für 10 Euro in der Poststelle und in der Buchhandlung daneben Fachbücher für 24,80 Euro. In der Datumspalte tragen Sie den 12.05. ein, die Quittungen der Post bzw. der Buchhandlung versehen Sie mit der Zeilen-Nr. Ihres Kassenblattes und auf dem Kassenblatt in der entsprechenden Zeile vermerken Sie den Vorgang: Briefmarken bzw. Fachbücher. Beides sind natürlich betriebliche Ausgaben, also stehen die Beträge in der Spalte Ausgaben. Eine Einnahme für ein Beratungsgespräch oder ein Kurshonorar verbuchen Sie entsprechend. Haben Sie keine Rechnung oder Quittung ausgestellt für Ihre Teilnehmerin, so tragen Sie auf dem Kassenblatt auch keine Beleg-Nr. ein. Der Eintrag auf dem Kassenblatt ist nun der Beleg für diese Einnahme. In der Spalte Einnahmen vermerken Sie die Höhe des erhaltenen Betrages. Fertig.

Auch Einnahmen oder Ausgaben, die gelegentlich über Ihr privates Girokonto gelaufen sind, können Sie in gleicher Weise auf dem Kassenblatt erfassen. Der Beleg ist dann bei einer Einnahme entweder die von Ihnen ausgestellte Rechnung oder der Konto-Auszug. Bei Ausgaben genügt die auf Ihren Namen ausgestellte Rechnung des Lieferanten.

Am Ende eines Monats addieren Sie die Einnahmen auf Ihrem Kassenblatt und Sie erhalten Ihren erzielten Umsatz für diesen Monat. Da das Finanzamt Kategorien für die Betriebsausgaben vorgibt, müssen Sie diese entsprechend zuordnen.

Am Ende eines Jahres addieren Sie alle Einnahmen aus den Kassenblättern der einzelnen Monate und erhalten so Ihren Jahres-Brutto-Umsatz. So viel ist bei Ihnen reingekommen. Die Ausgaben des Jahres addieren Sie nun entsprechend der finanzamtlich vorgegebenen Kategorien ebenfalls aus allen Kassenblättern und somit erstellen Sie Ihre Jahres-Einnahmen-Überschuss-Rechnung.

Als aufmerksamer Leser haben Sie schon bemerkt, dass das nur wirklich leicht geht, wenn nicht allzu viele Belege zusammengekommen sind. Je mehr Belege bzw. Vorgänge (also Einnahmen unterschiedlicher Art und alle möglichen Ausgaben) im Laufe eines Jahres zusammenkommen, umso eher empfiehlt sich die andere Möglichkeit der Buchführung, nämlich mit einem Journal.

Buchführung mit Journal

Die Betriebsausgaben (und Einnahmen) können zur Aufzeichnung durch die Einrichtung mehrerer Spalten in einem sogenannten Amerikanischen Journal so aufgeteilt werden, dass die hauptsächlich vorkommenden Ausgaben in je einer Spalte erfasst werden. Diese Form können Sie leicht mit jedem gängigen Tabellenkalkulationsprogramm einrichten (lassen). Nachfolgend ein Beispiel für sogenanntes Journal für einige häufig vorkommende Ausgaben:

Datum	Porto	Fachbücher	Werbeausgaben	Blumen etc.	Büromaterial
12.5.	10,-	24,80			
13.5.					12,-
17.5.	7,-		89,-	5,50	28,75

Legen Sie Ihr Journal in einem Tabellenkalkulationsprogramm an, so können Sie durch die Additionsfunktion leicht die Gesamtsummen der jeweiligen Ausgabenposten bilden und sie miteinander verknüpfen. Wenn Sie keinen Computer zur Verfügung haben: Amerikanische Journale können Sie sich auch selbst herstellen, indem Sie grosse Papierbögen (z.B. Format A3) quer nehmen und dem obigen Beispiel entsprechend mit Spalten und Zeilen versehen. Im Schreibwarenhandel gibt es auch kariertes Papier in A3. Die im Fachhandel als gebundene Kladde erhältlichen Amerikanischen Journale sind ziemlich teuer (z.B. 20 Blätter gebunden ca. 50 Euro), wenngleich das natürlich eine Betriebsausgabe darstellt (Rubrik: Büromaterial).

Durch die Erfassung der Betriebseinnahmen und Betriebsausgaben bei Zufluss und Abfluss besteht somit eine einfache Möglichkeit, die Höhe des Gewinnes zu steuern.

Zufluss-Abfluss-Prinzip

Als Grundlage für die Einnahmen-Überschuss-Rechnung (EÜR) dienen die o.g. Aufzeichnungen, in denen alle Einnahmen und Ausgaben eines Jahres erfasst werden.

Nach dem sogenannten Zufluss-Abfluss-Prinzip, auf dem die EÜR basiert, sind die Betriebseinnahmen in dem Jahr anzusetzen, in dem sie eingegangen sind. Die Betriebsausgaben sind für das Jahr anzusetzen, in dem sie geleistet worden sind. Relevant ist also das Zahlungsdatum, nicht das Rechnungsdatum.

Beispiel 1: Sie kaufen sich im November 2018 ein Fachbuch. Dieses bezahlen Sie auch im November. Folge: Die Zahlung stellt eine Betriebsausgabe im Jahr 2018 dar.

Beispiel 2: Sie bestellen im Dezember 2018 Tassen und Tee für Ihr Beratungsbüro. Diese bezahlen Sie jedoch erst im Januar 2019. Folge: Die Zahlung stellt eine Betriebsausgabe im Jahr 2019 dar.

Beispiel 3: Sie erbringen im Februar 2019 eine Leistung, die der Kunde jedoch schon Ende November 2018 bezahlt hat. Folge: Die Zahlung stellt eine Betriebseinnahme in 2018 dar.

Eine Ausnahme für das Zufluss-Abfluss-Prinzip ist die 10-Tage-Regel, die zum Jahreswechsel relevant wird. Entsprechend des § 11 des Einkommensteuergesetzes (EstG) gilt bei regelmäßig wiederkehrenden Einnahmen bzw. Ausgaben (wie z.B. Pacht, Zinsen, Miete) für die EÜR das Jahr der wirtschaftlichen Zugehörigkeit und nicht das Jahr der Zahlung, wenn die Zahlung innerhalb von 10 Tagen vor oder nach Jahreswechsel erhalten bzw. geleistet wurde.

Beispiel: Sie zahlen die Praxismiete für Januar 2019 schon am 29.12.2018. Folgt man dem Zufluss-Abfluss-Prinzip, würde die Betriebsausgabe dem Jahr 2018 zugerechnet werden. Jedoch greift hier die 10-Tage-Regel, da der Zweck der Zahlung in 2019 liegt und die Zahlung innerhalb der 10-Tage liegt. Folge: Die Zahlung stellt eine Betriebsausgabe in 2019 dar.
Hätten Sie die Miete am 15. Dezember 2018 bezahlt, wäre es eine Betriebsausgabe in 2018, da es mehr als 10 Tage zum Jahreswechsel sind.
Das Zufluss-Abfluss-Prinzip entfällt, sobald Sie mehr als 60.000 Euro Gewinn machen, da Sie dann bilanzierungspflichtig sind. Eine entsprechende Information, sobald dieser Fall eintritt, bekommen Sie vom Finanzamt.

Buchführung bei eigenem Geschäftskonto

Ab einem bestimmten Umfang lohnt es sich, für die selbstständige Tätigkeit ein eigenes Konto einzurichten. Ab ca. 20 Kontobewegungen im Monat, also Überweisungen zu Ihren Gunsten bzw. an andere, ist es meist einfacher, alles nur noch von einem separaten Konto zu tätigen. Dann bleiben Ihre privaten Einnahmen und Ausgaben tatsächlich privat und alle geschäftlichen Einnahmen und Ausgaben laufen über Ihr Geschäftskonto.

Die Kosten für dieses Konto sind natürlich ebenfalls Betriebsausgaben. Im Grunde bleibt es von der Buchhaltung her wie oben beschrieben. Sowohl bei der Buchführung mit Kassenbuch wie auch mit einem Journal erfassen Sie auch die Einnahmen und Ausgaben, die über das Geschäftskonto laufen. Die Chronologie der Buchungen ergibt sich hier jedoch nach den Konto-Auszügen Ihrer Bank oder Sparkasse.

▶ **Hinweis:** Vor allem die Vermischung von privaten und geschäftlichen Ausgaben auf einem Giro-Konto sollte spätestens bei einer hauptberuflichen Selbstständigkeit vermieden werden.

Mit den Summen in Ihrem Kassenbuch bzw. Amerikanischen Journal, die Sie nun am Ende eines Jahres gebildet haben, lässt sich leicht eine Einnahmen-Überschussrechnung zur Ermittlung des Betriebsergebnisses erstellen. Mehr dazu s. Seite 168. ◀

Buchführung machen lassen

Wenn Ihnen das zuvor Gesagte alles zu viel ist und Sie den Eindruck gewinnen, dass Sie dann mehr mit Papierkram als mit Ihrem Unterricht oder Ihrer Beratung beschäftigt sind, können Sie Ihre Buchhaltung auch machen lassen. Das geht nicht nur in grossen Städten. Denn nicht nur Sie, sondern die meisten Selbstständigen wollen sich lieber auf ihre eigentliche Arbeit konzentrieren statt auf die (wenngleich vorgeschriebene, jedoch lästige) Buchhaltung.

Suchen Sie im Internet unter dem Begriff Buchhaltungsservice – und Sie werden vielleicht überrascht sein, wieviel Angebote sich auftun. Es hat sicher gewisse Vorteile, wenn die Buchhaltung bei Ihnen in der Nähe ist, doch ist es nicht zwingend notwendig. Bei der Buchhaltung in Ihrer Nähe können Sie Nachfragen, Ergänzungen, Besprechungen führen und das ist manchmal leichter und effektiver „Aug in Aug". Doch kann die Abstimmung per Mail und Telefon und die Sendung der Belege per Post genauso gut funktionieren.

Ausser an einen Buchhaltungsservice, der alle Belege für Sie erfasst und aufbereitet, können Sie sich auch direkt an eine Steuerberatung wenden. Denn auch hier wird man Ihre Belege entgegennehmen und buchhalterisch für Sie erfassen. Eine Steuerberatung wird allerdings auch gleich alle Beträge in den richtigen Zuordnungen in die jeweils korrekten Formulare übertragen. Dazu können Sie sich beim Steuerberater auf Terminsicherheit und Fristeinhaltung verlassen, was gegenüber dem Finanzamt nur von Vorteil sein kann.

▶ **Hinweis:** Eine/n passende/n Steuerberater/in finden Sie zum Beispiel über die Website www.Steuerberater-Suchservice.de. ◀

Aufbewahrung der Buchhaltungsbelege

Bitte verschonen Sie das Finanzamt mit Ihrer Belegsammlung, die Sie parallel zur Erfassung der Beträge in Ihrem Kassenbuch oder Journal angelegt haben! Diese Belege bewahren Sie bei sich im Büro oder zu Hause auf. Die Aufbewahrungszeit ist gesetzlich vorgeschrieben und beträgt zehn Jahre.
Alle buchhaltungsrelevanten Unterlagen gehören dazu und es ist gesetzliche Pflicht, alle Unterlagen, die Auskunft über betriebliche Einnahmen oder Ausgaben geben, über diesen Zeitraum zu verwahren. Geben Sie jedoch Ihre Belege mit Ihrer Steuererklärung ab, fordern Sie indirekt das Finanzamt dazu auf, diese genau zu prüfen. Das muss nicht sein.
Siehe dazu auch die Rubrik Geschäftsbelege und Aufbewahrungspflichten auf Seite 202.

Einnahmen-Überschuss-Rechnung

Sofern Sie nicht zu den Unternehmern gehören die bilanzieren, müssen Sie dem Finanzamt Ihre Einnahmen-Überschuss-Rechnung auf dem amtlichen Vordruck EÜR (für Einnahmen-Überschuss-Rechnung) digital einreichen.
Seit 2017 ist die bisherige Regelung, nach der bei Betriebseinnahmen von weniger als 17.500 Euro die Abgabe einer formlosen Einnahmenüberschussrechnung als ausreichend angesehen worden ist, ausgelaufen. Die Anlage EÜR ist nach § 60 Abs. 4 EStDV (Einkommensteuer-Durchführungsverordnung) zwingend elektronisch an das Finanzamt zu übermitteln. Nur in Härtefällen kann das Finanzamt nach vorheriger Beantragung weiterhin von einer Übermittlung nach amtlich vorgeschriebenem Datensatz durch Datenfernübertragung verzichten. Für diese Fälle stehen in den Finanzämtern Papiervordrucke der Anlage EÜR zur Verfügung.

▶ **Hinweis:** Es empfiehlt sich, die Steuererklärung mit einer professionellen Steuersoftware zu erstellen, sofern Sie keinen Steuerberater damit beauftragen möchten. Welche Steuersoftware für Ihre Anforderungen am besten geeignet ist, erfahren Sie im Steuersoftware-Test unter www.steuern.de ◀

Betriebsausgaben

Nachfolgend werden einzelne, häufig vorkommende Ausgaben vorgestellt, die für Sie betrieblich bedingte Ausgaben sein können: also Betriebsausgaben, sprich: betriebliche Ausgaben, die Sie geltend machen können.
Vor Beginn Ihrer selbstständigen Tätigkeit liegt häufig eine Ausbildung. Diese kann je nach Ihrer persönlichen Situation im steuerlichen Sinne eine Sonderausgabe darstellen oder bereits eine Betriebsausgabe sein. Deshalb beginnen wir hier mit einer Übersicht zu

Ausbildungskosten

Zunächst müssen wir hier unterscheiden zwischen Ausbildung und Fortbildung. Die Ausbildung dient in der Vorstellung der Finanzbehörden und des Gesetzgebers der Vorbereitung auf einen künftigen Beruf beziehungsweise eine künftige Berufsausübung, während durch eine Fortbildung die Kenntnisse im ausgeübten Beruf erweitert und den geänderten und/oder gestiegenen Anforderungen angepasst werden sollen.
Ob Ihre Bildungsmassnahme der Berufs-Ausbildung oder der Berufs-Fortbildung zuzuordnen ist, hängt insbesondere vom Ausbildungsstand, von der beruflichen Stellung und von der erkennbaren Absicht ab, mit der die Massnahme verfolgt wird. Besteht ein enger Zusammenhang zwischen der Bildungsmassnahme und

dem ausgeübten Beruf, so spricht dies für eine Berufs-Fortbildung, besonders wenn für sie beruflich verwertbares Spezialwissen vermittelt wird.
Einfache Formel: Je weiter weg Ihre derzeitige Tätigkeit beziehungsweise Ihre Ausbildung von dem ist, was Sie jetzt lernen (wollen), umso wahrscheinlicher liegt eine Berufs-Ausbildung vor. Die Industriekauffrau, die sich zur Heilpraktikerin ausbilden lässt, wäre ein typisches Beispiel zur Annahme einer Berufs-Ausbildung. Inwieweit eine Physiotherapeutin, die sich zur Shiatsu-Therapeutin ausbilden lässt, im steuerlichen Sinne eine berufliche Aus- oder Fortbildung besucht, wird nur im konkreten Einzelfall zu klären sein. Wahrscheinlich wird eine Fortbildung angenommen.
Die Finanzbehörde sagt, dass in der Regel dann von einer Berufs-Ausbildung auszugehen ist, wenn es sich um die überwiegende Vermittlung von Allgemeinwissen, das Anstreben einer neuen beruflichen Stellung oder einen Berufswechsel handelt. Hierbei wird unterstellt, dass mit der Ausbildung die Grundlage erworben wird für die spätere Ausübung eines anderen als dem derzeitig ausgeübten Beruf. In Berufs-Ausbildung befindet sich, wer sein Berufsziel noch nicht erreicht hat und sich ernstlich darauf vorbereitet. Die Ausbildung kann sich auch in Stufen vollziehen, deren jede schon zur Ausübung eines Berufes befähigt. Kleinere Unterbrechungen sind dabei unschädlich. Deshalb ist die Berufs-Ausbildung nicht immer mit dem Erreichen der Mindestvoraussetzungen für einen bestimmten Beruf, zum Beispiel der Ablegung einer von mehreren möglichen Prüfungen, beendet.
Insbesondere sind bei einer Berufs-Ausbildung die folgenden Aufwendungen abzugsfähig:
– die Kosten für die Schul- beziehungsweise Ausbildungsgebühren,
– für das Lernmaterial und Fachbücher,
– die Fahrtkosten zur Ausbildungsstätte,
– die Kosten der auswärtigen Unterbringung (nur mit Beleg),
– der sogenannte Verpflegungsmehraufwand aufgrund auswärtiger Unterbringung nach den derzeit geltenden Pauschalbeträgen.

▶ **Hinweis:** Wer neben einer Bildungsmassnahme in privat organisierten Arbeitsgemeinschaften den Unterrichtsstoff aufarbeitet, kann den Aufwand hierfür (Fahrtkosten, Verpflegungsmehraufwand etc.) ebenfalls als Ausbildungskosten steuerlich geltend machen. Dies geht aus einer Entscheidung des Finanzgerichtes Düsseldorf hervor, die im konkreten Fall einer Teilnehmerin an einem Fortbildungslehrgang zur Bilanzbuchhalterin die Anrechnung der Kosten zu den privaten Arbeitsgemeinschaften gestattet hatte. (Finanzgericht Düsseldorf, Az.: 8 K 67907/93) ◀

Ausgaben für die Ausbildung, die Sie aufgrund von Erwerbslosigkeit oder durch nur geringes Einkommen, durch Studium oder ähnliches nicht bei der Steuer-

erklärung geltend machen können, können Sie mittels des Verlustvortrages auf spätere Jahre (mit Einnahmen) übertragen. Mehr dazu ab Seite 204.
Wann und wie sind Ausbildungskosten abzugsfähig? Es gibt je nach Ihrer Situation zwei bis drei Möglichkeiten, die Kosten der Ausbildung steuerlich geltend zu machen: Als Sonderausgabe, als Fortbildung oder als vorgezogene Betriebsausgabe.

Ausbildung als Sonderausgabe

Ausbildungskosten werden bei einer ersten (!) Ausbildung zu den Kosten der privaten Lebensführung gezählt, als „Berufsausbildung in einem noch nicht ausgeübten Beruf" und sind dann als sogenannte Sonderausgaben bis zu 6.000 Euro im Kalenderjahr abzugsfähig (§ 10 Abs. 1 Nr. 7 EStG). Dabei sind Aufwendungen für die Berufsausbildung nur solche, die in der erkennbaren Absicht gemacht werden, später aufgrund der erlangten Ausbildung eine Erwerbstätigkeit auszuüben.

▶ **Hinweis:** Nur die tatsächlich erste berufliche Ausbildung kann in der oben beschriebenen Weise unter den Sonderausgaben steuerlich geltend gemacht werden. Haben Sie bereits irgendeine Berufsausbildung absolviert, so gibt es für Sie nur die nachfolgenden Möglichkeiten, um Kosten der Ausbildung steuerlich geltend zu machen.
Sonderausgaben helfen nur beim Steuern sparen, wenn man auch über sogenannte positive Einkünfte verfügt, also Geld verdient. Denn das, was in der Steuererklärung im Bereich der Sonderausgaben angegeben wird, wird nur in genau dem Jahr berücksichtigt, für das die Steuererklärung gilt – so lange, bis man Null Steuern zahlen muss. Wenn dann noch nicht verrechnete Sonderausgaben übrig sind, werden sie ignoriert. Das heißt: Sie können die bisher nicht berücksichtigten Kosten nicht für die nächste Steuererklärung verwenden. ◀

Ausbildung als „vorgezogene Betriebsausgaben"

Wenn Sie vor der Ausbildung noch nicht unterrichtet haben oder beratend tätig waren, können Sie diese als sogenannte vorgezogene Betriebsausgaben geltend machen. Hierzu ist erforderlich, dass Sie nach Abschluss der Ausbildung eine entsprechende selbstständige Tätigkeit anstreben. Auch eine zeitlich begrenzte nebenberufliche Ausübung ist möglich, wenn Sie hauptberuflich weiter Ihren bisherigen Beruf ausüben.
Eine selbstständige Ausübung liegt bei fast allen Unterrichtenden vor, da auch das Unterrichten zum Beispiel für eine Volkshochschule stets eine selbstständige Honorartätigkeit darstellt, die nicht zu einem Angestelltenverhältnis führt beziehungsweise als solche vorgesehen ist.

Anerkennung unter Vorbehalt

Die Anerkennung der Ausbildungskosten als vorgezogene Betriebsausgabe wird von den Finanzbehörden regelmässig nur unter Vorbehalt gewährt. Dies ist jedoch für alle diejenigen ohne Bedeutung, die in nahem zeitlichem Zusammenhang zum Ende der Ausbildung dann tatsächlich in ihrem Bereich selbstständig tätig werden.
In aller Regel möchten die Finanzbehörden nach etwa drei Jahren, in denen die Ausgaben unter Vorbehalt anerkannt wurden, wissen, ob ein sogenanntes Gewinnstreben zu erkennen ist. Falls nicht, so können allerdings die in den Vorjahren unter Vorbehalt anerkannten Steuerminderungen nachgefordert werden.

Beispiel: Horst weiss, was er will. Derzeit ist er als kaufmännischer Angestellter tätig, doch seine Zukunft sieht er woanders. Horst will astrologischer Lebensberater werden. Als erstes eröffnet er seine Beratungspraxis, allerdings nur auf dem Papier und gegenüber dem Finanzamt. Er ist jetzt als selbstständig tätiger Berater beim Finanzamt gemeldet. Damit seine Praxis laufen kann, muss er zunächst investieren. Nicht in Maschinen, sondern in sich selbst. Deshalb beginnt er die Ausbildung zum astrologischen Lebensberater auch erst nach der finanzamtlichen Anmeldung. Denn so sind alle Ausgaben (ähnlich wie unter Ausbildung als Fortbildung, siehe nächste Seite) für Horst Betriebsausgaben, die er gegenüber dem Finanzamt geltend machen kann.
Neben seiner Ausbildung sorgt er für die nötige Werbung und sucht geeignete Räume, so dass er nach drei Jahren gleich loslegen kann. Damit erbringt er den besten Beweis für sein Gewinnstreben gegenüber dem Finanzamt: Er betreibt Werbung für seine Tätigkeit, hat eigene Räume angemietet und erzielt in der Folge daraus auch Einnahmen.

Ausbildung als Fortbildung – wenn Sie schon vor der Ausbildung selbstständig tätig sind

Wenn Sie schon unterrichten oder sonst in irgendeiner Form im angestrebten Bereich selbstständig tätig waren, bevor Sie die Ausbildung begonnen haben, so können Sie bei Ihrem zuständigen Finanzamt alle anfallenden Kosten (also Lehrgangs- und Prüfungsgebühren, Fahrt- und Unterbringungskosten ab Seite 172, 177, 178) als Kosten einer beruflichen Fortbildung geltend machen.
Als selbstständig Tätige fällt das dann unter Betriebsausgaben, Position „Fortbildungskosten", und zwar in unbegrenzter Höhe. Denn hier können Sie auf den engen Zusammenhang von beruflicher Tätigkeit und Ziel der Bildungsmassnahme hinweisen. Sie vertiefen Ihr Wissen und eignen sich weiteres Spezialwissen an. Dass es sich nicht um eine versteckte Ausbildung handelt, zeigt sich vor allem dadurch, dass auf eine Prüfung beziehungsweise auf den Nachweis einer Prüfung gegenüber dem Finanzamt verzichtet wird.

Beispiel: Jana hat vor einigen Jahren eine Ausbildung in verschiedenen Körpertherapien in den USA gemacht. Seit zwei Jahren unterrichtet sie in Deutschland Gruppen und Einzelpersonen. Da ihre Ausbildung hier vom deutschen Berufsverband nicht anerkannt wird, beschliesst sie, noch einen Ausbildungskurs zu besuchen. Da sie bereits in diesem Bereich beruflich tätig ist, kann sie alle Kosten des Ausbildungskurses und alle damit zusammenhängenden Aufwendungen (Fahrt, Übernachtung, Bücher etc.) als Betriebsausgaben geltend machen.

Fortbildung

Alle Aufwendungen für Fortbildungen im Inland, die im Zusammenhang mit der selbstständigen Tätigkeit stehen, sind als Betriebsausgaben absetzbar. Dazu gehören die Kosten für die Veranstaltung selbst ebenso wie die Fahrtkosten, Unterbringung, Verpflegungsmehraufwendungen und eventuell zusätzliche Kosten für Seminarunterlagen.

Fortbildung im Ausland

Aufwendungen für einen Kurs, ein Seminar oder einen Lehrgang im Ausland sind nur dann als Betriebsausgaben abziehbar, wenn dabei ausschliesslich berufsbezogene Inhalte vermittelt werden. Private Interessen dürfen für die Teilnahme keine Rolle spielen. Ein Lehrgangsteilnehmer muss dies gegebenenfalls nachweisen, indem er das Kursprogramm vorlegt, damit Inhalte und zeitlichen Rahmen, und die Inhalte des Kurses in geeigneter Weise vorträgt.

Lehrmaterial in einer Fremdsprache wird nur dann als Beweismittel anerkannt, wenn auch eine deutsche Übersetzung des Kursprogramms vorliegt. Mit dieser Begründung hat das Finanzgericht Baden-Württemberg (Az.: 6 K 185/96) einem Kläger die Möglichkeit verweigert, einen Kurs in Florida abzusetzen. Er konnte die Inhalte des Kurses nur in Schlagworten umschreiben und legte ausschliesslich Fachbücher in englischer Sprache vor.

▷ **Hinweis:** Im Formular EÜR tragen Sie Ihre Fortbildungs-Ausgaben ein unter „Sonstige unbeschränkt abziehbare Betriebsausgaben" in die Spalte „Fortbildungskosten". ◁

Nutzung eines eigenen Fahrzeugs für geschäftliche Fahrten

Die meisten nutzen einen privaten PKW, um damit zu den Kursorten, in die Praxis oder zu Fortbildungsseminaren zu fahren. Damit Sie die dadurch entstehenden Kosten steuerlich als Betriebsausgaben geltend machen können, sind zwei Methoden erlaubt:

1. Methode: Ansatz der km-Pauschale: Sie setzen für jeden betrieblich gefahrenen Kilometer 30 Cent an.

Beispiel: Sie fahren von Ihrem Wohnort zu einem Fortbildungsseminar. Die Gesamtstrecke beträgt 100 Kilometer. Ergebnis: Sie können (100 x 0,30=) 30 Euro als Fahrtkosten geltend machen. Nutzen Sie ein fremdes Fahrzeug, z.B. von Ihrem Ehepartner oder einem Freund, so können Sie diesem steuerfrei ebenfalls 30 Cent/km erstatten. Ihr Ehepartner muss nichts versteuern, denn bei ihm (oder ihr) handelt es sich lediglich um Kostenersatz. Sie dagegen können dann auch die Kosten für die Nutzung eines nicht Ihnen gehörenden Fahrzeugs als Betriebsausgabe geltend machen. Die tatsächliche Zahlung des Kostenersatzes sollten Sie natürlich nachweisen können (Quittung oder Banküberweisung).

2. Methode: Ansatz der tatsächlichen km-Kosten
Alternativ können Sie die tatsächlich entstandenen Kosten als Betriebsausgabe geltend machen. Hierzu ermitteln Sie die insgesamt im Jahr angefallenen laufenden Kosten für Ihr Auto (Benzin, Reparaturen, Versicherung, Steuer etc.), die Jahresgesamtlaufleistung des Autos und die davon geschäftlich gefahrenen Kilometer. Aus diesen Daten können Sie Ihre individuellen Kosten pro Kilometer errechnen und als Betriebsausgabe geltend machen. Diese Methode ist deutlich aufwändiger als Methode 1. Sie ist dann zu empfehlen, wenn Ihre individuellen Kilometer-Kosten deutlich über der Pauschale liegen. Sollten Sie umsatzsteuerlich zum Vorsteuerabzug berechtigt sein, so ist ein Teil der Vorsteuern, der auf die unternehmerische Nutzung entfällt, abzugsfähig.

Beispiel: Peters Volvo mit Baujahr 2012 hat am 1. Januar einen Kilometerstand von 84.000. Am 31. Dezember zeigt der Tacho 100.000 Kilometer an. Peter war also insgesamt mit seinem Auto 16.000 Kilometer unterwegs. Aus seinen Aufzeichnungen über die Fahrten zu seinen Kursveranstaltungen entnimmt er die dafür zurückgelegten Kilometer und summiert diese. Er kommt auf 4.000 (= 25 Prozent) betrieblich veranlasste Kilometer. Das sind deutlich weniger als 50 Prozent der Gesamtkilometer.
Da er im Jahr 5600 Euro ausgegeben hat für Benzin, Versicherung, Steuer etc. rechnet Peter die gefahrenen 4.000 km mit 1.400 Euro (= 25 Prozent seiner Kosten) als Betriebsausgabe unter dem Posten Kraftfahrzeugkosten ab.

▶ **Hinweis:** Sowohl Methode 1 wie Methode 2 können nur für Fahrzeuge angewendet werden, deren betrieblicher Nutzungsumfang unter 50 Prozent liegt. ◀

Betrieblich genutzte Fahrzeuge

Nutzen Sie Ihren PKW für Ihre betrieblich bedingten Fahrten in Relation zur jährlichen Gesamtfahrleistung zu mehr als fünfzig Prozent, so gehört Ihr PKW zum Betriebsvermögen und gilt als betrieblich genutztes Fahrzeug! Dann dreht sich auch die Berechnung der Fahrtkosten um, denn jetzt gilt es, den privaten Nutzungsanteil am betrieblich genutzten PKW zu ermitteln.

Privat veranlasste Fahrten mit einem PKW im Betriebsvermögen gehören zur persönlichen Lebensführung und sind, weil nicht betriebsbedingt, auch nicht als Betriebsausgaben abziehbar. Zur vorgeschriebenen Ermittlung dieses Anteils am Gesamtfahraufkommen gibt es zwei Möglichkeiten: eine Pauschalberechnung mit einem Prozent vom Listenpreis oder das Führen eines Fahrtenbuchs.

Möglichkeit 1: Ein Prozent vom Listenpreis

Die Privatnutzung des betrieblichen PKW wird mit monatlich einem Prozent vom Listenpreis, einschliesslich aller Kosten für Sonderausstattungen und Umsatzsteuer zum Zeitpunkt der Erstzulassung, angenommen. Achtung: Auch, wenn ein Gebrauchtwagen angeschafft wird, wird der Listenpreis bei Erstzulassung zugrunde gelegt! Wer einen E- oder Hybrid-Dienstwagen auch privat nutzt, muss monatlich nicht mehr ein Prozent des Listenpreises als geldwerten Vorteil versteuern, sondern nur noch 0,5 Prozent. Diese Regelung gilt für Fahrzeuge, die zwischen dem 01. Januar 2019 und 31. Dezember 2021 angeschafft oder geleast werden.

Beispiel: Ein VW Golf kostet laut Liste 17.500 Euro. Dazu werden zur Lieferung ein CD-Wechsler zu 250 Euro und ein Schiebedach zu 750 Euro eingebaut. Diese beiden Teile sind im Fahrzeug zwar zusätzlich eingebaut, doch bei Kauf bereits vorhanden, weshalb sie zum Listenpreis hinzugezählt werden müssen. Somit erhöht sich der Basiswert für die Ein-Prozent-Berechnung von 17.500 Euro + 250 Euro + 750 Euro auf insgesamt 18.500 Euro. Davon ein Prozent entspricht 185 Euro. Dieser Betrag wird vom Finanzamt angenommen als der Anteil für private Fahrten am Gesamtfahraufkommen.

Wenn der Betrag für Privatfahrten und die insgesamt nicht abziehbaren Betriebsausgaben für den PKW höher sind als die tatsächlich entstandenen Kosten, die für das Fahrzeug angefallen sind, so können die pauschalen Wertansätze auf die Gesamtkosten gedeckelt, sprich; begrenzt werden.

Beispiel: Helmut fährt einen alten Lancia, den er fast ausschliesslich betrieblich nutzt. Der Listenpreis betrug einst 20.000 Euro. Rechnet Helmut jetzt nach der Ein-Prozent-Berechnung seinen Privatanteil aus, so ergibt sich für ihn: Ein Prozent = 200 Euro x 12 Monate = 2.400 Euro nicht abziehbare Betriebsausgaben im Jahr. Das ist mehr, als Helmut für seinen Lancia im laufenden Jahr ausgegeben hat für Steuer, Versicherung, Reparaturen, Kraft- und Schmierstoffe. Insgesamt waren es nur 2.000 Euro. Damit das Finanzamt nicht höhere nichtabziehbare Ausgaben berechnet, als ihn das Auto tatsächlich gekostet hat, wird gedeckelt. Das heisst, dass Helmut an privatem Nutzungsanteil nicht 2.400 Euro ausweisen muss, sondern nur die tatsächlich angefallenen 2.000 Euro.

Möglichkeit 2: Fahrtenbuch
Die einzige Alternative zur dargestellten Ein-Prozent-Berechnung ist das Führen eines Fahrtenbuches, an das die Finanzbehörden jedoch bestimmte Anforderungen stellen. Für den Nachweis betrieblich bedingter Fahrten sind folgende Angaben unbedingt erforderlich:
- Datum und Kilometerstand zu Beginn und Ende der betrieblichen Fahrt,
- Reiseziel und Reiseroute,
- Anlass der Reise und aufgesuchte GeschäftspartnerInnen (namentlich zu nennen!).

Bei Privatfahrten genügt der Eintrag von Datum, Anfangs- und Endkilometer. Das Fahrtenbuch darf nicht repräsentativ geführt werden, also nur über einen bestimmten Zeitraum, sondern muss wenn, dann kontinuierlich und zeitnah geführt werden.

Tipp 1: Führen Sie das Fahrtenbuch tatsächlich zeitnah. Es ist leichter, nach jeder Fahrt in wenigen Sekunden den Eintrag vorzunehmen, als am Ende des Jahres alle Fahrten nachzuvollziehen. Es könnte außerdem auffallen und in Frage gestellt werden. Am besten besorgen Sie sich ein Fahrtenbuch mit entsprechenden Spaltenaufteilungen im Schreibwaren- oder Bürobedarfshandel und halten dies nebst Stift immer im Auto bereit.
Ein Urteil vom Finanzgericht Baden-Württemberg (Az.: 7 K 188/94) dazu, wie ein Fahrtenbuch zu führen ist, weist bereits 1997 darauf hin: Aus der Verwendung des gleichen Füllers, aus der stets gleichbleibenden Schrift, der Aufzeichnung allein von Dienstreisen und aus Kilometerangaben, die nicht nachvollziehbar sind, zog das Gericht den Schluss, dass das Fahrtenbuch nachträglich an einem Stück geschrieben wurde. Die Richter kamen zum Ergebnis, dass das Buch nicht zeitnah geführt wurde und versagten die steuerliche Anerkennung. Das betonte auch der Bundesfinanzhof in seinem Urteil von 2010 (BFH, Az.: VI R 33/10): Angaben im Fahrtenbuch dürfen nicht nachgeholt werden!
Ein selbstständiger Geschäftsführer hatte in seinem Buch die Fahrtziele lediglich mit Strassennamen und nicht mit den Orten bezeichnet und nur vereinzelt die Namen besuchter Kunden sowie den Zweck der Fahrt eingetragen. In der Firma wurden die Angaben später elektronisch ergänzt. Das ist unzulässig, entschied der Bundesfinanzhof (BFH), da ein Fahrtenbuch zeitnah und in geschlossener Form geführt werden müsse. Aufzeichnungen dürfen nicht nachgeholt werden.

Tipp 2: Sind Sie viel mit Ihrem betrieblichen Fahrzeug unterwegs, lohnt sich für Sie vielleicht die Anschaffung eines sogenannten Elektronischen Fahrtenbuchs, das im Fahrzeug eingebaut wird und dadurch die Zeitangaben und Entfernungskilometer direkt erfassen kann. Die so erfassten Daten können Sie dann auf Ihren Computer übertragen und entsprechend ausdrucken. Der Zubehör- und Fachhandel berät Sie bestimmt gerne. Der Neupreis für ein Elektronisches Fahrtenbuch liegt je nach Gerät und Nutzungsmöglichkeiten zwischen 140 und 1.200 Euro. Diese Kosten können Sie als Betriebsausgaben ansetzen.

▶ **Hinweis:** Während des Jahres darf bei demselben Wagen die Methode nicht gewechselt werden. Das hat der Bundesfinanzhof (BFH) bestätigt (BFH-Urteil vom 20.3.2014, VI R 35/12): Die Fahrtenbuchmethode ist nur dann zu Grunde zu legen, wenn das Fahrtenbuch für den gesamten Veranlagungszeitraum geführt wird; ein unterjähriger Wechsel von der Ein-Prozent-Regelung zur Fahrtenbuchmethode für dasselbe Fahrzeug ist nicht zulässig, erklärten die Richter in ihrem Urteil. Es darf nur dann gewechselt werden, wenn auch das Fahrzeug gewechselt wird. ◀

Fahrten zwischen Wohnung und Betriebsstätte

Unabhängig davon, ob Sie ein privates Fahrzeug betrieblich nutzen oder ein betriebliches KFZ fahren, gibt es eine Abweichung für die Fahrstrecke zwischen Ihrer Wohnung und Ihrer Betriebsstätte. Die Betriebsstätte kann Ihre Praxis sein, Ihr Büro oder Ihr Studio oder Zentrum, also der Ort, an dem Sie Ihre Dienstleistung regelmässig anbieten. Für diese Fahrten dürfen Sie nur die einfachen Entfernungskilometer ansetzen.
Nach Paragraph 6, 4 EStG. gelten im Übrigen auch diese Fahrten als betrieblich veranlasst. Nutzen Sie für diese Fahrten ein privates KFZ (s.o.: weniger als 50 % Nutzung für die selbstständige Tätigkeit) so berechnen Sie 30 Cent je Kilometer Entfernungsstrecke (s. Beispiel 1). Liegt die Nutzung Ihres KFZ über 50 % im betrieblichen Bereich und rechnen Sie den Privatanteil pauschal mit 1 Prozent vom Listenpreis ab, so müssen Sie für diese Fahrten Wohnung-Betriebsstätte pro Monat und Entfernungskilometer 0,03 Prozent vom Listenpreis ansetzen und zum Privatanteil hinzurechnen (s. Beispiel 2).

Beispiel 1: Erika ist Heilpraktikerin und fährt mangels einer Busanbindung die 12 Kilometer von ihrer Wohnung zu ihrer Praxis in der Stadt mit dem eigenen Auto. Dafür kann sie als Betriebsausgabe nur 12 km x 30 Cent = 3,60 Euro geltend machen. Sie darf also nur die einfache Strecke zur Berechnung zugrunde legen. Zum Hausbesuch bei einer Patientin kann sie hingegen die tatsächlich gefahrenen Kilometer, also die Strecke hin und zurück berechnen.

Beispiel 2: Anna ist Kommunikationstrainerin und viel mit dem eigenen Auto unterwegs. Deshalb zählt ihr VW Golf auch zum Betriebsvermögen und sie rechnet ihre privaten Fahrten pauschal mit der Ein-Prozent-Methode ab (s.o.). Hanna hat ein Büro, das 15 Kilometer von ihrer Wohnung entfernt liegt. Für diese Strecke muss sie wie folgt rechnen: VW Golf zum Listenpreis von 18.500 Euro (s. Beispiel S. 174), davon 0,03 Prozent = 5,55 Euro x 15 Kilometer = 83,25 Euro. Um diesen Betrag erhöht sich der pauschale Anteil zur Abgeltung der Privatfahrten.

Fahrtkosten mit fremdem Fahrzeug

Wenn Sie ein fremdes Fahrzeug für eine geschäftliche Fahrt nutzen, also ein Auto, das nicht auf Sie zugelassen ist, so können Sie regelmässig die vollen Kosten als Betriebsausgaben absetzen, die Ihnen dadurch entstanden sind. Bei Mietwagen oder Carsharing entsprechend laut Rechnung der jeweiligen Unternehmen.
Bei Fahrzeugnutzung von Privatleuten (Freunde, Verwandte) lassen Sie sich per Quittung die Höhe Ihrer Aufwendungen bestätigen.

Fahrtkosten mit öffentlichen Verkehrsmitteln

Fahrten mit der Bahn oder Reisen mit dem Flugzeug aus geschäftlichem Anlass sind in voller Höhe als Betriebsausgaben absetzbar. Als VielfahrerIn nutzen Sie vielleicht die Vorteile der Bahncard? Auch deren Preis ist eine Betriebsausgabe. Fahrten mit Bussen und Bahnen im sogenannten Öffentlichen Personen-Nahverkehr (ÖPNV) aus geschäftlichem Anlass sind ebenfalls Betriebsausgaben. Dabei gelten auch Mehrfahrkarten als Beleg.
Benutzen Sie für die regelmäßige Fahrt zwischen Wohnung und Betriebsstätte, also Praxis, Büro oder Schule, öffentliche Verkehrsmittel und besitzen aus diesem Grund eine Monats- oder Jahreskarte, so sind diese Ausgaben in voller Höhe als Betriebsausgaben absetzbar (unter dem Posten Reisekosten).
Ebenfalls in voller Höhe absetzbar sind geschäftlich veranlasste Taxifahrten. Achten Sie dabei immer darauf, dass die Quittung von den FahrerInnen vollständig ausgefüllt wird.

Hinweis für Umsatzsteuerpflichtige
Die Fahrkarten und Zuschläge der Deutschen Bahn im Fernverkehr haben einen Umsatzsteuersatz von neunzehn Prozent. Bei Fahrten in Verkehrsverbünden und im Nahverkehr gilt jedoch ebenso wie für die Fahrkarten für Bus, U- und Strassenbahn nur der ermäßigte Steuersatz von sieben Prozent.
In der EÜR tragen Sie Ihre Fahrtkosten ein unter „Kraftfahrzeugkosten und andere Fahrtkosten".

Übernachtungskosten

Die Kosten für die Unterbringung bei betrieblich bedingter Abwesenheit über Nacht sind natürlich auch Betriebsausgaben. Es können bei Hotel- oder Seminarhaus-Übernachtungen keine Pauschalbeträge abgerechnet werden, sondern nur durch entsprechende Belege nachgewiesene Aufwendungen.

Allerdings sind Rechnungen, die die pauschale Höhe des Betrages mit Unterkunft und Verpflegung begründen, nicht anerkennungsfähig! Achten Sie darauf, wenn Sie eine Rechnung von einem Seminarhaus oder Hotel erhalten und verlangen Sie gegebenenfalls einen entsprechenden Beleg.

Beachten Sie auch, dass das in deutschen Hotels und Pensionen üblicherweise gereichte Frühstück nicht Teil der Übernachtungskosten sein darf, auch wenn Sie einen pauschalen Inklusivpreis gebucht haben. Wenn aus dem Beleg des Hotels nicht eindeutig eine Unterscheidung hervorgeht, so setzt die Finanzbehörde immer einen pauschalen Abzug für das Frühstück an. Der Umsatzsteuer-Satz auf Übernachtung beträgt 7 Prozent und der auf Frühstück, Halbpension usw. 19 Prozent.

Nur Umsatzsteuerbeträge aus Hotelrechnungen und Bewirtungsbelegen, die auf den Namen des Unternehmers lauten, können als Vorsteuer angesetzt werden.

Der Unternehmer kann seine Reisekosten generell nicht als Werbungskosten, sondern nur als Betriebsausgaben steuerlich geltend machen. Seit 2008 können Unternehmer zudem keine Pauschalbeträge für Übernachtungskosten, sondern nur noch tatsächlich angefallene Übernachtungskosten steuerlich geltend machen. Das heißt, dass der Unternehmer, der selbst kein angestellter Geschäftsführer ist, seine Übernachtungskosten immer in Form von Einzelbelegen nachweisen muss und diese nicht als Übernachtungspauschale geltend machen kann, wie Arbeitnehmer das können.

Im Formular EÜR tragen Sie die Übernachtungskosten ein unter „Sonstige unbeschränkt abziehbare Betriebsausgaben".

Kurzurlaub

Verbinden Sie das Angenehme mit dem Nützlichen und kombinieren eine Geschäftsreise beispielsweise zu einem Seminar oder Kongress mit einem Kurzurlaub, so werden müde Prüfer des Finanzamtes ganz besonders munter. Allerdings: Werden private und geschäftliche Ausgaben strikt getrennt, bleiben sämtliche Kosten für den geschäftlichen Teil der Reise (An- und Abreise, Übernachtung, Verpflegung) absetzbare Ausgaben.

Reisebegleitung

Wenn der Betriebsprüfer oder ein eifriger Finanzbeamter entdecken, dass bei einer Geschäftsreise der Ehegatte oder Kinder dabei waren, führt das schnell zum Ergebnis, dass der Betriebskostenabzug der Reisekosten versagt wird.
Abhilfe schafft hier ein bereits vor der Reise angefertigter schriftlicher Arbeitsvertrag für die begleitende Person, der auch die Tätigkeit während der Reise benennt, zum Beispiel Dolmetscherdienste, Fahrtätigkeit, Seminarhilfe, Organisation oder Ähnliches. Dann können alle durch die Reisebegleitung entstandenen Kosten für Fahrt, Unterbringung und Verpflegung geltend gemacht werden – wie es üblicherweise bei einer dritten (also nicht verwandten/verschwägerten) Person der Fall wäre.

Verpflegungsmehraufwendungen

Wenn Sie geschäftlich bedingt nicht zu Hause, in Ihrem Büro oder Ihrer Praxis arbeiten, so können Sie die Kosten für Ihre Verpflegung während dieser Zeit nur nach vorgegebenen Pauschalsätzen geltend machen. Die Belege über tatsächlich entstandene Kosten in Restaurant oder Gaststätte werden vom Finanzamt nicht anerkannt! Allerdings brauchen Sie zwingend einen Restaurant-Beleg bei einer Bewirtung, also wenn Sie zum Beispiel zu einem Geschäftsessen einladen. Mehr dazu siehe Seite 190.
Die Verpflegungspauschalen bei geschäftlich bedingter Abwesenheit von zu Hause gelten unabhängig von der Entfernung. Also, egal wie weit Sie von daheim oder der regelmässigen Tätigkeitsstätte (Büro, Unterrichts- oder Therapieraum) entfernt sind, es zählt nur die betrieblich/geschäftlich bedingte zeitliche Abwesenheit von Büro oder Wohnung. Zu beachten ist der Zeitfaktor! Sie müssen mindestens acht Stunden am Stück abwesend sein. Sie können mehreren, auch unterschiedlichen, geschäftlichen Aktivitäten während dieser Zeit nachgehen. Nochmal: Auch in Ihrer eigenen Stadt bzw. Gemeinde!

Geschäftsfahrt bzw. Geschäftsreise mit Abwesenheit von zu Hause/Büro von	**Pauschale**
mehr als 8 Stunden	12 Euro
mehr als 24 Stunden	24 Euro

Beispiel 1: Sie verlassen die Wohnung um 10 Uhr am Vormittag und beginnen um 10.30 Uhr einen Kurs im Bildungszentrum, der bis 12 Uhr dauert. Danach geben Sie Einzelunterricht in einem Unternehmen bis 14 Uhr. Ohne nach Hause oder ins eigene Büro zu fahren, treffen Sie sich um 15 Uhr mit Ihrer Steuerberaterin und starten dann einen Nachmittagskurs in einer VHS, der bis 17.30 Uhr dauert. Um 18.10 Uhr sind Sie wieder zu Hause. Gesamtzeit der Abwesenheit von 10 bis

18.10 Uhr, also mehr als acht Stunden. Für diese Abwesenheit können Sie aktuell zwölf Euro pauschal als Verpflegungsmehraufwand ansetzen.

Beispiel 2: Sie verlassen wieder die Wohnung um 10 Uhr am Vormittag und beginnen um 10.30 Uhr einen Kurs, doch diesmal in Ihren eigenen Räumen. Dann läuft die Uhr zur Berechung Ihrer Abwesenheit erst, wenn Sie Ihre eigenen Kursräume verlassen!

Beispiel 3: Jutta veranstaltet ein Wochenendseminar in der Eifel. Dafür verlässt sie ihre Wohnung in Kassel am Freitag um 9 Uhr. Am Nachmittag erreicht sie den Tagungsort, verbringt dort den ganzen Samstag und verlässt ihn am Sonntag nach dem Mittagessen. Um 23 Uhr schliesst sie ihre Wohnungstür in Kassel auf. Sie kann an Zeiten der Abwesenheit für die Verpflegungsmehraufwendungen folgendes geltend machen: für den Freitag 15 Stunden, für den Samstag 24 Stunden und für den Sonntag 23 Stunden, entsprechend den Pauschalen also für den Freitag 12 Euro, für den Samstag 24 Euro und für den Sonntag nochmals 12 Euro. Hätte Jutta noch einen Absacker mit einer Kollegin in der Kneipe an der Ecke genommen, hätte sie bei Heimkehr um Mitternacht oder ein wenig später nochmals den vollen Tagessatz von 24 Euro geltend machen können.
Die genannten Pauschalen gelten übrigens nur für Geschäftsreisen innerhalb der Bundesrepublik. Bei Auslandsaufenthalten können zum Teil wesentlich höhere Pauschalbeträge geltend gemacht werden.

▶ **Hinweis:** Auskünfte zu den aktuellen, jährlich neu festgesetzten Pauschalen für Auslandsaufenthalte finden Sie auf der Internetseite www.bundesfinanzministerium.de, bei der örtlichen IHK oder über Ihren Steuerberater beziehungsweise Ihre Steuerberaterin.
Im Formular EÜR tragen Sie die Jahresgesamtsumme Ihrer Verpflegungsmehraufwendungen in die entsprechende Zeile unter „Beschränkt abziehbare Betriebsausgaben" ein. ◀

Häusliches Arbeitszimmer

Steuerlich in vollem Umfang abzugsfähig sind Aufwendungen für ein häusliches Arbeitszimmer nur dann, wenn es den Mittelpunkt der gesamten betrieblichen und beruflichen Tätigkeit darstellt. Das Zimmer selbst darf so gut wie ausschliesslich nur beruflich genutzt werden. Soweit die Definition des Sachverhalts, der seit 2007 sehr eng gezogen wurde im § 4, Absatz 6b des Einkommensteuergesetzes. Wann ist ein Zimmer ein „Arbeitszimmer"? Ein häusliches Arbeitszimmer ist ein zur Wohnung gehörender – vom übrigen Wohnbereich getrennter, also eigener Raum. Die Vorgaben dazu sagen vor allem zweierlei: Das Arbeitszimmer muss abgeschlossen sein (im Gegensatz zu einem Bereich oder einer Ecke in einem

grösseren Raum); es darf kein Durchgangszimmer sein, ausser für wenig genutzte Räume wie etwa Schlafzimmer oder Abstellkammer. Das Arbeitszimmer, das diese Voraussetzungen erfüllt, muss ausschliesslich oder nahezu ausschliesslich zu beruflichen beziehungsweise betrieblichen Zwecken genutzt werden.
In der Regel ist eine geringe, bis zu zehnprozentige anderweitige, also auch privat veranlasste, Nutzung unerheblich. So darf ein Arbeitszimmer gelegentlich als Gästezimmer zur Verfügung gestellt werden. Auch das Erledigen von Haushaltsarbeiten wie Bügeln ist nicht abträglich. Allerdings sollte die gesamte Ausstattung möglichst nur dem beruflich bedingten Arbeiten dienen. Ein Sofa, auf dem Fachliteratur studiert wird, Kundinnen und Kollegen empfangen werden können, das jedoch auch als Schlafcouch umfunktioniert werden kann, ist unstrittig. Schwieriger wird es da schon mit dem Kleiderschrank. Gänzlich zu vermeiden sind Geräte wie Waschmaschine und/oder Tiefkühlschränke – ist leider kein Witz, wurde bei einer Prüfung vor Ort bemängelt und führte zur Ablehnung der Anerkennung des Raumes als Arbeitszimmer.
Wird der Raum mehr als 10 Prozent privat genutzt, so ist überhaupt kein Abzug möglich – auch nicht teilweise. Hoffnungen, dass eine entsprechende Kostenaufteilung aufgrund der beruflichen Nutzung möglich sei, zerschlug der Große Senat des Bundesfinanzhofs (BFH) im Januar 2016 (Beschluss vom 27. Juli 2015, Az. GrS 1/14) Die Aufwendungen für das Arbeitszimmer können nur dann steuerlich geltend gemacht werden, wenn das Arbeitszimmer der Mittelpunkt der beruflichen Tätigkeit darstellt. Das wird zum Beispiel für alle lehrenden Tätigkeiten nicht angenommen, wenn der Unterricht nicht auch in diesem Zimmer stattfindet – oder einem anderen Zimmer der gleichen Wohnung. Nach dem Gesamtbild der Verhältnisse und der Tätigkeitsmerkmale muss im häuslichen Arbeitszimmer der Schwerpunkt aller im betrieblichen Bereich ausgeübten Tätigkeiten stattfinden. Es darf also keine dauerhaften Tätigkeiten ausserhalb des Arbeitszimmers geben. Wenn Sie in Ihrem häuslichen Arbeitszimmer – oder in mehreren Zimmern der gleichen Wohnung – lehren, beraten oder heilend beziehungsweise therapeutisch tätig sind, so können Sie alle Ausgaben für diesen Raum beziehungsweise dieser Räume uneingeschränkt als Betriebsausgaben geltend machen. Und was zählt dann zu den steuerrelevanten Aufwendungen für ein solches häusliches Arbeitszimmer? Darunter fallen die Mietkosten prozentual anteilig an der Gesamtwohnfläche, also bei einer Raumgrösse von 20 Quadratmetern bei 100 Quadratmetern Gesamtfläche entsprechend 20 Prozent, Renovierungen, gegebenenfalls beim Eigenheim die Abschreibungskosten am Gebäude, Schuldzinsen für Kredite (anteilig wie oben), wohnungs- beziehungsweise gebäudebezogene Versicherungen, prozentual anteilig (nach oben ermitteltem Satz) die Kosten für Wasser, Strom, Heizung, Schornsteinfeger, Müllabfuhr usw.

Tipp 1: Ergänzend sei noch hingewiesen auf den Erlass des Bundesfinanzministeriums (Aktenzeichen IV B 2 – S 2145/07/0002), der festlegt: Räume, die sich im gleichen Haus befinden und nicht unmittelbar an die Familienwohnung angrenzen, sind keine häuslichen Arbeitszimmer. Das kann sogar ein Gartenhäuschen sein, das Sie auf Ihrem Grundstück stehen haben und als Büro nutzen. Wenn es nicht mit dem eigentlichen Wohngebäude verbunden ist, erfüllt es die oben genannten Bedingungen. Heisst für die beiden Beispiele: alle Kosten sind absetzbar, von Miete über Gebäudeabschreibungen, Kreditzinsen, Renovierungskosten bis zu den üblichen Betriebskosten.

Tipp 2: Dazu passt auch das Urteil vom Finanzgericht Köln (Aktenzeichen 7 K 4746/99): Wer ein Arbeitszimmer im Nachbarhaus anmietet, darf die Kosten von der Steuer abziehen. Alle sonstigen damit verbundenen Kosten für Strom, Heizung, Wasser usw. sind ebenfalls in voller Höhe abziehbar. Denn: Ein Büro ausserhalb der eigenen vier Wände ist natürlich kein häusliches Arbeitszimmer. Doch Vorsicht, wenn Sie sich jetzt ein nettes Vermietgeschäft zum Beispiel mit den Eltern ausdenken: Mieteinnahmen müssen vom Vermieter als „Einnahmen aus Vermietung" versteuert werden. Das kann sich trotzdem rechnen, wenn die Vermietenden vielleicht schon Rentner sind. Das ist im Einzelfall zu betrachten.

In der EÜR kommen Ihre Kosten für ein häusliches Arbeitszimmer in die entsprechende Zeile unter „Beschränkt abziehbare Betriebsausgaben".

Die Miete für Geschäftsräume und die Kosten für sonstige Räume, die Sie beruflich nutzen, auch nur stunden- oder tageweise angemietete Räume, sind uneingeschränkte Betriebsausgaben. Diese tragen Sie in der EÜR ein unter „Raumkosten".

Arbeitsmittel für das Arbeitszimmer

Die Einrichtungsgegenstände des Arbeitszimmers gehören zu den Arbeitsmitteln, wenn sie ausschliesslich oder nahezu ausschliesslich beruflich genutzt werden und sind im Gegensatz zu den gerade beschriebenen Aufwendungen unbegrenzt als Betriebskosten ansetzbar.

Dies gilt auch, wenn die Aufwendungen für das von Ihnen genutzte Arbeitszimmer selbst nicht anerkannt wurden. Ebenso dürfen Arbeitsmittel als Betriebsausgaben angesetzt werden, selbst wenn Sie nicht über ein separates Arbeitszimmer verfügen! Die Kosten für Schreibtisch, Stuhl, Aktenschrank und Regale, Schreibtischlampe, Computer etc. sind auf jeden Fall abzugsfähige Arbeitsmittel. Die oben erwähnte Couch stellt bereits einen Grenzfall dar, dürfte mit plausibler Begründung bei einer therapeutischen oder geistig-kreativen Tätigkeit vielleicht auch noch durchgehen. Nach dem Motto: „Nur im Liegen auf meiner Couch habe ich die Inspiration, die mich beflügelt ...".

Bitte denken Sie daran, dass Sie Anschaffungen mit einem Einkaufspreis über 800 Euro brutto nicht voll absetzen dürfen, sondern je nach Art und Gebrauchsdauer über einen entsprechend längeren Zeitraum abschreiben müssen (siehe Einkäufe für das Geschäft, Seite 191).

Telefonkosten

Manchmal fängt man halt einfach an mit der selbstständigen Tätigkeit und plötzlich kommen Anrufe herein oder es müssen Termine geklärt oder Räume organisiert werden. Dafür werden Sie noch kein Büro mit eigenem Telefonanschluss eingerichtet haben. Sie nutzen vielmehr Ihr privates Telefon auch geschäftlich.
Es gibt zwei Möglichkeiten, berufsbedingte Telekommunikationskosten in der Steuererklärung geltend zu machen: die Abrechnung mit Aufzeichnungen und die Pauschalabrechnung. Grundlage dafür ist ein Telefonerlass der Finanzverwaltung (BMF-Schreiben vom 20.11.2001, BStBl. 2001 I S. 993).
Eine Möglichkeit, mit der Sie das lösen können für Ihren Festnetzanschluss sowie auch für Ihr Mobiltelefon: Beantragen Sie bei Ihrem Telefonunternehmen einen (immer kostenlosen) Einzelverbindungsnachweis, der dann mit der Telefonrechnung zugeschickt wird. So können Sie die geschäftlichen von den privaten Gesprächen trennen und entsprechend summieren. Die Anschluss- oder Grundgebühren können Sie entsprechend der prozentualen Nutzung des Telefons ebenfalls geltend machen.

Beispiel: Thorsten startet seine Kurstätigkeit von zu Hause aus. Bei seiner Telefongesellschaft hat er einen Einzelverbindungsnachweis beantragt. Daneben notiert er sich bei jedem Anruf, den er vom privaten Telefon aus für seine selbstständige Tätigkeit macht, Datum und Uhrzeit. So kann er die Gespräche auf dem Verbindungsnachweis später einfacher zuordnen. Im letzten Monat hat er Gespräche geführt für insgesamt 30 Euro. Davon waren 15 Euro für geschäftliche Gespräche, also 50 Prozent.
Dementsprechend macht er nicht nur diese 15 Euro geltend, sondern auch noch 50 Prozent der Anschlussgebühr für diesen Monat. Diese liegt bei 12 Euro, also kann Thorsten zusätzlich 6 Euro als Ausgabe geltend machen.
Haben Sie für den Mail- und sonstigen Datenverkehr und für Telefonate von Ihrem Mobil- oder Festnetztelefon eine Flatrate, so gibt es die weitere Möglichkeit, über einen repräsentativen Zeitraum von drei nacheinander folgenden Monaten alle geführten, allerdings auch alle eingehenden (!) Gespräche genau aufzulisten, um so einen prozentualen Durchschnitt ausrechnen zu können. Dieser Prozentsatz kann danach ohne weitere Kontrolle für jeden Monat gleich angesetzt werden. Dieses Vorgehen muss dann aber jährlich wiederholt werden.

Beispiel:
Telefonrechnung März:
Gesprächsanteil für selbstständige Tätigkeit: 40 Prozent

Telefonrechnung April:
Gesprächsanteil für selbstständige Tätigkeit: 30 Prozent

Telefonrechnung Mai:
Gesprächsanteil für selbstständige Tätigkeit: 50 Prozent

Der Durchschnitt beträgt   40 + 30 + 50 = 120 : 3 =   **40 Prozent**

Dieser Anteil von 40 Prozent kann nun jeweils für die Gesamtrechnung inklusive der Anschlussgebühr, Gerätemiete, ggf. Reparatur etc. angesetzt werden.

Sie können auch den steuerlich abziehbaren Anteil Ihrer monatlichen Telefonkosten pauschal ermitteln, ohne die beruflichen Telefongespräche im Einzelnen nachweisen zu müssen. Voraussetzung für den pauschalen Abzug ist, dass Sie erfahrungsgemäß beruflich veranlasste Telekommunikationsaufwendungen haben (R 9.1 Abs. 5 Satz 4 LStR 2015). Sie können pro Monat pauschal bis zu 20 % Ihrer Telekommunikationsaufwendungen, höchstens jedoch 20,00 Euro absetzen. Der Höchstbetrag von 20,00 Euro bezieht sich auf den monatlichen Rechnungsbetrag. Einmalige Aufwendungen, die nicht in der monatlichen Rechnung auftauchen, fallen nicht unter den Höchstbetrag (z.B. Anschaffungskosten, Reparaturkosten). Rechnen Sie deshalb nur Ihre laufenden Kosten mit 20 %, jedoch höchstens 20,00 Euro, ab. Daneben machen Sie zusätzlich von den einmaligen Aufwendungen 20 % als Werbungskosten geltend.

Statt dem Finanzamt für jeden Monat des Jahres die Telefonrechnung vorzulegen, haben Sie auch hier die Möglichkeit, aus den Telefonrechnungsbeträgen dreier zusammenhängender Monate (z.B. von Juni bis August) einen monatlichen Durchschnittsbetrag zu ermitteln (R 9.1 Abs. 5 Satz 5 LStR 2015). Entsprechend wird für jeden Monat des Jahres von diesem Durchschnittsbetrag – und nicht von den tatsächlichen Rechnungsbeträgen – der pauschal absetzbare Teil der Telekommunikationsaufwendungen (also die genannte 20 Prozent) berechnet. Alternativ und viel praktischer ist es für Selbstständige, ein Zweithandy zu organisieren. Wer sein Geschäftshandy auch für Privatgespräche nutzt, kann nur einen Teil seiner Handykosten als Ausgabe absetzen. Bei der Verwendung eines Zweithandys dagegen kann die ganze Summe als steuermindernd geltend gemacht werden. Die modernen Tarife für Smartphones sind speziell für Zweithandys häufig viel niedriger als der Tarif für das Geschäftshandy.

Der Schutz der Privatsphäre und das Abschalten während der Freizeit sind also wichtige, jedoch nicht die einzigen Gründe, über die Anschaffung eines Zweithandys nachzudenken. Ein besonderer Vorteil ergibt sich, wenn das geschäftlich genutzte Smartphone über eine Flatrate verfügt. In diesem Fall ist den Auflagen genüge getan, wenn Sie ein privates Zweithandy mit eigenem Tarif besitzen. Dadurch ist klar, dass das Geschäftshandy rein geschäftlich genutzt wird. Ob Sie dann tatsächlich die geschäftliche Flat auch privat nutzen, spielt in der Praxis keine Rolle, da für die zusätzlichen Privatgespräche ja keine zusätzlichen Gebühren entstehen.

Nutzen Sie bei Ihrem ISDN-Anschluss nur eine der Nummern ausschließlich für berufliche Gespräche, müssen Sie dennoch Ihre beruflichen Telefonkosten

einzeln nachweisen. Denn für das Finanzamt ist die beruflich genutzte Nummer kein Zweitanschluss, da sie ISDN-Anschlüsse mit mehreren Nummern wie einen einzigen gewöhnlichen Telefonanschluss behandelt (Erlass der Senatsverwaltung für Finanzen Berlin vom 19.2.1997, DStR 1997 S. 416).
Im Formular EÜR tragen Sie Ihre Ausgaben für Telefon usw. ein unter „Sonstige unbeschränkt abziehbare Betriebsausgaben" in die Spalte „Aufwendungen für Telekommunikation".

Fachliteratur und -presse

Bücher, die Sie für die Ausübung Ihrer selbstständigen Tätigkeit kaufen, gehören uneingeschränkt zu den Betriebsausgaben. Die Angabe auf der Quittung der Buchhandlung mit dem Begriff „Fachbuch" ist allerdings nicht ausreichend! Anzugeben sind zusätzlich zwingend immer Vor- und Zuname von Autor oder Autorin und der Titel.
Zur Fachliteratur gehören auch Ihre Fachzeitschriften und -magazine, die ebenfalls zu den Betriebsausgaben zählen. Ebenso kann eine Zeitung oder Zeitschrift, die Sie wegen eines bestimmten Artikels kaufen, eine betriebliche Ausgabe sein. Sind Sie aus fachlichen Gründen am Artikel interessiert oder wird vielleicht Ihre Technik vorgestellt, beispielsweise in der Cosmopolitan: „Fit mit Qigong" oder in der Brigitte: „Yoga macht schlank", ist das ein hinreichender Kaufgrund für Sie. Lassen Sie sich beim Kauf beim Händler eine Quittung geben und ergänzen Sie hier den Beleg mit dem Namen der Zeitschrift und mit dem Titel des Artikels. Hilfreich kann es auch sein, die Titelseite (oder die Inhaltsangabe) des Magazins zu kopieren, dann haben Sie Preis und Thema auf einem Blatt und können diese zu Ihren Buchungsunterlagen geben. Somit kann auch nach Jahren bei einer möglichen Betriebsprüfung der betriebliche Anlass als Kaufgrund geltend gemacht werden.
In der EÜR tragen Sie Ihre Ausgaben für Fachliteratur und fachliche Medien wie DVDs oder CDs ein unter „Sonstige unbeschränkt abziehbare Betriebsausgaben" in die Spalte „Übrige unbeschränkt abziehbare Betriebsausgaben".

Praxis-, Kurs- und Seminarbedarf – Betriebsmaterialien

Je nachdem, was Sie unterrichten oder im Rahmen von Therapie oder Beratung anbieten, benutzen Sie sogenannte Verbrauchsartikel, wie zum Beispiel Räucherstäbchen, Duftöle, Kerzen, u.ä. oder Blumen zur Dekoration in Ihrer Praxis. Erleichtern Sie sich und dem Finanzamt die Anerkennung, indem Sie solche Dinge zusammenfassen unter dem Ausgabenpunkt: „Praxis- oder Seminarbedarf bzw. Kursbedarf".
Im Formular EÜR tragen Sie diese Ausgaben in der Rubrik „Sonstige unbeschränkt abziehbare Betriebsausgaben" unter „Übrige unbeschränkt abziehbare Betriebsausgaben" ein. Gegebenenfalls müssen Sie hier mehrere Posten addieren.

Büromaterial

Das Meiste von dem, was Sie für Ihre organisatorischen Tätigkeiten und für Ihre Verwaltung brauchen, fällt wahrscheinlich unter diesen Begriff. Tintenpatronen, Kopier- und Druckerpapier, Prospekthüllen, Mappen, Ordner, Laserkartuschen, Schreib- und Kleb-Stifte, Locher, Hefter, Aktenordner, Schere, Cutter, Lineal, Kartei-Karten und Kästen: Alles Büromaterial, alles voll geltend zu machen als Betriebsausgabe.
In der EÜR tragen Sie diese Ausgaben in der Rubrik „Sonstige unbeschränkt abziehbare Betriebsausgaben" unter „Übrige unbeschränkt abziehbare Betriebsausgaben" ein. Gegebenenfalls müssen Sie hier mehrere Posten addieren.

Reinigung und Instandhaltung

Sie haben einen Praxis- oder Studio-Raum mit Waschbecken und Toilette? Dann kaufen Sie auch Seife, Toilettenpapier, Geschirrspülmittel, WC-Reiniger. Diese Dinge (und Ähnliches) fassen Sie entsprechend zusammen unter dem Begriff Reinigungsmittel.
Die Neonröhre muss ersetzt werden, eine Glühbirne oder ein Schalter? Sie wollen nach ein paar Jahren eine leicht abgegriffene Wand im Flur Ihres Studios frisch streichen? Leuchtmittel, technische Kleinteile wie Kabel oder Schalter und auch Farbe, Pinsel, Klebeband und Folie sind Materialien zur Instandhaltung. Sie können für die Erfassung Ihrer Betriebsausgaben die Positionen „Reinigung und Instandhaltung" zusammenfassen.
Im Formular EÜR tragen Sie diese Ausgaben in der Rubrik „Sonstige unbeschränkt abziehbare Betriebsausgaben" unter „Übrige unbeschränkt abziehbare Betriebsausgaben ein. Gegebenenfalls müssen Sie hier mehrere Posten addieren.

Porto für Briefe und Paketdienste

Sie wollen ein Angebot verschicken oder Ihren neuen Flyer versenden. Die Kosten für die Briefumschläge buchen Sie unter Büromaterial (s.o.). Das Porto für den Brief müssen Sie jedoch unter einem eigenen Posten zusammenfassen. Sammeln Sie die Belege für Ihre Briefmarkenkäufe und auch für den Versand von Päckchen und Paketen, sowohl mit der Deutschen Post wie auch mit anderen Zustell- bzw. Paketdiensten.
Das Porto für Brief- und Paketversand muss separat als Betriebsausgabe erfasst werden. Sind Sie umsatzsteuerpflichtig, beachten Sie, dass für Porto beim Versand mit der Deutschen Post keine Umsatzsteuer anfällt, beim Paketversand bzw. für „Versandkosten" der volle Umsatzsteuersatz gilt. Sortieren Sie deshalb Ihre Belege entsprechend in die beiden Stapel: Porto mit bzw. ohne Umsatzsteuer.

In der EÜR tragen Sie diese Ausgaben in der Rubrik „Sonstige unbeschränkt abziehbare Betriebsausgaben" unter „Übrige unbeschränkt abziehbare Betriebsausgaben" ein. Gegebenenfalls müssen Sie auch hier mehrere Posten addieren.

Kleidung

Kann die für den Unterricht oder für die therapeutische Tätigkeit angeschaffte Kleidung eine Betriebsausgabe sein? Ja und nein. Was muss erfüllt werden, damit die Kleidung oder Kleidungsstücke, die Sie nur für den Yoga-/Taiji-/Meditations-Unterricht gekauft haben, eine steuerlich abzugsfähige Betriebsausgabe wird? Wichtig für die Anerkennung eines Kleidungsstückes als Berufskleidung: Es muss eine fast ausschliessliche berufliche Nutzung gegeben sein. Es darf also vor allem nicht die Möglichkeit bestehen, dass man die Yoga- (oder sonstige Kurs-) Kleidung auch privat anziehen könnte. Ein besonderer Schnitt der Kleidung und Erwerb im Fachhandel ist bereits nach einem Urteil des Bundesfinanzhofes (BFH) vom 6. Dezember 1990 ein wichtiges Indiz für die Anerkennung als Berufskleidung (Az.: III R 65/90, im Bundessteuerblatt II 1991, 348).

Liegt die Benutzung als normale bürgerliche Kleidung im Rahmen des Möglichen, so sind die Aufwendungen für Kleidung nicht abzugsfähig. Kann dagegen nachgewiesen werden, dass die Kleidungsstücke so gut wie ausschliesslich beruflich genutzt werden, ist die Abzugsfähigkeit gesichert. Lassen Sie sich beim Kauf stets eine Quittung geben, auf der der spezifische Einsatz als Berufsbekleidung notiert wird. Also, statt Sporthose zum Beispiel Yoga-Hose.

Im Formular EÜR tragen Sie diese Ausgaben in der Rubrik „Sonstige unbeschränkt abziehbare Betriebsausgaben" unter „Übrige unbeschränkt abziehbare Betriebsausgaben" ein. Gegebenenfalls müssen Sie hier mehrere Posten addieren.

Versicherungen rund um Ihr Geschäft

Alles zum Thema Versicherungen lesen Sie im nachfolgenden Kapitel 5 ab Seite 212. Bitte bedenken Sie, dass nur betrieblich bedingte Versicherungen auch Betriebsausgaben darstellen. Sie erfassen hier die zu zahlenden Jahresprämien für Ihre Berufshaftpflichtversicherung, für die Betriebsversicherung und ggf. ähnliche Versicherungen.

Versicherungsbeiträge sind immer umsatzsteuerfrei. Die auf der Rechnung genannte Versicherungssteuer ist etwas anderes und nicht (ab-)ziehbar, wie die Vorsteuer (Erläuterungen zum Thema Vorsteuer siehe auch Seite 50).

Wichtiger Hinweis
Ihre Beiträge für Renten- und/oder Krankenversicherung sind keine Betriebsausgaben, auch wenn Sie ggf. gesetzlich dazu verpflichtet sind!

Beitrag Berufsverband

Ihre Beiträge für einen oder mehrere Berufs- oder Fachverbände sind bei selbstständiger Tätigkeit voll abziehbare Betriebsausgaben. Ebenso sind alle sonstigen Aufwendungen für einen Berufsverband als Betriebsausgaben steuerlich absetzbar. Dazu gehören also auch die Fahrtkosten, zum Beispiel zu einem Kongress oder zur Mitgliederversammlung einschließlich der Pauschalbeträge für Verpflegung und gegebenenfalls die Übernachtungskosten (in voller Höhe mit Beleg). Das hat der Bundesfinanzhof festgestellt im Urteil mit dem Aktenzeichen VI R 51/92. In der EÜR tragen Sie diese Ausgaben in der Rubrik „Sonstige unbeschränkt abziehbare Betriebsausgaben" unter „Übrige unbeschränkt abziehbare Betriebsausgaben" ein. Gegebenenfalls müssen Sie hier mehrere Posten addieren.

Geschenke

Kleine Geschenke erhalten die Freundschaft und das gilt auch für die geschäftliche Beziehung. Dafür können Sie pro Person und Jahr insgesamt 35 Euro ausgeben, wenn Sie es als Betriebsausgabe geltend machen wollen.
Ob die 35 Euro brutto oder netto gelten, hängt davon ab, ob Sie als schenkendes Unternehmen zum Vorsteuerabzug berechtigt sind. Ist das der Fall, darf der Nettowert des Geschenks die 35-Euro-Grenze nicht überschreiten. Machen Sie als Unternehmen von der Kleinunternehmerregelung Gebrauch, ist der Bruttowert des Geschenks maßgeblich.
Bitte beachten Sie, dass die Ausgaben für Geschenke gesondert in Ihrer Aufstellung der Betriebsausgaben gelistet sein müssen. Erhielten die gleichen Personen mehrmals Geschenke im Jahr, erstellen Sie zur eigenen Sicherheit und für den Nachweis eine separate Aufstellung. Denn beim Überschreiten der Freigrenze von 35 Euro gelten die Geschenke für den Beschenkten als betriebliche Einnahme (Sachwert) und müssen eventuell nachträglich versteuert werden – was für Sie als Schenkende/r im Nachhinein wiederum wahrscheinlich unangenehm sein wird.

Beispiel: Ein Berater war ziemlich aufgelöst, als er den nachträglichen Steuerbescheid mit Zahlungsaufforderung in Höhe mehrerer hundert Euro in den Händen hielt. Er hatte als besonderes Dankeschön von einem Unternehmen eine Reise geschenkt bekommen im Gesamtwert von fast 3.000 Euro. Das war dem Finanzamt zu viel – und das schenkende Unternehmen wollte diese Steuernachforderung auch nicht übernehmen.

Auch, wenn Sie nicht gleich Reisen verschenken, so gilt dies auch für die ledergebundene Schreibmappe oder das Yoga-Bolster, das Sie guten Kunden schenken. Eigentlich müssten Sie gleich zu dem Geschenk bei Überreichung dazu sagen

"Hier ist der Beleg, zum Geschenk musst du dies und das versteuern". Das ist sicher realitätsfremd.
Alternativ können Sie als schenkendes Unternehmen den Wein, die Schreibmappe oder das Bolster auch selbst versteuern – und zwar laut § 37b EStG pauschal mit einem Steuersatz von 30 Prozent (zzgl. Solidaritätszuschlag und Kirchensteuer). Mit der Pauschalsteuer ist die Steuerpflicht des Beschenkten abgegolten; als schenkendes Unternehmen können Sie Ihrem Geschäftspartner mitteilen, dass Sie die Steuer für sein Geschenk übernommen haben.
Die Geschenke dürfen weiter maximal 35 Euro kosten (inkl. Umsatzsteuer). Darauf zahlen Sie eine Pauschalsteuer von 30 Prozent. Dann sind Geschenkwert und Steuer komplett als Betriebsausgabe absetzbar, auch wenn der Gesamtwert inklusive Pauschalsteuer über 35 Euro liegt. Das hat die Finanzverwaltung nach Auskunft des Bundes der Steuerzahler festgelegt. Ein anderslautendes Urteil des Bundesfinanzhofs (Az.: IV R 13/14), nach dem die Pauschalsteuer in die 35-Euro-Grenze eingerechnet werden muss, wird damit nicht angewendet.
Hat sich ein Unternehmen entschieden, Geschenke pauschal zu versteuern, gilt dies für alle Zuwendungen binnen eines Jahres. Man kann also nicht bei nur einem Kunden sagen: "Für dich übernehme ich die Steuer – für andere Kunden nicht."

Wichtig! Geschenke separat auflisten!
Beachten Sie, dass die Ausgaben für Geschenke an Geschäftspartner zwingend in einer eigenen Spalte im Journal aufgeführt werden müssen und ebenfalls bei der Erstellung der Einnahme-Überschussrechnung! Wird dies nicht beachtet und gegebenenfalls unter "Sonstiges" verbucht, werden Kosten für Geschenke an Kunden nicht anerkannt.
Im Formular EÜR tragen Sie Ihre Ausgaben für Geschenke ein unter "Beschränkt abziehbare Betriebsausgaben" in die Spalte "Geschenke".

Geschenke, die steuerlich keine sind

Geschenke von geringem Wert und sogenannte Streuartikel fallen im Übrigen nicht unter die gerade genannte Aufzeichnungspflicht. Dazu gehören beispielsweise Kugelschreiber, Notizblocks, einfache Kalender, Igelbälle etc. Alle diese Artikel sind vielmehr dem Posten Werbung/Werbematerial zuzuordnen. Und Sie können einfach aus Ihrem Geschenk ein steuerlich absetzbares Werbemittel machen: jeder Gegenstand, der zum Beispiel durch ein Etikett oder einen Aufdruck auf Sie und Ihre berufliche Tätigkeit hinweist, gilt als Werbemittel und fällt damit nicht unter die Kategorie Geschenke. Ausgaben für Werbemittel sind unbegrenzt als Betriebsausgaben absetzbar.
In der EÜR tragen Sie diese Ausgaben in der Rubrik "Sonstige unbeschränkt abziehbare Betriebsausgaben" unter "Übrige unbeschränkt abziehbare Betriebsausgaben" ein. Gegebenenfalls müssen Sie hier mehrere Posten addieren.

Bewirtung

Wenn Sie geschäftlich unterwegs sind und "der kleine Hunger kommt", so können Sie diese Ausgaben jedoch nicht betrieblich geltend machen. Nur sehr eingeschränkt gelten die Pauschalen für den sogenannten Verpflegungsmehraufwand (siehe Seite 179).

Laden Sie doch stattdessen bei einem Seminarbesuch Ihre KollegInnen/Kursleiter zum Essen ein. Oder den Veranstalter Ihrer Seminare, dann sind das durchaus betriebliche Aufwendungen. Denn im Gegensatz zum Essen alleine können Sie eine geschäftlich veranlasste Bewirtung sehr wohl als Betriebsausgabe geltend machen (§ 4,5, 2 EStG). Damit alles mit rechten Dingen zugeht, stellen die Finanzbehörden einige Anforderungen, die Sie beachten sollten. Bei Bewirtung ausser Haus, also in einem Restaurant oder Gasthaus, werden nur (!) maschinell erstellte Bewirtungsquittungen mit genauer Auflistung von Speisen und Getränken akzeptiert.

Zusätzlich müssen Sie zum gedruckten Kassenbeleg mit Name und Anschrift der Gaststätte und ausgewiesener Mehrwertsteuer die Namen aller bewirteten Personen und den Anlass notieren. Sie als Einladende müssen ebenfalls als Bewirtete aufgeführt sein und zusätzlich mit Angabe von Ort und Datum eigenhändig diesen Beleg unterschreiben. Zusätzlich müssen Art und Umfang der Leistung aufgeführt sein. Zwar reicht es u.U. den Begriff Menü 1 mit Preis auf dem Beleg stehen zu haben, dazu ggf. einzeln die Getränke usw. Doch ist nicht ausreichend eine allgemeine Formulierung wie: Speisen und Getränke und dazu die Summe. Sind diese Voraussetzungen erfüllt, können 70 Prozent des Rechnungsbetrages (vorsteuerabzugsfähig) als Betriebsausgaben abgesetzt werden.

Der Bundesfinanzhof (BFH) hat unterstrichen, dass die Angaben auf dem Bewirtungsbeleg konkret sein müssen. Bereits in seinem Beschluss vom 10. September 1996 hat der BFH einem Finanzamt zugestimmt, das Kosten für Bewirtung nicht anerkannt hatte, weil die Angaben zum Anlass zu unkonkret waren (BFH- Beschluss IV B 76/94). Konsequenz: "Kundenpflege" oder "Seminaranbahnung" sind nicht ausreichende Angaben. Also schreiben Sie besser: "Seminarplanung Autogenes Training im Betrieb 2018/19" oder "Besprechung, Ziel: Beginn/Wiederholung der Beratung/Fortbildung im nächsten Jahr".

Entsprechend gilt diese Vorschrift bei Bewirtung in eigenen Räumen. Die Belege der Einkäufe für die Bewirtung sammeln Sie und ergänzen alles wieder mit den genannten Angaben.

> ▶ **Hinweis:** Eine Vorlage zur Abrechnung von Bewirtungskosten finden Sie innerhalb der Downloads zu diesem Buch. Die Zugangsdaten dazu auf der Seite 237. ◀

Kaffee oder Tee im Büro

Die wiederkehrenden Ausgaben für Kaffee, Tee, Filter, Gebäck etc. für Ihre Praxis oder Ihr Studio können Sie in voller Höhe unter „Bewirtungskosten" verbuchen, ohne dass es eines Nachweises der bewirteten Personen bedarf. Voraussetzung ist allerdings, dass Sie – wenn auch nur gelegentlich – tatsächlich KundInnen in Ihren Geschäftsräumen haben.

Bewirtungskosten separat auflisten!

Beachten Sie, dass die Ausgaben für „Bewirtungen" zwingend in einer eigenen Spalte im Kassenbuch bzw. Journal aufgeführt werden müssen und ebenfalls bei der Erstellung der Einnahme-Überschussrechnung! Wird dies nicht beachtet und gegebenenfalls unter „Sonstiges" verbucht, werden Bewirtungskosten wie auch Ausgaben für „Geschenke" an Kunden nicht anerkannt.
Im Formular EÜR tragen Sie Ihre Ausgaben für Bewirtungen ein unter „Beschränkt abziehbare Betriebsausgaben" in die Spalte „Bewirtungsaufwendungen".

Einkäufe für Ihr Geschäft – GWG und AfA

Geringwertige Wirtschaftsgüter bis 800 Euro Netto-Preis

Bei geringwertigen Wirtschaftsgütern (GWG), die ab dem 1. Januar 2018 angeschafft wurden, ist eine Sofortabschreibung als Betriebsausgabe bis 800 Euro netto möglich. Bis Ende 2017 galt hier 410 Euro als Grenze. Nach über 50 Jahren wurde die Betragsgrenze erstmals angehoben.
So genannte Geringwertige Wirtschaftsgüter (GWG) sind alle beweglichen und selbstständig nutzbaren Geräte, Maschinen, doch auch Möbel und anderes, die bei Bezahlung nicht mehr als 800 Euro netto kosten (ohne Umsatzsteuer). GWG dürfen im Jahr der Anschaffung in vollem Umfang als Betriebsausgaben geltend gemacht werden.
Was versteht man unter selbstständig nutzbar? Das ist zum Beispiel der Bürostuhl, klar. Als nicht selbstständig nutzbar gilt jedoch der Monitor für den PC oder der Drucker im Büro! Ist der Drucker ein Kombigerät, mit dem sich auch Faxe verschicken lassen oder Kopien getätigt werden können, kann es als eigenständiges Gerät angesehen werden.
Alternativ können Sie seit 2010 für GWG auch einen Sammelposten bilden.

Sammelposten Geringwertige Wirtschaftsgüter
Ein solcher in der Buchhaltung separat zu führender Sammelposten kann seit 2010 alternativ zur zuvor beschriebenen vollumfänglichen Betriebsausgabe gebildet

werden. Dieser Sammelposten wird angelegt für alle Wirtschaftsgüter, die einer Abnutzung unterliegen und netto mehr als 250 Euro (bis Ende 2017 netto 150 Euro), und netto weniger als 1.000 Euro in der Anschaffung gekostet haben und als weiteres gemeinsames Merkmal haben, dass sie alle im gleichen Kalenderjahr angeschafft wurden.

Im Paragraph 6, 2a EStG wird ausgeführt: „Der Sammelposten ist im Wirtschaftsjahr (für uns gleich Kalenderjahr) der Bildung und den folgenden vier Wirtschaftsjahren mit jeweils einem Fünftel (also 20 Prozent) gewinnmindernd aufzulösen. Scheidet ein Wirtschaftsgut aus dem Betriebsvermögen aus, wird der Sammelposten nicht vermindert."

Seit 2018 gelten für geringwertige Wirtschaftsgüter, deren Wert 250 Euro netto (übersteigt, besondere Aufzeichnungspflichten. Solche GWG müssen zu Dokumentationszwecken in einem gesonderten Verzeichnis erfasst werden, und zwar unter Angabe des Tages der Anschaffung oder Herstellung und der Anschaffungs- oder Herstellungskosten. Auf ein solches Verzeichnis kann nach § 6 Abs. 2 Satz 4 Einkommenssteuergesetz (EStG) verzichtet werden, wenn diese Angaben aus der Buchführung ersichtlich sind.

Für geringwertige Wirtschaftsgüter mit einem Wert von bis zu 250 Euro netto, also Kleinbetragsrechnungen, gelten keine besonderen Aufzeichnungspflichten.

Beispiel: Sie kaufen einen Bürostuhl für 185 Euro. Das ist eine sofort absetzbare Betriebsausgabe. Der Stuhl ist eigenständig nutzbar und kostet weniger als 250 bzw. 800 Euro.

Beispiel: Sie kaufen in einem Kalenderjahr einen Schreibtisch für Ihr neues Büro zum Preis von 290 Euro, des Weiteren einen Kühlschrank zur Bewirtung Ihrer Teilnehmenden für 255 Euro sowie eine Moderationswand für 310 Euro. Diese drei Artikel haben gemeinsam, dass sie alle über 250, allerdings nicht mehr als 1.000 Euro gekostet haben, selbstständig genutzt werden können und alle im gleichen Kalenderjahr angeschafft wurden. Die Summe liegt bei 855 Euro, die nun für die nächsten fünf Jahre (einschliesslich dem Jahr der Anschaffung) mit einem Fünftel, also mit 855 : 5 = 171 Euro als Betriebsausgabe geltend gemacht werden dürfen. Sollte der Kühlschrank nach drei Jahren kaputt gehen, so bleibt der Sammelposten davon unberührt, d.h. der Kühlschrank-Anteil bleibt auch für die verbleibenden zwei Jahre im jährlichen Fünftel erhalten.

Und was ist besser für Ihre Situation – Sammelposten oder GWG bis 800 Euro? Nun, das kommt darauf an, denn Sie können tatsächlich wählen und zwar jedes Jahr neu. Das können Sie sogar zur vorteilhaften Gestaltung nutzen. Dazu folgende Beispiele:

Einnahmen, Ausgaben, Möglichkeiten, Vorschriften und Gesetze KAPITEL 4

Beispiel: Besser Sammelposten
Ines kauft in diesem Jahr die Ausstattung ihrer Praxis mit zwei grossen Sofas und zwei Sesseln für Therapiegespräche und dazu noch eine Büro-Ausstattung. Diese Möbel kosten alle mehr als 800 Euro, doch weniger als 1.000 Euro. Dazu kauft sie noch ein Smartphone für ihr Geschäft zum Preis von 358 Euro. Ines wählt für dieses Jahr die Möglichkeit des Sammelpostens, denn dadurch kann sie die Kosten für die Möbel über nur fünf Jahre abschreiben. Sonst wären es nämlich 13 Jahre. Allerdings muss sie auch das Smartphone über diese fünf Jahre abschreiben, denn alle Anschaffungen eines Jahres mit einem Preis zwischen 250 und 1.000 Euro müssen im Sammelposten erfasst und gleichbleibend abgeschrieben werden. In diesem Fall immer noch mit grösserem Vorteil.

Beispiel: Besser GWG bis 800 Euro
Im nächsten Jahr hat Ines eine andere Situation. Für ihre Gruppentherapien kauft sie im Laufe des Jahres drei Freischwinger-Stühle, die jeweils 278 Euro kosten. Ausserdem schafft sie sich einen Beamer für ihre Vorträge an. Der kostet 850 Euro. Nun kann sie für dieses Jahr die Stühle voll als Betriebsausgaben ansetzen. Den Beamer muss sie über fünf Jahre abschreiben, mit jährlich also 170 Euro (850 Euro : 5 Jahre = 170 Euro/Jahr).

Abnutzbare Anlagegüter mit einem Anschaffungspreis über 1.000 Euro (bei Anwendung eines „Sammelpostens GWG") bzw. 800 Euro
Im Paragraph 7 des EStG. wird vorgeschrieben: „Bei Wirtschaftsgütern, deren Verwendung ... zur Erzielung von Einkünften sich ... auf einen Zeitraum von mehr als einem Jahr erstreckt, ist jeweils für ein Jahr der Teil der Anschaffungs- oder Herstellungskosten abzusetzen, der bei gleichmässiger Verteilung dieser Kosten auf die Gesamtdauer der Verwendung oder Nutzung auf ein Jahr entfällt (Absetzung für Abnutzung in gleichen Jahresbeträgen). Die Absetzung bemisst sich hierbei nach der betriebsgewöhnlichen Nutzungsdauer des Wirtschaftsguts."
Noch nicht so ganz klar? O.k., also der Reihe nach. Es handelt sich in diesem Abschnitt um Geräte oder Anlagen, die in der Anschaffung oder Herstellung mehr als 800 bzw. 1.000 Euro gekostet haben. Dann ist es nicht mehr möglich, mit den oben vorgestellten Fristen abzuschreiben. Dazu müssen die Tabellen des Bundesfinanzministeriums zur „AfA", also zur „Abschreibung für Abnutzung" zugrunde gelegt werden.

▶ **Hinweis:** Diese „AfA-Tabellen" finden Sie auf der Internetseite des Bundesfinanzministeriums und können dort auch heruntergeladen werden: www.bundesfinanzministerium.de ◀

Ende der Abschreibung
Am Ende der Abschreibungszeit wird das Gerät weiter unter den sogenannten Anlagegütern geführt. Da in der Zwischenzeit die Anschaffungskosten vollständig abgeschrieben sind, wird es nur noch mit einem sogenannten Erinnerungswert von einem Euro geführt. Wird ein betrieblich angeschafftes Gerät veräussert, so ist diese Einnahme ein „sonstiger Erlös" bei Ihren Betriebseinnahmen.
Immer wieder kommt es zu gerichtlichen Auseinandersetzungen bei der Frage, wie zum Beispiel ein Computer und ein Bildschirm im Sinne der „AfA"-Vorschrift zu betrachten sind. Kosten nämlich sowohl der Rechner als auch der Bildschirm weniger als 1.000 Euro, könnte man ja sagen, dass beide als „geringwertiges Wirtschaftsgut im Sammelposten" zu betrachten sind. „Geht nicht", sagen die Finanzämter, weil ja ein PC ohne Bildschirm nicht zu betreiben ist. Diese beiden Geräte bilden also eine Einheit und müssen in der Höhe ihrer gemeinsamen Summe angesetzt werden.

Alternative Leasing?

Wer seine EDV- oder andere Anlagen professionell nutzen und auch in zwei oder drei Jahren nicht hinter der technischen Entwicklung herhinken will, dem bietet sich die Alternative des Leasings. Dabei suchen Sie sich einen Händler Ihres Vertrauens und lassen sich die Hard- und Software zusammenstellen, die Sie benötigen. Den Kaufpreis zahlen dann nicht Sie, sondern eine Leasingbank. Das kann auch Ihre Hausbank sein, wenn sie gute Konditionen bietet.
Dieser wiederum zahlen Sie eine monatliche Leasingrate über einen vorher vereinbarten Zeitraum (meist zwei bis drei Jahre) und nutzen die Maschine wie Ihre eigene. Nach Ablauf der Leasingzeit geben Sie je nach Vertragsgestaltung den nun gebrauchten PC zurück und können sich auf dem Markt nach einem Neugerät umschauen. Das lästige Verkaufen entfällt ebenso wie das Beachten der Abschreibung bis zum Ende der „AfA"-Zeit. Die monatlich an die Bank zu zahlenden Leasingraten sind bei entsprechender Gestaltung des Finanzierungslaufplans steuerlich voll als Betriebsausgaben absetzbar.

▶ **Hinweis:** Sie sollten Software nur in Ausnahmen über den Leasingvertrag laufen lassen, da diese ansonsten am Ende der Leasingzeit ebenfalls zurückgegeben werden muss! ◀

Investitionsabzugsbetrag

Der heisst im weiteren Wortlaut des Paragraphen „Sonderabschreibung zur Förderung kleiner und mittlerer Betriebe" und macht es auch für freiberuflich Lehrende, Beratende oder TherapeutInnen möglich, sogenannte gewinnmindernde

Rücklagen zu bilden, um zu einem späteren Zeitpunkt davon neue Anschaffungen zu tätigen, wie zum Beispiel Maschinen, Pkw oder Ausstattungen. Geregelt wird dies im Paragraph 7 g EStG, der wie folgt beginnt: „Steuerpflichtige können für die künftige Anschaffung oder Herstellung eines abnutzbaren beweglichen Wirtschaftsguts des Anlagevermögens bis zu 40 Prozent der voraussichtlichen Anschaffungs- oder Herstellungskosten gewinnmindernd abziehen (Investitionsabzugsbetrag)..." Sie müssen dabei ausserhalb (!) der Einnahmen-Überschuss-Rechnung angeben, wofür Sie ansparen. Musste jedoch früher detailliert angegeben werden, für was ein Investitionsbetrag zurückgestellt wird, so reicht heute die Funktionsangabe. Also zum Beispiel „Erweiterung EDV" oder „Ausstattung Praxisraum".

Beispiel: John G. betreibt seit einigen Jahren ein Studio für Entspannungstechniken. Er überlegt sich im Herbst 2017, dass er im nächsten Jahr neue Liegen anschaffen will. Die werden ihn ca. 2.500 Euro kosten. Für diese Investition bildet er eine Rückstellung bis maximal 40 Prozent des Gesamtbetrages von 2.500 Euro, also 1.000 Euro. Diese 1.000 Euro gibt er als Investitionsabzugsbetrag an bei der Steuererklärung für das Jahr 2017 und sie wirken sich somit steuermindernd für ihn aus.

Bedingungen für den Investitionsabzugsbetrag
Der Jahresgewinn darf 100.000 Euro nicht überschreiten (vor Abzug des IAB) bei Betrieben, die den Gewinn per EÜR ermitteln. Die maximale Höhe von 40 Prozent der geplanten Investitionskosten darf 200.000 Euro nicht überschreiten.

Hinweis
Ist die Voraussetzung erfüllt, können Sie für abnutzbare und bewegliche, neue und gebrauchte Wirtschaftsgüter des Anlagevermögens,
– die Sie innerhalb von drei Jahren nach dem Jahr des IAB-Abzugs anschaffen oder herstellen wollen und
– die anschließend mindestens zwei Jahre lang im Betrieb genutzt werden sollen,
– ... bis zu 40 % der voraussichtlichen Anschaffungs- oder Herstellungskosten von Ihrem zu versteuernden Gewinn abziehen.

Es ist ausdrücklich im Gesetz erwähnt, dass es erlaubt ist, durch den Investitionsabzugsbetrag einen Verlust zu machen. Nach spätestens drei Jahren muss die Rücklage, die als Investitionsabzugsbetrag geltend gemacht wurde, wieder zu den betrieblichen Erlösen hinzugerechnet werden. Geschieht dies nicht, müssen auch die entsprechenden Steuer- oder Feststellungsbescheide rückwirkend geändert werden, was dann zu nicht unerheblichen Nachzahlungen führen kann.

Sonderabschreibungen

Abschreibung und kein Ende! Noch eine weitere Möglichkeit, die Einnahmen beziehungsweise Ausgaben legal zu steuern, besteht in der Sonderabschreibung nach Paragraph 7g, 5 EStG: „Bei abnutzbaren beweglichen Wirtschaftsgütern des Anlagevermögens können ... im Jahr der Anschaffung oder Herstellung und in den vier folgenden Jahren Sonderabschreibungen bis zu insgesamt 20 Prozent der Anschaffungs- oder Herstellungskosten in Anspruch genommen werden..."
Die Sonderabschreibung kann nur in Anspruch genommen werden, wenn der Betrieb zum Schluss des Wirtschaftsjahres, das der Anschaffung oder Herstellung vorangeht, die Grössenmerkmale (100.000 Euro Gewinn) nicht überschreitet, und das Wirtschaftsgut im Jahr der Anschaffung und im darauffolgenden Wirtschaftsjahr in „einer inländischen Betriebsstätte des Betriebs des Steuerpflichtigen ausschliesslich oder fast ausschliesslich betrieblich genutzt wird."
In der EÜR machen Sie Ihre Angaben zu den von Ihnen angeschafften Anlagegütern, geringwertigen Wirtschaftsgütern und zu den Abschreibungen unter „Absetzung für Abnutzung (AfA)" in der jeweils entsprechenden Spalte.

Noch einmal zu „Betriebsausgaben"

Grundsätzlich können Sie alle Ausgaben im Zusammenhang mit Ihrer selbstständigen Tätigkeit als Betriebsausgaben ansetzen. Sie sind der Finanzbehörde keine Rechtfertigung schuldig, warum dieses oder jenes von Ihnen betrieblich gebraucht wird. Allerdings empfehle ich Ihnen, bei Nachfrage eines/r Sachbearbeiter/in des Finanzamtes eine ausreichende und nachvollziehbare Auskunft zu Ihren Ausgaben zu geben.
Auch, wenn ich mich wiederhole: Dem Finanzamt steht es nicht zu, darüber zu befinden, ob etwas betrieblich veranlasst und/oder gebraucht wird oder nicht. Dies gehört nicht zu den Aufgaben der Behörde. Ich unterstelle noch dazu, dass dafür den SachbearbeiterInnen meist auch schlicht die Fachkenntnis über branchenspezifische Dinge fehlt. Ohne Vorwurf – warum und wo sollte die Fachkenntnis auch herkommen. Lassen Sie sich deshalb nicht auf Diskussionen am Telefon oder im Amt ein, sondern machen Sie sachlich und inhaltlich gut begründet die Ausgaben geltend!
Also, egal ob Räucherstäbchen, Duftöle, Blumen für die Raumdekoration, ein Mobilé an der Decke oder Lampen: Dies alles sind betriebliche Ausgaben, wenn Sie diese Mittel für Ihre Arbeit bzw. die Ausstattung Ihrer Räume für nötig erachten.
Zu all dem lesen Sie weiter oben mehr. Die Bilder an der Wand Ihrer Praxis, Ihres Büros oder Seminarraumes, ob gerahmte oder ungerahmte Poster oder Originale, sind ebenfalls Betriebsausgaben und gehören zu Ihrer Ausstattung. Hier ist jedoch zu beachten, dass insbesondere bei teuren Originalen eine vertretbare Relation zwischen betrieblich erzieltem Gewinn und Höhe der betrieblich geltend gemachten Ausgaben bestehen sollte.

Sicher ist ein Druck oder Original um die 300 Euro in Ordnung, wenn Sie einen Jahresgewinn erzielen, der jenseits der 20.000 Euro liegt. Wenn der „kleine Rizzi oder Polke" mehr als zehn Prozent Ihres Jahresgewinnes kostet, dann könnte es schwierig werden mit der Betriebsausgabe, wenngleich es gerade in diesem Bereich immer wieder zu interessanten Entscheidungen der Finanzgerichte kommt.

Als Deutsche im Ausland – „Gast-Arbeiter" Teil 1

Weil Sie Kurse und Seminare in Deutschland geben oder hier in Ihrer Praxis therapieren, sind Sie natürlich auch bei Ihrem deutschen Finanzamt steuerpflichtig. Was passiert, wenn Sie im Ausland tätig werden? Zwei Varianten sind zunächst denkbar, die wir im Folgenden näher betrachten wollen.

Variante 1: Ferien-Seminar in Finnland

Anke gibt zum Beispiel Kurse in Nordic Walking und geht mit ihren Gruppen dazu in die Natur rund um ihren Heimatort. Nun kommt der Wunsch auf, sie möge doch mal eine Urlaubs-Tour planen für diese Gruppe. Passenderweise soll es nach Finnland gehen. Es sind nur Teilnehmende aus Deutschland dabei, die die Kursgebühr für Ankes Angebot „Nordic Walking in Finnland" bei ihr in Deutschland bezahlen (bar oder auf Konto). Dann bleibt sie mit diesen Einnahmen auch nur in Deutschland einkommensteuerpflichtig, obwohl sie die eigentliche Leistung im Ausland (Finnland) erbringt. Da alle Zahlungen in Deutschland erfolgen – an die in Deutschland Steuerpflichtige, nämlich Anke, ist das so korrekt.

Variante 2: Eingeladen als Therapeutin nach Finnland

Denken wir nun mal in die umgekehrte Richtung. Denn Anke leitet nicht nur Walking-Gruppen, sondern ist auch als Atemtherapeutin tätig. In dieser Funktion wird sie auf ihrer Tour durch Finnland engagiert. Im Sommer wird sie nun in Finnland in einem Wellness-Zentrum täglich Einzeltherapien anbieten und Kurse geben. Nun ist sie im Ausland tätig und erhält auch dort vom finnischen Wellness-Zentrum für ihre Leistungen Honorare. Damit wird Anke einkommenssteuerpflichtig in Finnland. Gleichzeitig verlangt die Bundesrepublik Deutschland von ihren Steuerbürgern, die hier ihren Wohnsitz haben, dass sie alle Einnahmen – unabhängig vom Leistungsort (hier Finnland) in Deutschland versteuern (so genanntes „Welteinkommens-Prinzip"). Damit nun nicht ein Einkommen mehrfach besteuert wird, hat Deutschland mit sehr vielen Staaten sogenannte Doppelbesteuerungs-Abkommen (DBA) geschlossen, die unbillige Härten für alle Beteiligten vermeiden sollen. Was heisst das nun konkret für Anke?

Da die DBA für jedes Land einzeln ausgehandelt wurden, sollte Anke bereits vor ihrer Abreise nach Finnland folgende Punkte mit dem Wellness-Zentrum klären: Gibt es eine beschränkte Steuerpflicht für Ausländer in Finnland? Wird ab einer bestimmten Einnahmenhöhe direkt eine Steuer einbehalten? Welchem Land steht nach dem DBA wieviel an Steuer auf Ankes Einnahmen zu? Es gibt meist zusätzlich Einschränkungen, allerdings auch Erleichterungen bei geringen Summen. Kann in Ankes Fall das Wellness-Zentrum darüber Auskunft geben? Empfehlung: Anke lässt sich bereits im Vorfeld von einer deutschen Steuerberatung informieren und beraten. Desgleichen sollte es das Wellness-Zentrum in Finnland tun.

Als Ausländer in Deutschland – „Gast-Arbeiter" Teil 2

Da ist der Meister der Kampfkünste aus Thailand, ein Meister des Taiji aus Taiwan oder ein Guru aus Indien, die Sie gerne nach Deutschland einladen möchten, zum Beispiel als Gast-Referenten. Ob für ein Seminar oder für einen Kongress spielt zunächst keine Rolle. Wir gehen der Reihe nach vor: Sie haben den Meister eingeladen. Im Vorfeld der Veranstaltung haben Sie Werbung gemacht und die Teilnahmebeiträge der Interessierten eingesammelt.
Dem Meister zahlen Sie davon das vereinbarte Honorar, vielleicht auch noch einen Teil oder die ganzen Reisekosten. Damit erzielen Sie Einnahmen (Teilnahmebeiträge) in Deutschland und dem gegenüber haben Sie Ausgaben (Werbungskosten, Honorar und Reisekosten des Meisters). Die erfassen Sie wie alle anderen Einnahmen und Ausgaben auch in Ihrer Buchführung. Fertig – für Sie.
Der ausländische Meister wird hier in Deutschland nämlich begrenzt einkommensteuerpflichtig nach § 1, Absatz 4 Einkommensteuergesetz (EStG), weil er in Deutschland Einkünfte nach § 49,3 EStG. aus freiberuflicher Tätigkeit (Unterricht) erzielt. Nun ist zu fragen, ob Deutschland mit dem Heimatland des Meisters ein Doppelbesteuerungs-Abkommen (DBA) vereinbart hat. Darin ist geregelt, ab welcher Höhe eines Honorars an welchem Ort (Deutschland oder Heimatland) wieviel Steuern zu entrichten sind. Der eingeladene Meister kann auf jeden Fall von seinem in Deutschland erhaltenen Honorar alle hier anfallenden Ausgaben als Betriebsausgaben abziehen. Das können deutsche Reisekosten sein (Bahn, Taxi), Kosten für Hotel und alles, was er im Zusammenhang mit seiner Unterrichtstätigkeit hier erwirbt. Geregelt wird dies im § 50,1 EStG.

Hinweis für Sie als in Deutschland lebende/r Veranstalter/in:
Sie haften nicht für den Fall, dass der ausländische Meister oder Lehrer seiner Steuerpflicht hier in Deutschland nicht nachkommen sollte und müssen auch nicht für dessen eventuelle Steuerschuld aufkommen.
Zusätzlich zur Einkommensteuer muss auch noch an die Umsatzsteuer gedacht werden, wenn der Meister hier in Deutschland unterrichtet. Da der Leistungs-

ort des Meisters in unserer Annahme in Deutschland liegt, wird er hier auch umsatzsteuerpflichtig. Da das Ganze ein bisschen zu kompliziert würde, um es zu kontrollieren, wurde die Umkehrung der Umsatzsteuerschuld eingeführt ("Reverse Charge Verfahren"), was bedeutet, dass die Umsatzsteuerpflicht auf den Veranstalter im Inland übertragen wird – also auf Sie. Das gilt auch dann, wenn Sie als Kleinunternehmerin (Umsatz geringer als 17.500 Euro im Jahr) normalerweise ohne Berechnung der Umsatzsteuer arbeiten! Sie müssen dazu dann auch die entsprechenden Positionen in der Umsatzsteuerjahreserklärung (Anlage UR) ausfüllen.

Sind Sie umsatzsteuerpflichtig, so sind die Angaben auf dem Ihnen bekannten Formular zusätzlich einzutragen. Sollten Sie sich unsicher fühlen, was zu tun ist, scheuen Sie sich nicht, eine Steuerberatung zu befragen, die sich damit auskennt. Die Handhabung ist in der Tat nicht ganz einfach, da der Vorgang sich wie 3-mal-um-die-Ecke-geschoben-und-gedacht anfühlt.

Kein Stress mit dem Finanzamt

Das muss auf einer Rechnung stehen

Die Pflichtangaben einer Rechnung sind im § 14 Umsatzsteuergesetz (UStG) definiert. Damit eine Rechnung vom Finanzamt auch als ordentlicher Beleg anerkannt wird, müssen folgende Angaben unbedingt enthalten sein:
- Rechnungssteller mit voller Anschrift
- Rechnungsempfänger mit Vor- und Zuname
- Ausstellungsdatum
- eine Individuelle Rechnungsnummer (fortlaufend)
- Zeitpunkt oder Zeitraum der Lieferung beziehungsweise der Dienstleistung (zum Beispiel „Therapiesitzung am 20.7.2018" oder „Kurs Herbst 2018")
- Leistungsbeschreibung mit Anzahl
- Entgelt je Einzelleistung und Summe entsprechend der Anzahl
- Netto-Rechnungsbetrag
- Umsatzsteuersatz (7 oder 19 Prozent)
- Umsatzsteuerbetrag
- Brutto-Rechnungsbetrag
- Steuernummer des Rechnungsstellers (die vom Finanzamt für die selbstständige Tätigkeit zugeteilt wurde)

Bei der Leistungsbeschreibung sollten Sie möglichst konkret beschreiben, was und wie viel sie geleistet, geliefert oder verkauft haben. Im Zweifel gilt: Lieber ein Detail zu viel als eines zu wenig. Gerade bei Dienstleistungen rügen Finanzbeamte schnell, dass nicht erkennbar ist, was genau gemacht wurde.

Wurde für die Umsatzsteuer eine weitere Steuernummer vergeben (Umsatzsteuer ID), so ist auch diese auf jeder Rechnung anzugeben.

Kleinunternehmer-Rechnung

Die Angabe zum Umsatzsteuersatz, der Höhe des Umsatzsteuerbetrages und die Angabe der Steuernummer entfallen, wenn Sie nicht mit Umsatzsteuer arbeiten (müssen). Stattdessen ergänzen Sie dann in Ihren Rechnungen eine entsprechende Information wie z.B. „umsatzsteuerbefreit nach § 19,1 UStG" oder: „Kleinunternehmer gemäss Paragraph 19,1 Umsatzsteuergesetz".

Eine individuelle Rechnungsnummer ist Pflicht seit 2004. Sie soll dazu dienen, dass bei Prüfvorgängen des Finanzamtes (gedacht ist vor allem an sogenannte Geldwäsche) schneller Geldströme nachzuvollziehen sind. Eine einfache Möglichkeit zur Erstellung einer individuellen Rechnungsnummer ist die Kombination aus einer fortlaufenden Zahl und dem aktuellen Datum.

Beispiel: Sie erstellen die erste Rechnung am 24. August 2018 mit der individuellen Rechnungsnummer 01-24.08.2018, die nächste Rechnungsnummer mit der 02-24.08.2018 usw. oder nummerieren fortlaufend mit Ergänzung des Jahres 001-2018, 002-2018, 003-2018 usw

▶ **Hinweis:** Muster einer Rechnung und Quittung (siehe unten) finden Sie auf Seite 237, 238 im Buch und auf der Website bei den Downloads. ◀

Quittung – Kleinbetragsrechnungen

Für Rechnungen, deren Gesamtbetrag 250 Euro inklusive Umsatzsteuer nicht übersteigt, gelten vereinfachte Vorschriften. Pflichtangaben auf einer solchen Rechnung, die Sie auch als Quittung kennen, sind:
- Name und Anschrift des Rechnungsausstellers
- Ausstellungsdatum
- Beschreibung der Leistung
- Rechnungssumme (brutto)
- Steuersatz der in der Rechnungssumme enthaltenen Umsatzsteuer

Auf die fortlaufende Rechnungsnummer können Sie bei Kleinbetragsrechnungen verzichten (§ 33 UStDV). Gleiches gilt für den Empfängernamen, Rechnungs- und Steuernummern und eine separate Aufführung der Umsatzsteuer.

Doch ist die Frage, ob Sie sich das Leben erleichtern oder erschweren, wenn Sie Rechnungen mal so und mal so ausstellen. Belege erstellen Sie in jedem Fall.

Elektronische Rechnungen

Die meisten Rechnungen erhalten wir heute per Mail. Bei manchen Verträgen (z.B. mit Telefonanbietern) ist der elektronische Versand der monatlichen Rechnung verbindlicher Teil des Vertrages. Seit dem 1. Juli 2011 hat auch die Finanzverwaltung diese gängige Praxis anerkannt und gestattet diese Form des Rechnungsversandes auch dann, wenn keine qualifizierte elektronische Signatur vorhanden ist. Damit ist es möglich, dass Sie Ihre Rechnung an Kunden/TeilnehmerInnen usw. per Mail verschicken dürfen. Ebenso werden die Rechnungen, die bei Ihnen per Mail eingehen, anerkannt.

▷ **Hinweis:** Allerdings gilt zu beachten: Auch wenn Sie diese Rechnungen für Ihren Belege-Ordner ausdrucken, müssen sie in ihrer ursprünglichen Form aufbewahrt werden – und das ist in diesem Fall elektronisch. Legen Sie dazu am besten einen Ordner auf Ihrem Rechner an (Ordner-Name z.B.: Elektronische Rechnungen 2019) und sammeln dort alle per Mail bzw. Download auf Ihrem Rechner eingehenden Rechnungen. Brennen Sie zum Jahresabschluss diesen Ordner auf CD oder packen ihn auf einen USB-Stick. Die CD oder der USB-Stick sind dann aufzubewahren - für die nächsten zehn Jahre wie alle anderen Buchführungsbelege auch. Mehr dazu im übernächsten Abschnitt „Geschäftsbelege und Aufbewahrungspflicht". ◁

Und wenn Rechnungen nicht bezahlt werden?

Eigentlich gehen wir davon aus, dass wir es mit ehrlichen Menschen zu tun haben, die ihre Unterlagen gut sortieren und deshalb immer pünktlich die Rechnungen bezahlen, die wir ihnen geschickt oder mitgegeben haben. Was passiert, wenn es jemand vergessen hat? Oder vielleicht mit Vorsatz nicht bezahlen will oder kann? Dann steht uns seit dem Jahr 2000 das „Gesetz zur Beschleunigung fälliger Zahlungen" hilfreich zur Seite (veröffentlicht im BGBl I, S. 330). Durch diese gesetzliche Regelung wurde eine generelle Zahlungsfrist von 30 Tagen in Deutschland eingeführt. Diese darf bei Verbrauchern (also unseren Teilnehmerinnen, Klienten, Patientinnen) nicht unterschritten werden. Im Geschäftsverkehr kann allerdings weiterhin eine von den 30 Tagen abweichende (auch kürzere) Zahlungsfrist angegeben werden. Es bedarf keiner gesonderten Mahnung, um den Zahlungsverzug festzustellen (sogenannte „automatische Mahnung", § 284, Absatz 3 BGB). Das heisst, dass bereits mit dem Überschreiten des mit der Rechnung vereinbarten Zahlungsziels (oder der gesetzlichen 30 Tage) eine kostenpflichtige Mahnung verschickt werden kann. Die Mahnkosten, die tatsächlich entstanden sind (Zeit für das Erstellen der Mahnung, Porto, Zinsen) können in einem ersten Mahnschreiben bereits geltend gemacht werden. Jedes Mahnschreiben sollte eine mit konkretem Datum versehene (neue) Zahlungsfrist enthalten. In aller Regel können Sie den Zeitraum selbst bestimmen, wobei 14 Tage als Frist bei Mahnungen üblich sind.

Wird auf das erste Mahnschreiben nicht reagiert, so folgt ein zweites Mahnschreiben, in dem bereits angekündigt werden sollte, dass nach einer dritten Mahnung das gerichtliche Mahnverfahren eröffnet werden kann, beziehungsweise ein Inkasso-Unternehmen beauftragt wird. Wird auch auf dieses zweite Mahnschreiben nicht reagiert, so sollte die dritte Mahnung bereits als „letzte Mahnung" bezeichnet werden.

Wollen Sie tatsächlich das gerichtliche Mahnverfahren beschreiten, so müssen Sie mit dem Beginn dieses (nicht ganz einfachen und zunächst für den Gläubiger!) kostenpflichtigen Verfahrens den Schuldner darüber informieren. So unterbinden Sie in einem eventuellen Rechtsstreit, dass der Schuldner geltend machen kann, dass die Mahnung „plötzlich und überraschend" kam, was zum Nachteil des Gläubigers werden kann. Das gerichtliche Mahnverfahren müssen Sie bei Ihrem zuständigen Amtsgericht beantragen.

Geschäftsbelege und Aufbewahrungspflicht

Gemäss dem ehernen Grundsatz der Buchführung: „Keine Buchung ohne Beleg" ist stets darauf zu achten, dass nicht nur alle Ausgaben, sondern auch alle Einnahmen vollständig durch Belege nachgewiesen werden können. Ohne Belege stehen Sie bei einer möglichen Steuerprüfung ziemlich schlecht da. Das Finanzamt wird nämlich vieles nicht anerkennen. Das führt dazu, dass Schätzungen vorgenommen werden und deren Ergebnis übertrifft meist die schlimmsten Befürchtungen.

Belege sind alle Rechnungen, Quittungen sowie sonstigen Auszüge und auch Teilnehmerlisten! Die Belege sind stets nach Vorfall getrennt zu sammeln und sollen folgende Daten enthalten: Name und Anschrift des Verkäufers beziehungsweise Dienstleisters, also zum Beispiel des Lehrenden, Unterschrift des Verkäufers/Dienstleisters, Datum, Bezeichnung des Kaufgegenstandes/der Dienstleistung (Kurs, Beratung etc.), Art des Schriftstücks (Rechnung, Quittung), Mehrwertsteuersatz, Name des Empfängers/der Empfängerin. Mehr dazu auf Seite 199.

▶ **Hinweis:** Fehlen eine oder mehrere von den zuvor genannten Angaben aus irgendeinem Grund auf einem Beleg, so sollten Sie diese immer sofort ergänzen (lassen)! Ansonsten könnte bei einer eventuellen Betriebsprüfung die Anerkennung verweigert werden! ◀

Ein Doppel jeder Rechnung, die Sie ausgestellt haben sowie alle Rechnungen, die Sie erhalten haben, sind zehn Jahre aufzubewahren. Die Aufbewahrungsfrist beginnt mit dem Schluss des Kalenderjahres, in dem die Rechnung ausgestellt worden ist. Das gilt auch für elektronische Rechnungen, siehe dazu Seite 201.

Für alle Geschäftsunterlagen gibt es Aufbewahrungsfristen, die unbedingt einzuhalten sind! Dies gilt für alle haupt- oder nebenberuflich selbstständigen Tätigkeiten. Geschäftsbücher, Kassenbücher, Ihre Journale zur Belegerfassung sowie Inventurlisten, Geschäftspapiere, Belege, Kurslisten usw. sind zehn Jahre lang geordnet aufzubewahren. Buchungsbelege und Geschäftsbücher können auch auf Diskette oder CD-Rom aufbewahrt werden. Dies setzt allerdings voraus, dass die Daten jederzeit über Bildschirm oder Ausdruck zur Verfügung gestellt werden können. Die entsprechenden Programmversionen müssen ebenfalls für die gleiche Dauer wie die EDV-erfassten Belege aufbewahrt und vorgehalten werden. Bedenken Sie bei System-Updates, dass die alten Programme möglicherweise nicht mehr lauffähig sind! Oder technische Probleme könnten auftreten: Haben Sie an Ihrem Laptop noch ein Laufwerk für 3,5 Zoll-Disketten?

▶ **Hinweis:** Alle aktuellen Aufbewahrungsfristen finden Sie recht übersichtlich mit kurzen Erläuterungen online unter www.firma.de/unternehmensfuehrung/aufbewahrungsfristen-fuer-2018-das-muessen-sie-wissen/ ◀

Kursliste wird Beleg

Führen Sie eine Kursliste für jeden einzelnen Kurs, auf welcher der Name und Vorname der einzelnen TeilnehmerInnen, Veranstaltungsort, Dauer des Kurses und die einzelnen Termine aufgeführt sind. Vermerken Sie zusätzlich die Anwesenheit beim jeweiligen Kurstermin. In einer gesonderten Spalte halten Sie Zahlungs- und Quittungsvermerke fest.
Eine solche Kursliste bewahren Sie zusammen mit weiteren Nachweisen über geleistete Zahlungen der TeilnehmerInnen für die nächsten zehn Jahre auf und können jederzeit Nachweise zu dieser Veranstaltung vorlegen. Oder wissen Sie noch, wer alles bei Ihnen im letzten Jahr am Dienstagabend-Termin in Ihrem Studio teilgenommen hat? Betriebsprüfer stellen manchmal solch komische Fragen ...

▶ **Hinweis:** Eine Vorlage einer solchen Kursliste finden Sie im Download-Bereich zu diesem Buch auf unserer Website www.leitfaden-online.de. ◀

Vorsicht bei Thermobelegen

Einige Kassenbelege an Tankstellen, Computerkassen und bei Kreditkartenkauf sind sogenannte Thermobelege. Das heisst, der Text und vor allem die Zahlbeträge werden nicht mit Tinte auf Papier gedruckt, sondern ein spezielles Papier reagiert auf die Wärme des Druckerkopfes und verfärbt sich entsprechend schwarz. Dies ist vorteilhaft für die Geschäfte, manchmal von Nachteil für die Archivierung. Dieses Thermopapier reagiert nämlich auch weiterhin auf Wärme und auch auf Klebstoff und Plastikfolien (Prospekthüllen!). Der Thermobeleg wird je nach Alter entweder schnell ganz schwarz (bei neuen Belegen und hohen Temperaturen) oder verliert die Schrift im wörtlichen Sinne, weil sie sich in Pulver verwandelt.

Wird anlässlich einer Prüfung ein solcher Beleg gefunden, der nicht mehr oder nicht mehr vollständig seine Zahlen offenbart, wird er möglicherweise nicht anerkannt. Das kann dann zur (nachträglichen) Minderung der einst geltend gemachten Betriebsausgaben führen und letztlich zur Steuernachzahlung. Deshalb kopieren Sie Thermo-Belege mit Beträgen über 250 Euro am besten sofort auf Normalpapier und heften es zusammen mit den Kopien ab. Thermo-Belege über relativ geringe Beträge (unter 250 Euro) wie Tankquittungen, Fachzeitschriften etc. können Sie jedoch direkt zu Ihrer Belegesammlung nehmen.

„Eigenbeleg"

Geht ein Beleg verloren, so sollte ein Ersatzbeleg angefertigt werden. Wo dies nicht möglich ist beziehungsweise gar keine Belege ausgegeben werden (Schliessfächer in Bahnhöfen und Flughäfen, Imbiss, Parkuhren, Münztelefon etc.), können sogenannte Eigenbelege angefertigt werden. Diese sollen die oben aufgeführten Angaben enthalten, werden als „Eigenbeleg" gekennzeichnet und mit Datum und eigenhändiger Unterschrift versehen. Die Glaubhaftigkeit von Eigenbelegen muss gegebenenfalls dem Finanzamt plausibel gemacht werden können.

Verlustvortrag

Verluste, die im Rahmen der Ausbildung (lesen Sie dazu auch Seite 168 ff) entstehen, dürfen durchaus über mehrere Jahre steuersparend mit anderen Einkünften (Gehalt, Miete, Zinsen) verrechnet werden. Das Gleiche gilt, wenn Ihr Geschäft nicht so richtig in Gang kommt und Sie statt des geplanten Gewinns eben Verlust machen. Voraussetzung ist, dass Sie belegen können, dass Sie auf Dauer Gewinn anstreben. So entschied der Bundesfinanzhof (Aktenzeichen X R 33/03); In diesem Fall ging es um insgesamt immerhin rund drei Millionen Euro Verlust in zwölf Jahren. Vor Gericht zählte schliesslich, dass der Unternehmer alles getan hatte, was aus damaliger Sicht jeweils geeignet erschien, um den Betrieb gewinnbringend zu führen. Dazu gehörten zum Beispiel Investitionen in Marketing und Vertrieb, Sortimentsbereinigung, striktes Kostenmanagement, Kostenplanung und Controlling.
Zusammengefasst heisst das: Wenn Sie nachweisen können, dass Sie zum Beispiel Werbung gemacht haben (wenn auch erfolglos) oder zu jeder Zeit zumindest die Möglichkeit bestand, dass Sie Ihr Geschäft gewinnbringend hätten veräussern können, muss das Finanzamt von einem Gewinnstreben ausgehen und Verluste anerkennen.

Liebhaberei

Was passiert, wenn im steuerrechtlichen Sinne Unternehmen erfolglos sind? In der nachfolgend genannten Entscheidung ging es zwar um den Vorsteuerabzug,

doch sie gibt uns auch wichtige Hinweise darauf, wie das Finanzamt versucht, Ausbildung und Unterricht der Lebenskünste als Betriebsausgabe von der sogenannten Liebhaberei zu unterscheiden.
Der Europäische Gerichtshof hat entschieden, dass die Unternehmereigenschaft grundsätzlich nicht rückwirkend mit der Begründung aberkannt werden kann, dass es nicht zur Ausführung entgeltlicher Leistungen gekommen ist. Urteil vom 29. Februar 1996 Rs C-110/94 (BStBl 1996 II S. 665). Die Finanzverwaltung hat zum Vorsteuerabzug bei sogenannten erfolglosen Unternehmen Stellung bezogen: Danach muss die unternehmerische Tätigkeit auf die Erzielung von Einnahmen gerichtet sein, das sogenannte Gewinnstreben.
Die Ausführung entgeltlicher Leistungen muss also ernsthaft beabsichtigt sein und die Ernsthaftigkeit dieser Absicht ist durch objektive Merkmale nachzuweisen beziehungsweise glaubhaft zu machen. Dieser Nachweis gilt unter anderem dann als erbracht, wenn sogenannte unternehmensbezogene Vorbereitungshandlungen durchgeführt werden, wie zum Beispiel die Anmietung oder Errichtung von Büro- oder Übungsräumen, der Erwerb umfangreichen Inventars, Wareneinkauf vor Betriebseröffnung, Anforderung einer Rentabilitätsstudie, Durchführung einer grösseren Anzeigen- oder sonstigen Werbekampagne.
Entscheidend ist immer das Gesamtbild der Verhältnisse, um die Unternehmereigenschaft zu bejahen. Wenn die Art der Vorbereitungshandlungen sowohl zur unternehmerischen als auch zur nichtunternehmerischen Verwendung bestimmt sein können, was etwa beim Erwerb eines Autos oder eines Computers der Fall ist, so ist der Finanzverwaltung eine abschliessende Beurteilung der Unternehmereigenschaft nicht möglich. Sie kann deshalb Entscheidungen unter dem Vorbehalt der Nachprüfung beziehungsweise vorläufig treffen.
Bei Vorbereitungshandlungen, die ihrer Art nach typischerweise zur privaten Nutzung bestimmt sind, zum Beispiel der Erwerb eines Wohnmobils – auch, wenn damit die Übernachtungskosten bei (Ausbildungs-) Seminaren gespart werden können - oder anderer sogenannter Freizeitgegenstände, ist die Unternehmereigenschaft davon abhängig, dass tatsächlich entgeltliche Leistungen ausgeführt werden. Entgegen früherer Verwaltungspraxis gelten diese Grundsätze übrigens auch, wenn die Aufnahme einer neuen Tätigkeit im Rahmen eines bestehenden Unternehmens erfolgt und die neue mit der bisherigen unternehmerischen Betätigung in keinem sachlichen Zusammenhang steht.
Deklariert das Finanzamt eine Tätigkeit endgültig als Liebhaberei, wird die Tätigkeit der privaten Lebensführung zugeordnet. Damit können erzielte Verluste steuerlich nicht mehr geltend gemacht werden. Verluste, die bereits vor der Umqualifizierung der unternehmerischen Tätigkeit in einen Liebhabereibetrieb erzielt wurden, können als nachträgliche Betriebsausgaben angesetzt werden, falls eine Verrechnung der Verluste mit dem Vermögen des Unternehmens mangels Masse nicht möglich ist.

Zahlungen über den Jahreswechsel

Regelmässig wiederkehrende Zahlungen, wie zum Beispiel Mietausgaben, sind in dem Jahr zu berücksichtigen, zu dem sie wirtschaftlich gehören. Das heisst, dass die abgebuchte Miete für Januar 2019, die bereits Ende Dezember 2018 vom Konto ging, tatsächlich erst bei den Betriebsausgaben für Januar 2019 zu berücksichtigen ist.

Die Finanzbehörden setzen für diese Fälle voraus, dass Fälligkeit und Bezahlung kurze Zeit, das ist ein Zeitraum von zehn Tagen, vor oder nach dem Kalenderjahreswechsel liegen. Siehe dazu auch Seite 165/166.

Steuererklärung – Abgabefristen und die Erstellung online

Seit 2018 gelten veränderte Fristen für die Abgabe von Einkommensteuererklärungen. Als selbstständig Tätige sind Sie verpflichtet, bis zum 31. Juli des Folgejahres eine Steuererklärung elektronisch auf den amtlichen Formularen abzugeben. Dazu benötigen Sie den Einkommensteuer-Mantelbogen, die Anlage EÜR sowie gegebenenfalls weitere Anlagen.

Je nach Ihrer persönlichen Situation kommen weitere Anlagen hinzu z.B. für Kapitalerträge (Anlage KAP), bei einer zusätzlichen nicht-selbstständigen Tätigkeit (Anlage N), wenn zu Ihrem Haushalt Kinder gehören (Anlage Kind bzw. ggf. K) u.a.

▶ **Hinweis:** Eine Übersicht über alle Formulare finden Sie auf der Website der Finanzverwaltung: www.formulare-bfinv.de ◀

Falls Sie es nicht schaffen sollten, bis zum 31. Juli des Folgejahres Ihre Steuererklärung abzugeben, so können Sie formlos eine Fristverlängerung beantragen, die in der Regel bis zum 30. September auch gewährt werden wird. Manchmal sogar bis Ende des Folgejahres. Sprechen Sie mit Ihrem zuständigen Sachbearbeiter beim Finanzamt.

Auch für die Profis wie Steuerberater gibt es seit 2018 neue Abgabetermine für die Erklärungen ihrer Mandanten: Sie können sich Zeit lassen bis Ende Februar des jeweils übernächsten Jahres – für Steuererklärungen 2018 also bis Anfang 2020.

Sind Sie umsatzsteuerpflichtig, können Sie Ihre Umsatzsteuererklärung bereits seit 2005 nur noch online abgeben. Im Jahr 2009 stellte der Bundesfinanzhof klar, dass diese Vorgabe verfassungsgemäss sei, niemand dadurch über Gebühr benachteiligt werde und keine unzumutbare Härte vorliege (BFH, Az. XI R 33/09).

Beginnend mit der Einkommensteuererklärung für das Jahr 2011 sind alle, die Gewinneinkünfte erzielen, zur elektronischen Übermittlung ihrer Jahressteuererklärungen an das Finanzamt verpflichtet. Grundlage sind das Steuerbürokratieabbaugesetz, BGBl I 2008 S. 2850 und das Jahressteuergesetz 2010 (JStG 2010,

BGBl I 2010 S. 1768). Gewinneinkünfte sind in diesem Zusammenhang Einkünfte aus Gewerbebetrieb und/oder aus selbstständiger Arbeit.
Bis zum Wirtschaftsjahr 2016 konnte bei Betriebseinnahmen unter 17.500 Euro im Jahr auf die Onlineübertragung verzichtet werden und stattdessen eine formlose Gewinnermittlung eingereicht werden. Dies ist seit 2017 nicht mehr möglich. Alle Ersteller einer Einnahmen-Überschussrechnung müssen nun den amtlichen Vordruck verwenden und digital übermitteln.
Lassen Sie dies von Ihrem Steuerberater erledigen. Wenn Sie auf eine Steuerberatung verzichten möchten, sollten Sie über eine zuverlässige Steuersoftware verfügen. Wenn Sie im Internet als Suchbegriff z.b. Software für EÜR eingeben, werden Ihnen eine ganze Reihe weiterführender Links zu solchen Anbietern angezeigt. Mit der Steuererklärung für das abgelaufene Geschäftsjahr müssen keine Belege eingereicht werden. Allerdings kann das Finanzamt Unterlagen anfordern. Die Vorlage kann das Finanzamt bis zu einem Jahr nach Bekanntgabe des Bescheids verlangen werden.

Online mit Elster

Nein, es geht nicht um diebische Vögel, sondern um die „Elektronische Steuererklärung", die die Finanzverwaltung seit Jahren vorantreibt, um die Wege kürzer zu gestalten, auch bürgerfreundlicher (was immer das heissen mag) und um Papier für Formulare zu sparen. Also, ein gutes Ansinnen – und alles auch auf sicheren Datenwegen.

▶ **Hinweis:** Auf der Website www.ELSTER.de finden Sie alle Informationen tatsächlich übersichtlich dargestellt. Klicken Sie in der Navigation bei Benutzergruppen auf Unternehmer. Dort erhalten Sie alle wichtigen Informationen. Ohne Software-Installation oder Papierformulare ist es mit Elster möglich, folgende Erklärungen digital beim Finanzamt abzugeben: Umsatzsteuer-Voranmeldung, Antrag auf Dauerfristverlängerung, Anmeldung der Sondervorauszahlung, Lohnsteuer-Anmeldung, Lohnsteuerbescheinigung, gesonderte und einheitliche Feststellung von Grundlagen für die Einkommensbesteuerung, Zusammenfassende Meldung, Kapitalertragsteuer-Anmeldung nach dem EStG u.a. ◀

▶ **Hinweis:** Bevor Sie Elster-Online nutzen können, ist eine Registrierung erforderlich. Da die Zugangsdaten aus Sicherheitsgründen per Post verschickt werden, müssen Sie mit acht bis zehn Tagen rechnen, bis Ihr Zugang freigeschaltet werden kann. ◀

Kontrollmitteilungen

Öffentliche Auftraggeber sind per Verordnung dazu verpflichtet, bei (Honorar-)Zahlungen eine Kontrollmitteilung an das jeweils zuständige Finanzamt über Zahlungsempfänger und Höhe dieser geleisteten Zahlungen zu machen. Das betrifft Mieteinkünfte ebenso wie Zahlungen für Bauleistungen. Auch die Honorarzahlungen aller Volkshochschulen in Deutschland gehören dazu. Mehrere Kontrollmeldungen aus unterschiedlichen Anlässen (Zahlungen einer Volkshochschule, Umsatzsteuererstattung, beschäftigte Honorarkräfte und anderes) können zu einer Betriebsprüfung führen. Mehr dazu nachfolgend.

Wenn der Betriebsprüfer kommt

Auch sogenannte Kleinbetriebe und Selbstständige mit nur geringen Jahresumsätzen werden von den Betriebsprüfern der Finanzbehörden nicht verschont. Deshalb sei hier zusammengefasst, was zu tun ist, wenn es passiert.

Der Beginn einer Betriebsprüfung (= Aussenprüfung) wird durch eine Prüfungsanordnung schriftlich bekannt gegeben. Als Grund muss kein Verdacht auf Steuerhinterziehung vorliegen, vielmehr werden die allermeisten Aussenprüfungen der Finanzbehörden nach der Länge des Zeitraums angesetzt, in dem keine Prüfung stattgefunden hat. Einer (von vielen möglichen) Hinweisen auf eine kommende Aussenprüfung kann die Mitteilung im Steuerbescheid sein, dass dieser „vorläufig" sei unter „dem Vorbehalt einer Nachprüfung". Besonders gerne schauen die Betriebsprüfer übrigens vorbei, wenn betriebliche oder/und private Baumassnahmen durchgeführt wurden, wenn „Auslandssachverhalte" (beispielsweise Kurstätigkeit oder Fortbildungen im Ausland) vorliegen oder auf die Umsatzsteuerbefreiung (bei Umsatz unter 17.500 Euro im Jahr) verzichtet wurde und es dadurch zu Umsatzsteuer-Rückzahlungen seitens des Finanzamtes gekommen ist aufgrund von hohen Vorsteuerabzügen.

In der Prüfungsanordnung wird mitgeteilt, was geprüft werden soll, unterteilt nach Steuerarten (Einkommensteuer, Umsatzsteuer usw.), der sogenannte Prüfungszeitraum, also die Jahre, die geprüft werden sollen, der Name des Prüfers und der Ort der Prüfung. Grundsätzlich dürfen ohne weitere Begründung nur die drei zurückliegenden Jahre nach Abgabe der letzten Steuererklärung geprüft werden. Ist die Steuererklärung für 2017 abgegeben, können also zusätzlich zum Jahr 2017 nur noch 2016 und 2015 geprüft werden. Sollen weiter zurückliegende Jahre geprüft werden, muss das Finanzamt eine Begründung mitliefern.

Regelmässig vollzieht sich die Aussenprüfung dann wie folgt: Einem Einführungsgespräch folgt die Betriebsbesichtigung, die bei den meisten von uns wohl recht kurz ausfällt. Dann beginnen die eigentlichen Prüfungshandlungen, je nach getroffener Vereinbarung im Büro des zu Prüfenden, bei dessen Steuerberatung oder auf dem Amt. Es folgt am Ende der Prüfung die Schlussbesprechung, in der

vor allem die beanstandeten Punkte besprochen und – im wahren Sinne des Wortes! – verhandelt werden.
Danach wird ein Prüfbericht angefertigt und zugesandt, der auch vom zuständigen Finanzamt ausgewertet wird sowie gegebenenfalls noch von der Bussgeld- und Strafsachenstelle. Die Betriebs- oder Aussenprüfung ist durch die Staatsmacht abgesichert. Dem Prüfer stehen weitgehende Rechte zu: Einsichtsrechte, Vorlagerechte, Besichtigungsrechte usw. Alle Steuerpflichtigen sind gut beraten, sich dem nicht zu widersetzen!
Sie sind darüber hinaus auch zur Mitwirkung verpflichtet: Sie müssen zur Auskunft und zur Herausgabe von Unterlagen zur Verfügung stehen. Es ist sicher hilfreich, für ein gutes Prüfungsklima zu sorgen, doch darf der Prüfer noch lange nicht alles. Die Geprüften sollten jederzeit und besonders bei scheinbaren Privatgesprächen zwischen ihnen und dem Prüfer daran denken, dass er kein neuer Kunde beziehungsweise Kursinteressent ist – selbst, wenn er das sagt. Betriebsprüfer sind aus beruflichen Gründen misstrauisch und zudem darin geschult, durch geschicktes Fragen sogenannte verdeckte Steuerumstände zu erfahren!
Wie über den Erfahrungsaustausch von Vätern über den Windeleinkauf ein verstecktes Abfragen über die Nutzung der geschäftlich genutzten Fahrzeuge wurde, durfte ein Bekannter bei einer Aussenprüfung erleben.
In den folgenden Punkten erfahren Sie, wie eine Betriebsprüfung einigermassen reibungslos von statten gehen kann:
1. Grundvoraussetzung ist natürlich eine ordnungsgemässe und nachvollziehbare Buchführung, die vollständig ist.
2. Alle Verträge, die steuerrelevant sein könnten, sollten vorhanden sein, damit sie auf Verlangen vorgezeigt werden können. Es empfiehlt sich, aufgrund stetiger Änderungen der Gesetzeslage, von Zeit zu Zeit insbesondere bestehende Verträge zu überprüfen.
3. Ist die Prüfungsanordnung eingegangen, wird es ernst und die folgenden zwei Fragen sollten umgehend geklärt werden: Kann die Betriebsprüfung durch die Anfechtung einer (fehlerhaften) Anordnung verschoben oder ganz verhindert werden? Soll noch eine Selbstanzeige abgegeben werden? Beide Möglichkeiten sind jedoch riskant. Im ersten Fall hätte dies nur aufschiebende Wirkung. Im zweiten Fall kann es sein, dass die Selbstanzeige nicht mehr schonend wirkt, weil sie zu spät kommt.
4. Vor Beginn der Prüfung sollten folgende Fragen geklärt sein: Sind alle steuerlich erheblichen Unterlagen und Verträge vorhanden? Ist die Auskunftsperson für den Prüfer richtig gewählt beziehungsweise dauernd anwesend? Sind gegebenenfalls Arbeitnehmer, jedoch auch Familienangehörige (!) auf ihr Auskunftsverbot hingewiesen worden? Liegt der Arbeitsplatz für den Prüfer fest? Hat ein zu Überprüfender keinen genügend grossen oder sonst geeigneten Raum zur Verfügung, zum Beispiel weil das Büro in der Wohnung liegt, eine sehr kleine Fläche und nur einen Schreibtisch hat, so wird der Prüfer meist

bewegt sein, die Aussenprüfung im Amt durchzuführen. Das bedeutet, dass alle Unterlagen dem Prüfer ins Finanzamt gebracht werden müssen – mit dem Vorteil, dass fehlende Unterlagen von ihm gezielt angefordert werden müssten.
5. Kopien sollten nur von der Auskunftsperson angefertigt werden – und diese fertigt gleich ein Doppel für den steuerlichen Beistand, damit der Prüfungsverlauf nachvollziehbar bleibt.
6. Ein freundlicher Umgang mit dem Betriebsprüfer schadet nicht, denn er ist vor allem ein Mensch, der seiner Aufgabe nachgeht. Ein entspanntes Prüfungsklima ist für alle gut! Besonders, wenn Sie (noch) keinen Steuerberater haben, sollten Sie sich bei Zustellung der Prüfungsanordnung überlegen, ob Sie nicht doch – zumindest für die Prüfung – einen steuerlichen Beistand hinzuziehen. Gerade in der Schlussbesprechung kann ein Steuerberater so manches aushandeln, was einem Laien vielleicht gar nicht einfiele. Sicher ist die Betriebsprüfung die Feuerprobe für die eigene Buchhaltung und die gesamte Geschäftsführung. Gleichwohl kann jede/r diesem Akt der Finanzbehörde gelassen entgegensehen, wenn stets alles sauber und nachvollziehbar verbucht wurde und keine – selbst kleinen – Beträge vergessen wurden. Vor allem sollte der Prüfer nicht als Feind gesehen werden, der im privaten Bereich herumschnüffelt. Das darf er nicht und wird es in der Regel auch nicht versuchen. Sollte das Frage- oder Prüfverhalten dennoch Anlass zur kritischen Betrachtung geben, sollte man sich nicht scheuen, einen steuerlichen Beistand hinzuzuziehen (JuristIn, BeraterIn).

Private Tipps zur Steuer

Kinderbetreuungskosten

Ein Abzug von Kinderbetreuungskosten ist für Kinder bis zur Vollendung des 14. Lebensjahres (bei Kindern mit Behinderung auch danach unter bestimmten Voraussetzungen) generell als Sonderausgabe möglich – und zwar unabhängig von der Situation der Eltern (gemäss § 10 Abs. 1 Nr. 5 EStG). Das Kind muss in Ihrem Haushalt leben. Sind Sie getrennt oder geschieden, ist entscheidend, wo das Kind gemeldet ist.
Von den Aufwendungen für „Dienstleistungen zur Betreuung eines zum Haushalt des Steuerpflichtigen gehörenden Kindes" können zwei Drittel, höchstens 4.000 Euro je Kind geltend gemacht werden. Sind beide Elternteile berufstätig und ist die Kinderbetreuung Voraussetzung, dass eine selbstständige Tätigkeit ausgeübt werden kann, so sind die gleichen Beträge direkt als Betriebsausgabe ansetzbar. Beiträge für Krippe oder Kindergarten sind – jedoch abzüglich Spiel-, Essens- und Getränkegeld – ebenso abziehbar wie das Honorar für Tagesmütter oder für Hausaufgabenbetreuung. Die Vergütung für Au-Pair-Mädchen kann ebenfalls angesetzt werden. Allerdings müssen dabei eventuell Kosten (geschätzt) aufgeteilt

werden, wenn vom Au-Pair auch noch normale Hausarbeiten mit erledigt werden. Aufwendungen für den Erwerb von Fähigkeiten (wie zum Beispiel Musikunterricht oder ein Sprachkurs) sind jedoch grundsätzlich nicht abziehbar.
Bewahren Sie Rechnungen und Überweisungsbelege immer auf. Denn Sie müssen Ihre Aufwendungen möglicherweise dem Finanzamt nachweisen.

Handwerkerrechnungen

Steuerzahler können pro Jahr bis zu 1.200 Euro (nämlich 20 Prozent von maximal 6.000 Euro) von Instandhaltungs- und Modernisierungskosten für die Wohnung, egal ob Eigenheim oder Mietwohnung, steuerlich geltend machen.
Dies gilt für die reine Dienstleistung des Handwerkers, nicht für den Materialaufwand. Achten Sie darauf, dass dies auf der Rechnung entsprechend separat aufgelistet ist.

▷ **Hinweis:** Rechnungen dürfen nicht bar bezahlt, sondern müssen zwingend überwiesen werden, da sonst die steuerliche Anerkennung verweigert wird, um Schwarzarbeit zu unterbinden. So entschied der Bundesfinanzhof schon im Februar 2009 (Az.:VI R 14/08). ◁

Sonstige haushaltsnahe Dienstleistungen

Für Dienstleistungskosten im Haushalt (Putzen, Kochen, Waschen, Gartenarbeit, Betreuung pflegebedürftiger Angehörige) sind insgesamt bis zu 4.000 Euro jährlich von den zu zahlenden Steuern absetzbar (20 Prozent von maximal 20.000 Euro Kosten).

Umzugskosten

Private Umzugskosten sind auch als sogenannte haushaltsnahe Dienstleistungen absetzbar. Das Finanzamt akzeptiert pro Jahr bis zu 6.000 Euro und eben auch Speditionskosten (davon auch nur die Arbeits- und nicht die Materialkosten). Hiervon darf man 20 Prozent, maximal somit 1.200 Euro, geltend machen. (Oberfinanzdirektion Koblenz, Aktenzeichen S 2296b A-St 32 3).

Versicherungen?!
Von Pflicht über sinnvoll bis überflüssig

Ausser Glück und Liebe gibt es nichts, was sich nicht versichern liesse gegen Verlust oder Diebstahl. Dem Wunsch des Menschen nach grösstmöglicher Sicherheit im irdischen Leben kommen die Versicherungsgesellschaften gerne entgegen und bieten Policen für und gegen so ziemlich alle denkbaren und undenkbaren „Schicksalsschläge" an. Dabei ist die Basis des Versicherungsgeschäftes die menschliche Angst vor der Zukunft, die nun mal nicht vorhersehbar ist. Allerdings sollten auch angstfreie Menschen über einige Versicherungen nachdenken, denn das Prinzip des Versicherungswesens beruht auf Gegenseitigkeit. Das bedeutet, dass alle in eine gemeinsame Kasse zahlen, aus der dann diejenigen Leistungen erhalten, denen ein Schaden zugestossen ist.

Altersvorsorge ist eines der Themen in diesem Kapitel. Lange denken wir nicht daran oder schieben es vor uns her. Man kann ja so viel falsch machen, in unrentable Versicherungen oder Produkte investieren und überhaupt, woher soll man das Geld nehmen?! Ja, das ist richtig. Und richtig ist auch: Die perfekte Altersvorsorge gibt es nicht. Versuchen Sie es erst gar nicht. Den einzigen, später wirklich teuren Fehler, den Sie machen können, machen Sie ganz einfach dann, wenn Sie nichts machen. Irgendwann ist es nämlich zu spät für „gut und günstig". Starten Sie also rechtzeitig mit einer Vorsorge für Ihr Alter. Und verschaffen Sie sich hier einen Überblick über die Möglichkeiten.

Sicher ist, dass nichts sicher ist.
Selbst das nicht.

Joachim Ringelnatz

Kapitel 5 im Überblick:

Rentenversicherung
Rentenversicherungspflicht und private Altersvorsorge
Seite 214 bis 221

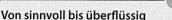

Krankenversicherung
Gesetzlich oder privat
Seite 222 bis 225

Von sinnvoll bis überflüssig

Berufsunfähigkeit
Seite 226

Unfallversicherung
Seite 226

Berufs-Haftpflicht
Seite 227

Betriebs-Haftpflicht
Seite 228

Betriebsversicherung
Seite 229

Rechtschutzversicherung
Seite 230

Tipp für angemeldete Teilnehmer
Seite 230

Hilfe und Beratung
Bei Versicherungsfragen
Seite 231

Die in diesem Kapitel vorgestellten Versicherungen wurden wie folgt „klassifiziert":

„**Pflicht**": Eine Krankenversicherung ist in Deutschland Pflicht für alle. Die gesetzliche Rentenversicherung ist Pflicht für alle, die Gewinn höher als 5.400 Euro im Jahr erzielen aus selbstständig unterrichtender Tätigkeit.
„**Wichtig**": Das sind Versicherungen, die bei existenzbedrohenden Schäden/Ereignissen greifen.
„**Sinnvoll**": Diese Versicherungen können für Ihre konkrete Situation sinnvoll sein.
„**Überflüssig**": So sind die unnötigen Versicherungen beschrieben.

Gesetzliche Rentenversicherung

Rentenversicherungspflicht für selbstständig Lehrende

Selbstständig Lehrende sind nach Paragraph 2 des sechsten Sozialgesetzbuches bei der Deutschen Rentenversicherung Bund (DRV) versicherungspflichtig, sofern sie im Zusammenhang mit ihrer selbständigen Tätigkeit regelmäßig keinen versicherungspflichtigen Arbeitnehmer beschäftigen.

„Selbstständig" sind in diesem Zusammenhang alle, die nicht angestellt unterrichten, und diejenigen, die neben einer – auch angestellten – Tätigkeit zum Beispiel Kurse auf Honorarbasis geben. Bei dem Begriff „Lehrende" sind nach der sehr weit gefassten Definition der DRV grundsätzlich alle Personen gemeint, die in irgendeiner Form „Wissen, Können und/oder Fertigkeiten vermitteln". Dabei ist unerheblich, ob dies als Gruppen- oder Einzelunterricht angeboten wird. Oder wie es mal ein DRV-Berater am Telefon etwas salopp formulierte: „Auch der Tae-Kwon-Do-Lehrer im Altersheim ist rentenversicherungspflichtig."

Aber auch hier gilt: Keine Regel ohne Ausnahme. Drei Ausnahmen folgen:

1. Ihr Jahresgewinn aus Ihrer unterrichtenden Tätigkeit liegt unter 5.400 Euro
Wenn Sie nur nebenberuflich tätig sind, sind Sie zwar auch rentenversicherungspflichtig, doch weder melde- noch zahlpflichtig gegenüber der DRV, soweit Sie im Kalenderjahr einen Gewinn erzielen, der unter 5.400 Euro liegt. Das ist die Summe, die sogenannte „geringfügig Beschäftigte" im Jahr verdienen dürfen (450 Euro pro Monat). Wie Sie Ihren Gewinn ermitteln, lesen Sie ab Seite 162.

Beispiel: Luisa organisiert selbst drei Kurse in der Woche für einen festen Teilnehmerkreis. Im Jahr erzielt sie dadurch Einnahmen in Höhe von 5.800 Euro. Für Miete, Organisation, eigene Fortbildung und Fachbücher usw. gibt Luisa 1.800 Euro im Jahr aus. Rechnung: 5.800 Euro – 1.800 Euro = 4.000 Euro Jahresgewinn. Damit liegt Luisa deutlich unter der Freigrenze von 5.400 Euro und ist der DRV gegenüber nicht meldepflichtig.

2. Übungsleiterpauschale
Ebenfalls nicht melde- und zahlungspflichtig sind Sie, wenn Sie nebenberuflich für eine Körperschaft des öffentlichen Rechts tätig sind (Universität, Behörde, Krankenkasse, etc.) oder für eine als gemeinnützig, mildtätig oder kirchlichen Zwecken dienend anerkannte Organisation oder eine Volkshochschule tätig sind und jährlich dadurch nicht mehr als 2.400 Euro als Honorar erhalten. Dies ist die sogenannte Übungsleiterpauschale, mehr dazu ab Seite 47.

Beispiel: Norbert gibt an der Volkshochschule (VHS) seiner Gemeinde viermal im Jahr Kurse oder Seminare. Dafür erhält er ein Honorar von jeweils 375 Euro. Rechnung: 4 x 375 Euro = 1.500 Euro Honorar im Jahr. Damit liegt Norbert unter der Freigrenze der sogenannten Übungsleiterpauschale und ist nicht meldepflichtig.

3. Rentenbezieher
RentnerInnen, die eine volle Altersrente (ab 63 bzw. 65 Jahren) beziehen, sind auch bei einem Gewinn aus selbstständigem Unterricht über 5.400 Euro im Jahr nicht rentenversicherungspflichtig. RentnerInnen mit sogenannter Teilrente – vorzeitige Rente oder Berufsunfähigkeitsrente – sind jedoch bei selbstständiger Tätigkeit mit Gewinn über 5.400 Euro im Jahr rentenversicherungspflichtig!

▶ **Hinweis:** BezieherInnen einer Erwerbsunfähigkeitsrente dürfen generell nicht selbstständig tätig sein, auch nicht unter 450 Euro im Monat! ◀

Sofern Sie rentenversicherungspflichtig sind, wird die Höhe der monatlichen Zahlung anhand der Einkommensteuererklärung definiert. Dafür senden Sie den letztaktuellen Steuerbescheid spätestens zwei Monate nach Erstellung an die Deutsche Rentenversicherung Bund. Diese informiert Sie über den ab diesem Zeitpunkt monatlich fälligen Beitrag. Dieser bleibt so lange bestehen, bis ein neuer Einkommensteuerbescheid erstellt und eingereicht wurde. Es werden keine Korrekturen für den Zeitraum vorgenommen für den der Einkommensteuerbescheid erstellt wurde – weder nach oben noch nach unten.

Kann man sich per Antrag von der Rentenversicherungspflicht befreien?

Nein, von der Versicherungspflicht kann man sich nicht befreien lassen. Es gibt jedoch für selbstständig Lehrende eine bzw. zwei Möglichkeiten, die Rentenversicherungspflicht legal zu umgehen.

Möglichkeit 1: Sie beschäftigen jemanden sozialversicherungspflichtig. So steht es im Paragraph 2 des 6. Sozialgesetzbuchs. Das heisst, diese beschäftigte Person muss mehr als 450 Euro Lohn/Gehalt im Monat erhalten, denn erst dann wird sie tatsächlich sozialversicherungspflichtig. Sie darf ausserdem nur für eine Tätigkeit eingestellt werden, die im direkten Zusammenhang zur selbstständigen (rentenversicherungspflichtigen) Tätigkeit steht. Das kann zum Beispiel eine Bürokraft sein. Auch eine Angestellte für die regelmässige Vertretung im Kurs oder eine Reinigungskraft für die Schule wirkt befreiend von der Versicherungspflicht. Sie können auch jemand Sozialversicherungspflichtigen beschäftigen, der/die während (!) Ihrer eigenen selbstständigen Unterrichtstätigkeit Ihre Kinder betreut. Diese Kinderbetreuung darf ausschliesslich dazu dienen, dass Sie Ihrer selbstständigen Tätigkeit nachgehen können. Das ist dann der Fall, wenn Ihnen die Organisation von Kursen oder Seminaren oder der Unterricht selbst erst durch die Kinderbetreuung ermöglicht wird.

Hinweis: Eine Kinderbetreuung, die eher privat veranlasst ist oder privat und nur zum Teil während Ihrer selbstständigen Arbeit tätig ist, wird in aller Regel nicht als versicherungsbefreiend anerkannt.

Möglichkeit 2
Sie können zwei (oder mehr) Minijob-Kräfte einstellen, die jede weniger als 450 Euro je Monat erhält. Wenn diese Minijobber zusammengenommen „einen versicherungspflichtigen Arbeitnehmer ersetzen", wie es die DRV formuliert, befreit Sie das ebenfalls von der Rentenversicherungspflicht. Heisst also: die Summe aller Minijob-Löhne muss über 450 Euro im Monat liegen und mehrere Minijobber werden beschäftigt.

▶ Alle weiteren Informationen dazu bekommen Sie bei der Deutsche Rentenversicherung Bund, Ruhrstrasse 2 in 10709 Berlin, www.deutsche-rentenversicherung-bund.de
Die DRV unterhält eine gebührenfreie telefonische Auskunft zu allen Rentenfragen, die erreichbar ist unter 0800-1000 480 70 (Montag bis Donnerstag: 7.30 bis 19.30 Uhr, Freitag: 7.30 bis 15.30 Uhr). Diese Telefonauskunft wird auf Wunsch anonym betrieben, so dass Sie sich hier über Einzelheiten Ihrer individuellen Situation erkundigen können. Trotzdem sei davor gewarnt, dass einzelne MitarbeiterInnen angeben, dass eine genaue Auskunft nur unter Angabe persönlicher Daten möglich sei. Bestehen Sie dann auf einer unverbindlichen und anonymen Auskunft beziehungsweise Information. Die DRV hat verschiedene Broschüren zum Thema Versicherungspflicht von Selbstständigen herausgegeben. Diese können über deren Internetseite (siehe oben) kostenlos heruntergeladen oder in gedruckter Form bestellt werden, zu finden unter der Rubrik Formulare und Publikationen. ◀

Private Altersvorsorge

Selbst, wenn Sie vierzig Jahre in die gesetzliche Rentenversicherung einbezahlt haben, können Sie nicht unbedingt viel an monatlicher Leistung nach Eintritt ins Rentenalter erwarten. Das ist bekannt und deshalb gilt es, sich zusätzlich zur gesetzlichen Rente um eine private Altersvorsorge zu kümmern.
Welche Möglichkeiten gibt es dazu? Die Antwort ist abhängig von Ihren persönlichen Lebensumständen: Sind Sie ledig oder verheiratet, mit oder ohne Kinder? Haben Sie bereits eine ausreichende Grundversorgung? Haben Sie durch geleistete Einzahlungen in die gesetzliche Rentenversicherung einen Rentenanspruch an

die gesetzlichen Rentenversicherer oder haben Sie nur sehr wenige Jahre (oder gar nicht) in Deutschland sozialabgabenpflichtig gearbeitet?
Einige Möglichkeiten der privaten Altersvorsorge sollen Ihnen nachfolgend vorgestellt werden. Dies kann jedoch aufgrund des zuvor Gesagten nur dem Überblick dienen und auf keinen Fall eine persönliche Beratung ersetzen! Das Thema Altersvorsorge scheint weit weg zu sein, wenn Sie mitten im Berufsleben stehen und Geld vorhanden ist. Gut beraten ist jedoch sicher jede/r, sich frühzeitig mit entsprechenden Überlegungen zu beschäftigen – und zwar zusammen mit Fachleuten Ihrer Wahl und Ihres Vertrauens.
Denn unglücklicherweise ist Altersvorsorge dann am billigsten, wenn man am wenigsten daran denkt – nämlich vor dem Erreichen des 30. Lebensjahres. Nutzen Sie die Zeit, damit Sie im Alter entscheiden können, ob Sie immer noch einen Kurs oder eine Therapie-Sitzung geben wollen. Das kann ja schön sein. Doch mit 78 Jahren eventuell immer noch arbeiten zu müssen, ist dann wahrscheinlich nicht mehr sooo lustig...

Private Rentenversicherung

Nach dem Prinzip der gesetzlichen Rentenversicherung arbeitet auch die private Rentenversicherung, das heisst, durch jahrelanges Einzahlen entsteht ein Anspruch auf eine Mindestrente. Je nach Vertrag und Anbieter wird die monatliche Rentenhöhe vorab festgelegt oder es wird erst im Erlebensfall entschieden, ob die Gesamtsumme ausbezahlt werden soll oder eine monatliche Rente „mit Verbrauch" oder „ohne Verbrauch" ausbezahlt werden soll.
Bei der Auszahlung mit Verbrauch wird für einen vereinbarten Zeitraum, meist zehn bis fünfzehn Jahre, die Höhe der monatlichen Rentenauszahlung so bemessen, dass am Ende alles ausbezahlt wurde. Bei einer Auszahlung ohne Verbrauch wird ein Betrag ausgezahlt, der etwas geringer ausfällt als in der Variante mit Verbrauch, dafür auf jeden Fall solange, wie der/die Versicherte lebt.

Basisrente oder auch „Rürup-Rente"

Diese Form privater Altersvorsorge mit staatlicher Förderung wurde speziell für Selbstständige entwickelt. Da sie auf eine Idee des Ökonomen Prof. Bert Rürup zurückgeht, hat sie im (medialen) Sprachgebrauch auch diesen Namen. Für Selbstständige ist es die einzige Möglichkeit, steuerbegünstigt Altersvorsorge zu betreiben, denn die Förderung der Riester-Rente geht nur mit einem Ehegatten, der angestellt „riestert".
Die Beiträge zur Rentenversicherung oder Kapitallebensversicherung sind seit 2005 nicht mehr als Sonderausgaben abzugsfähig, es sei denn, die Laufzeit dieser Versicherungen hat vor dem 1. Januar 2005 begonnen und ein Versicherungsbeitrag ist bis zum 31. Dezember 2004 entrichtet worden.

So bleibt also die Basisrente, die von allen bekannten Versicherungs-Unternehmen angeboten wird. Mit dieser können Sie eine Altersvorsorge mit staatlicher Förderung (Steuervorteile über Sonderausgabenabzug) aufbauen. Das Kapital, das sich in einem „Rürup-Vertrag" befindet, bleibt im Falle einer längeren Arbeitslosigkeit (ALG II) bei der Anrechnung von Vermögen unberücksichtigt und kann in der Ansparphase nicht gepfändet werden.

Seit 2015 ist der Höchstbetrag des zu versteuernden Anteils der Rürup-Rente an den Maximalbetrag der knappschaftlichen Rentenversicherung gekoppelt. Dieser orientiert sich am aktuellen Beitragssatz und der Beitragsbemessungsgrenze (2018: 24,7 % / 96.000 Euro). So ergibt sich für 2018 ein steuerlich zu berücksichtigender Höchstbetrag von 23.712 Euro. Bei einem prozentualen Anteil von 84 Prozent, den das Finanzamt bei den eingezahlten Beträgen berücksichtigt, ergibt sich ein maximal anrechenbarer Betrag von 19.918 Euro.

Erlangen Sie das „Berechtigungsalter" zum Bezug, werden dann auf die monatlichen Bezüge aus Ihrer Basisrente entsprechend Ihrem dann zugrundeliegenden Steuersatz die Abzüge berechnet und einbehalten. Da davon auszugehen ist, dass die meisten dann nur noch eingeschränkt oder gar nicht mehr beruflich aktiv sind, darf mit einem niedrigen Steuersatz zu rechnen sein.

Aufgrund der Möglichkeit, während der sogenannten Ansparphase jederzeit auch mit Einmal- und Sonderzahlungen zusätzlich Kapital (steuermindernd) einzuzahlen, ist die Basisrente ideal für Selbstständige. Sie vereinbaren eine feste monatliche Rate und können bei zusätzlichen Einnahmen oder bei Jahresüberschüssen das Konto ihrer Basisrente füllen. Informieren Sie sich zu dieser Form der Altersvorsorge bei Ihrer Bank oder Sparkasse und zusätzlich bei einem Versicherungsunternehmen.

Fonds Sparen

Banken und Sparkassen bieten eine grosse Palette: von Aktien-, Immobilien- oder gemischten Fonds, die über einen längeren Zeitraum unter Umständen eine solide Rendite abwerfen. Viele dieser Fonds bieten Ihnen sogar die Möglichkeit, jederzeit unbegrenzt innerhalb von wenigen Werktagen an Ihr Geld zu kommen. Spezielle Fonds-Sparpläne für den Aufbau einer privaten Altersvorsorge bieten ebenfalls die meisten Geldinstitute. Wer nicht gerade Aktien von Bayer, BASF oder Krauss-Maffei in seinem Depot haben möchte: Es gibt eine ganze Reihe (auch renditemässig) guter Fonds, die sich zum Beispiel ökologischen Projekten oder Firmen verschrieben haben, die auf die Achtung von Umwelt und Ressourcen besonderen Wert legen.

Bei langfristigen Sparverträgen locken die Institute damit, dass nach einer mehrjährigen Ansparphase ein Bonus von der Bank gezahlt wird und nach einem einzahlungsfreien Jahr dann ein „hübsches Sümmchen" zur Verfügung steht. Hier ist unbedingt abzuwägen zwischen der Sicherheit, der vereinbarten Rendite und deren Höhe sowie natürlich Ihrer persönlichen Risikobereitschaft.

Hierzu ein Rechenbeispiel im Vergleich
Es wird von einem sogenannten Anlagezeitraum, also der Zeit, in der nur eingezahlt wird, von 30 Jahren ausgegangen. Frau P. legt 100 Euro monatlich 30 Jahre lang zu 6 % an. Sie erzielt damit eine sogenannte „Ablaufleistung" von circa 98.000 Euro. Frau S. hat ihr Geld zu 8 % angelegt. Ihre Ablaufleistung beträgt schon circa 142.000 Euro.
Die kleinen Prozentzahlen summieren sich über einen langen Zeitraum plötzlich zu erstaunlich grossen Beträgen. Doch bitte immer vorsichtig bis skeptisch sein bei Renditeversprechen jenseits der zehn Prozent. Ab 18 Prozent wird es grundsätzlich anrüchig, wenn nicht gar kriminell! Tragen Sie Ihr Geld unbedingt nur zu seriösen Anbietern wie Banken, Sparkassen oder zu bekannten Versicherungs- oder Fonds-Unternehmen.

Für die Altersversorgung eine grobe Faustformeln:
Für jede 2.000 Euro, die Sie im Alter monatlich zur Verfügung haben wollen, müssen Sie spätestens bis zu einem Alter von 40 Jahren angefangen haben, monatlich die Hälfte, also 1.000 Euro beiseite zu legen. Je früher Sie mit dem Einzahlen beginnen, umso besser. Denn die Höhe der Zahlungen errechnet sich auch nach dem Alter. Jüngere zahlen weniger über einen längeren Zeitraum. Ältere (ab etwa 45 Jahre) zahlen umgekehrt mehr über einen kürzeren Zeitraum.

Strategie der eigenen Altersvorsorge

Ratschläge erhalten Sie zu diesem Thema überall, von Ihrem Banker ebenso wie vom Versicherungsmakler, ganz zu schweigen von Büchern, Fernsehsendungen und Zeitschriften, wovon eine ganz passend titelte: „Altersvorsorge fängt mit Alter an und hört mit Sorge auf – beides nicht unbedingt prickelnd ..."
Die private Altersvorsorge ist vor allem eine Frage der Geldanlage, der Strategie und der persönlichen Wünsche für den eigenen Lebensstandard im Alter. Beginnen Sie mit der Frage: Wie und wo möchte ich im Alter leben? Dazu fällt Ihnen jetzt so spontan nichts ein? Das ist wohl normal und den meisten geht es in dieser Situation ähnlich. Ein befreundeter Versicherungsberater gab mal den befreienden Hinweis: „Es ist nicht wichtig, dass du heute weisst, was du mit 65 machen willst und wo. Wichtig ist doch nur, dass du mit 65 oder 70 Jahren finanziell so unabhängig bist, um dich dann entscheiden zu können, was du wo und wie tun und lassen willst."
Also Vorsorge mehr im Sinne von: Schaffen von (nicht nur finanziellen) Möglichkeiten in der Zukunft. Zur Geldanlage kann natürlich auch das eigene Haus gehören denn es kann mietfreies Wohnen im Alter ermöglichen. Auch die zu erwartende Erbschaft eines Hauses oder Vermögens können Sie in Ihre Vorsorgestrategie mit einbauen.

Wichtig ist vor allem eines:
Warten Sie nicht mit dem Beginn einer eigenen Altersvorsorge, sondern starten Sie frühzeitig! Heute. Und das gerade auch dann, wenn Sie nur mit kleinen Beträgen ansparen können. Jedoch – es ist lange noch nicht zu spät, denn auch mit fünfzig und älter können Sie Ihre finanzielle Perspektive für die Zeit nach dem Erwerbsleben immer noch durch spezielle Versicherungen oder Anlageformen verbessern.

Säulen der Altersvorsorge

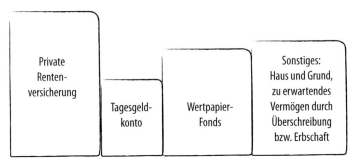

Legen Sie sich nicht nur auf eine Form der Vorsorge fest, sondern bauen Sie besser auf mehrere Säulen. Beginnen Sie so früh wie möglich und als erstes mit einer privaten Rentenversicherung. Legen Sie nach und nach auf einem Tagesgeld-Konto Geld an, bis Sie so viel zusammen haben, dass Sie davon drei Monate leben könnten.
Bauen Sie danach Ihr eigenes Wertpapier-Depot auf. Dafür müssen Sie nicht täglich die Kurszahlen analysieren. Setzen Sie auf bewährte Fonds, die das Kursrisiko durch breite Anlage abfedern und nehmen Sie nur maximal 30 Prozent an spezialisierten Branchen-Fonds in Ihr Depot. Sie können sich durch Aktienkauf bei ausgewählten Unternehmen beteiligen, deren Geschäftspolitik und Produkte Sie sinnvoll und gut finden. Der Anteil an Einzelaktien in Ihrem Depot sollte in der Regel bei höchstens 25 bis 35 Prozent liegen.
Lassen Sie sich zu Ihrer persönlichen Altersvorsorge beraten und holen Sie unbedingt immer mehrere voneinander unabhängige Angebote zu Fonds, Versicherungen etc. ein. Unter anderem bieten die Verbraucherzentralen unabhängige Beratungen und Informationen zum Thema an.

Risiko-Lebensversicherung

Für Familien mit Kindern und zur Absicherung bei grösseren Finanzierungen ist eine Risiko-Lebensversicherung bedingt empfehlenswert. Was ist, wenn ein Elternteil plötzlich stirbt? Die Hinterbliebenen müssen meist mit unzureichender Rente auskommen und besonders bei kleinen Kindern wird das Hinzuverdienen des nun alleinigen Elternteils schwierig oder ist wiederum mit zusätzlichen Kosten für Kinderbetreuung usw. verbunden. In diesem Fall zahlt die Risiko-Lebensversicherung einen vorher vereinbarten Kapitalbetrag aus, die sogenannte Risikosumme.
Für einen 30-jährigen Mann kosten 100.000 Euro Versicherungssumme bei einer vertraglichen Laufzeit von 30 Jahren bei einer günstigen Gesellschaft etwa 20 bis 25 Euro im Monat, für eine gleichaltrige Frau 15 bis 20 Euro im Monat. Es können sich Mann und Frau sowohl einzeln versichern lassen wie auch gemeinsam mit einer Police, die dann an den/die HinterbliebeneN die Versicherungssumme auszahlt. Allerdings erlischt hierbei auch der Risikoschutz für die/den ÜberlebendeN. Soll die Versicherung weiter bestehen bleiben, so muss ein erneuter Abschluss getätigt werden. Die Prämie bei dieser Form beträgt allerdings nur drei Viertel gegenüber zwei Einzelverträgen. Die Höhe der Risikosumme ermitteln Sie durch die Faustformel: Monatlicher Bedarf der Hinterbliebenen x 200 = Versicherungssumme für den Todesfall. Das ergibt ohne Berücksichtigung von Zins und Zinseszins und eventueller Wiederanlage eine Zahlungsdauer von 200 Monaten, also knapp 17 Jahre.

Kapital-Lebensversicherung

Zahlt die Risiko-Lebensversicherung nur im Todesfall des oder der Versicherten und läuft beim „Erleben" des vereinbarten Endes der Vertrag einfach aus, so bietet die Kapital-Lebensversicherung neben dem Risiko-Schutz die Möglichkeit, beim Erleben des Versicherungsendes über eine je nach Vereinbarung auch höhere Summe zu verfügen. Die Höhe der zu erwartenden Auszahlung beruht auf einem komplizierten Schlüssel, der sich zusammensetzt aus den geleisteten Einzahlungen und der davon durch die Versicherungsgesellschaft erzielten Rendite. Die tatsächlich erreichte Rendite ist schlecht zu schätzen, da es auf den Finanzmärkten immer Höhen und Tiefen geben kann. Die gesetzlich garantierte Mindestrendite liegt bei 2,75 Prozent. Die zu erwartende Rendite nach Ablauf meist zwischen 4 und 5,5 Prozent.
Im Erlebensfall am Ende der Versicherungslaufzeit steht dann die Summe aus Einzahlung plus Rendite dem Versicherten frei zur Verfügung. Allerdings fallen bei Verträgen, die seit 2005 abgeschlossen wurden, Steuern an, die man besser schon beim Abschluss der Versicherungspolice mitberücksichtigt. Sonst fehlt im Alter plötzlich zu viel! Die Kapital-Lebensversicherung hat gegenüber anderen Formen der Altersvorsorge an Stellenwert verloren, doch wird sie hier der Vollständigkeit halber aufgeführt.

Weitere Versicherungen – von Pflicht bis überflüssig

Krankenversicherung

Sie ist generell der wichtigste Schutz, denn schon ein einziger Tag im Krankenhausbett kann so viel kosten wie ein durchschnittlicher Monatsbeitrag. Wer angestellt ist und in 2019 nicht mehr als 4.537,50 Euro im Monat verdient, ist automatisch pflichtversichert. Wer mehr verdient oder selbstständig ist, ist seit 2007 ebenfalls krankenversicherungspflichtig! Selbstständige können sich als freiwilliges Mitglied bei einer gesetzlichen oder Ersatzkasse versichern lassen oder eine private Krankenversicherung abschliessen.

Beim Ehepartner in der Krankenversicherung und selbstständig?
Familienangehörige, die keine eigenen Einkünfte erzielen, sind in der sogenannten Familienversicherung in der Krankenversicherung des Ehepartners mit dessen Einkommen mitversichert. Dazu gehören die Kinder, häufig auch der oder die Ehegatte/in. Erzielt dieser mitversicherte Ehepartner nun eigene Einkünfte, können sich die nachfolgenden Konstellationen und Konsequenzen ergeben.

Fall 1: Mitversicherter Ehepartner erzielt Gewinn bis maximal 5.340 Euro pro Jahr
Erzielt ein mitversicherter Ehepartner ein Gesamteinkommen von unter 5.340 Euro, so ist dies unschädlich für die Familienversicherung in der Krankenkasse des Partners. Dies setzt allerdings voraus, dass der Ehepartner nicht hauptberuflich (mehr als 18 Std/Woche) selbstständig tätig ist oder selbst pflichtversichert bzw. freiwillig versichert, versicherungsfrei oder von der Versicherungspflicht befreit ist. Vorsicht allerdings bei einem Minijob! Sollte ein solchermassen mitversicherter Partner neben dem eigenen Einkommen noch einem Minijob (bis 450 Euro Lohn im Monat) nachgehen, so darf die Jahreslohnsumme aus Minijob und(!) Gewinn aus der eigenen Tätigkeit zusammen nicht höher liegen als 5.400 Euro!

Fall 2: Mitversicherter Ehepartner erzielt Gewinn über 5.340 Euro
Kommt ein mitversicherter Ehepartner mit seinen Einnahmen aus selbstständiger Tätigkeit (und ggf. anderen Einnahmen z.B. aus Zinserträgen auf Kapitalvermögen oder Mieteinnahmen) auf einen Gewinn von mehr als 5.340 Euro im Jahr, muss die Krankenkasse darüber informiert werden! Wird ein Gewinn, der über der Freigrenze liegt, der Krankenkasse nicht mitgeteilt, kann es zu nicht unerheblichen Nachzahlungsforderungen kommen.
Suchen Sie unbedingt frühzeitig das Gespräch mit der zuständigen örtlichen Vertretung Ihrer Krankenkasse. Erkundigen Sie sich, was Sie zu erwarten haben, wenn Sie einen Gewinn über der Freigrenze erzielen sollten. Fragen Sie konkret nach Tarifen und Zahlen - und nach Alternativen.

Fall 3: Krankenversichert als Angestellte und nebenberuflich selbstständig
Sie sind nicht familienversichert, sondern selbst krankenversichert und ausserdem sind Sie noch selbstständig tätig. Dann gilt es für die Krankenkasse abzuwägen, welche der Tätigkeiten die beitragsrelevante ist. Das wird so lange die Angestelltentätigkeit sein, wie in dieser deutlich mehr Bruttogehalt bezogen wird als durch die Selbstständigkeit an Brutto-Gewinn erzielt wurde. In diesem Fall sind die Grenzen von der jeweiligen Lohn- bzw. Gehaltssumme abhängig, von der wiederum die Krankenkassenbeiträge berechnet werden.
Sie sollten frühzeitig das Gespräch mit Ihrer Krankenkassenvertretung vor Ort suchen bzw. die Krankenkasse auf jeden Fall informieren, da in einigen Fällen zusätzliche Kosten entstehen können. Darüber hinaus ist die Krankenkasse regelmäßig darüber zu informieren, ob sich Ihr Status geändert hat.

Privat oder gesetzlich krankenversichert?

Das ist eine Frage der Lebens- und Familienplanung, denn die tendenziell günstigeren Tarife der Privatversicherer für junge Ledige können plötzlich sehr teuer werden, wenn eine ganze Familie zu versichern ist oder der Bedarf im Alter steigt – und damit auch die Beitragsforderungen der Versicherer.
Die gesetzlichen und Ersatzkassen legen das Einkommen beziehungsweise den ermittelten Gewinn bei Selbstständigen als Beitragsbemessungswert zugrunde und versichern dafür auch die im Haushalt lebende Familie ohne Aufpreis mit (Familienversicherung).
Der Beitrag für eine private Krankenversicherung errechnet sich nach dem Alter und dem vereinbarten Leistungsumfang – und wird stets für jede einzelne Person berechnet, also auch für Ehegatte und jedes Kind. Wer sich für einen Wechsel zur privaten Krankenversicherung interessiert, sollte sich die Prämie nicht nur für das Eintrittsalter, sondern auch für die Zeit nach dem 60. Geburtstag ausrechnen lassen und stets Angebote von mehreren Versicherern einholen sowie die Tarife und Leistungen der gesetzlichen Kassen zum Vergleich hinzunehmen.

Beitragsberechnung zur gesetzlichen Krankenversicherung

Für alle, die als Selbstständige freiwillig in der gesetzlichen Krankenversicherung sind, hat sich ab 2018 die Beitragsberechnung geändert. Bis Ende 2017 wurden die monatlichen Beiträge auf Basis des zuletzt erlassenen und eingereichten Einkommensteuerbescheids festgesetzt. Diese waren in gleicher Höhe so lange fällig, bis ein neuer Bescheid erlassen wurde. Zwischen Beitragsjahr und neuem Einkommensteuerbescheid konnte so schon mal gut ein Jahr dazwischen liegen. Es fand keine Korrektur der Vergangenheit statt. Dadurch konnte es passieren, dass ein Unternehmer 2016 wenig verdiente und trotzdem hohe Beiträge zahlte – einfach nur deswegen, weil er 2014 besser verdient hatte. Umgekehrt konnte

es genauso sein, dass jemand trotz hoher Einkünfte in 2016 nur geringe Beiträge zahlte, da er in 2014 wenig verdient hatte.
Was hat sich nun geändert? Seit dem 1. Januar 2018 gilt eine Neuregelung durch das Heil- und Hilfsmittelversorgungsgesetz (HHVG). Was gleich bleibt ist, dass die Beiträge anhand des zuletzt erlassenen Einkommensteuerbescheides festgesetzt werden, allerdings nur vorläufig (!). Erst wenn der Einkommensteuerbescheid für das Kalenderjahr vorliegt, setzt die Krankenversicherung die endgültigen Beiträge für das Jahr rückwirkend fest und berücksichtigt dabei entsprechend die tatsächlich erzielten Einnahmen. So kann es entweder im Folgejahr zu Nachzahlungen oder zu Erstattungen kommen.
Während Erstattungen natürlich in der Regel etwas Willkommenes sind, tun Nachzahlungen meist erst mal weh. Daher sollten Sie Ihren aktuellen Gewinn und die Relation zu Ihren aktuellen Beitragszahlungen im Blick haben, um böse Überraschungen zu vermeiden.

Beispiel: Oli ist selbstständiger Kampfkunst-Lehrer und erzielte 2018 einen durchschnittlichen Gewinn von 3200 Euro im Monat – so steht es in seinem Einkommensteuerbescheid. Nach diesem Einkommen berechnet die Krankenkasse seinen vorläufigen monatlichen Beitrag für 2019. Im Jahr darauf erhält er größere Aufträge und erzielt 4000 Euro monatlich. Sobald die Krankenkasse seinen Steuerbescheid für 2019 erhält, berechnet sie einen höheren Beitrag und Oli muss nachzahlen. Der neu berechnete Beitrag gilt dann auch vorläufig für das Jahr 2020. Verdient Oli dann wieder weniger, erstattet die Krankenkasse die zu viel gezahlten Beiträge – jedoch erst rückwirkend.

Der Beitragssatz für freiwillig versicherte Selbstständige in einer gesetzlichen Krankenkasse liegt in 2019 wie bei Pflichtversicherten bei 14,6 Prozent ihrer Einnahmen plus Zusatzbeitrag, der je nach Krankenkasse unterschiedlich ausfällt; meist etwa 1 Prozent. Wer auf Krankentagegeld verzichtet, zahlt 14 Prozent und den Zusatzbeitrag. Beim Einkommen berechnet die Krankenkasse auch Erträge aus Vermietung oder Verpachtung mit ein. Dazu kommen die Beiträge zur Pflegeversicherung
Als Selbstständige mussten Sie bis Ende 2018 allerdings mindestens so viel zahlen, als würden Sie 2283,75 Euro verdienen – die sogenannte Mindestbemessungsgrundlage für hauptberuflich Selbstständige (§240 Abs. 4 SGB V). Ausnahmen galten für Selbstständige, die einen Gründungszuschuss erhielten und für solche, die bei den Krankenkassen eine Härtefallregelung einforderten, sofern sie der Mitgliedsbeitrag nachweislich in Existenznöte brachte.
Um die Mehrbelastung von Selbstständigen, die wenig verdienen, zu minimieren und den Verwaltungsaufwand zu reduzieren, trat am 01. Januar 2019 das GKV-Versichertenentlastungsgesetz in Kraft. Dementsprechend wurde die Mindestbemessungsgrundlage mehr als halbiert auf 1.038,33 Euro, woraus sich

ein Mindestbeitrag für die Krankenversicherung von ca. 160 Euro ergibt (je nach Höhe des Zusatzbeitrags der Krankenkasse). Dazu kommt der Beitrag zur Pflegeversicherung in Höhe von 3,05 % (2019).

Krankentagegeld

Für freiwillig gesetzlich oder privat Versicherte kommt noch das sogenannte Krankentagegeld dazu, denn nur für pflichtversicherte Angestellte gibt es vom ersten Krankentag an eine Lohnfortzahlung, die erst vom Arbeitgeber und ab dem 43. Krankheitstag von der gesetzlichen Krankenkasse übernommen wird. Bevor Sie als Selbstständige jedoch einen Krankengeldanspruch ab dem ersten Tag durch Ihre Krankenversicherung absichern lassen, sollten Sie die relativ teuren Tarife durchrechnen. Statt monatlich hohe Beiträge zu zahlen, können Sie vielleicht die ersten drei Wochen einer Krankheit – und einen eventuell damit verbundenen Einkommensausfall – günstiger durch Erspartes überbrücken.

Krankenhaustagegeld

Diese Versicherung kostet und ob sie wirklich gebraucht wird, darf sich jeder einzelne kritisch hinterfragen. Denn während das Krankentagegeld läuft, wenn jemand krank ist, wird diese Versicherung nur aktiv, wenn man im Krankenhaus liegt. Dann greifen jedoch auch die anderen Versicherungen (Krankentagegeld, Krankenversicherung, ggf. Unfallversicherung usw.).

Auslandsreise-Krankenversicherung

Da die gesetzlichen Kassen nur bei Krankheitsfällen in Ländern Leistungen übernehmen, mit denen ein Sozialversicherungsabkommen besteht, sollten alle, die viel oder regelmässig im Ausland unterwegs sind, eine Auslandsreise-Krankenversicherung abschliessen.
Bei günstigen Anbietern kostet eine Jahrespolice circa 10 Euro, die sich bereits ab einem Auslandsaufenthalt von 14 Tagen im Jahr rechnet. Auch hier gilt es jedoch, das Kleingedruckte zu lesen. Einige Gesellschaften versichern nur privat veranlasste Reisen, was also nicht einen Urlaubskurs wie „Meditation in der Toskana" einschliessen würde. Andere zahlen nur für die ersten zehn Tage eines Auslandsaufenthaltes und fast alle nur für eine Maximaldauer je Reise von vier bis sechs Wochen.
Wer für eine längere Zeit zum Beispiel auf Reisen gehen möchte, sollte sich bei den Gesellschaften entsprechende Angebote vorher einholen. Meiden sollten Sie Angebote, die Erkrankungen nicht versichern, die bereits vor Reiseantritt bestanden, oder solche, die erst nach Vorleistung der gesetzlichen Kassen zahlen.

Berufsunfähigkeitsversicherung

Bei lang andauernden Krankheiten zahlen die Krankenkassen nur einen begrenzten Zeitraum das Krankentagegeld. Die Zahlungen werden eingestellt, sobald die Berufsunfähigkeit festgestellt wird. Wer als Selbstständige/r durch Unfall oder Krankheit die Arbeitskraft verliert, kann kein Geld mehr verdienen.

In all diesen Fällen zahlt die Berufsunfähigkeitsversicherung eine Rente, deren Höhe bei Vertragsabschluss vereinbart wird. Für hauptberuflich Selbstständige ist diese Versicherung durchaus sehr empfehlenswert, doch kann das letztendlich nur jeder für sich entscheiden.

Als Faustformel sollten diejenigen, die keine Ansprüche aus der gesetzlichen Rentenversicherung haben, mindestens eine monatliche Rente von 1.200 Euro vereinbaren. Die anderen sollten ein Drittel des Monatsverdienstes als Rentenleistung vereinbaren. Zu bedenken ist, dass die Versicherung der Berufsunfähigkeit mit jedem Lebensjahr teurer wird, da sich der Beitrag nach dem Eintrittsalter richtet. Zwar sind Prämien günstiger, wenn die Dauer der Versicherungszeit begrenzt wird (zum Beispiel auf zwölf Jahre Laufzeit oder bis zum Erreichen des 55. Lebensjahres), doch besonders im Alter steigt die Wahrscheinlichkeit der Unfähigkeit zur Berufsausübung!

Vorsicht ist geboten bei dem Angebot, die Berufsunfähigkeit mit einer Renten- oder Lebensversicherung zu kombinieren. Dann gibt es zwar am Ende der Laufzeit Geld zurück, doch diese Kombination kostet mitunter mehr im Vergleich zu Abschlüssen von Einzelversicherungen. Da die Versicherungsunternehmen ihre Risiken unterschiedlich bewerten, geht es für uns Aussenstehende als Kunden nicht immer logisch zu.

Lassen Sie sich mehrere Angebote unterbreiten. Teilweise sind die Beitragsunterschiede immens. Seien Sie gewissenhaft bei der Erfassung von bisherigen Krankheiten, Unfällen, etc. Sollte aus solchen Krankheiten später eine Berufsunfähigkeit entstehen, kann es sein, dass die Versicherung nicht zahlt, wenn es nicht angegeben wurde. Es kann auch sein, dass bestimmte Bereiche (bestimmte Krankheiten oder Körperbereiche wie z.B. Wirbelsäule) herausgenommen werden und dadurch völlig andere Beiträge entstehen.

Unfallversicherung

Diese Versicherung rundet die nötige Grundsicherung ab, obwohl vieles, was durch einen Unfall passieren kann, zum Teil auch durch andere Stellen wie Arbeitgeber, gesetzliche Unfallversicherung oder andere Versicherungen wie KFZ-Versicherung oder Berufsunfähigkeitsversicherung abgedeckt wird. Diese genannten Versicherungen decken eben oftmals nur einen Teil ab. Schnell können grosse Summen zusammenkommen, wenn unfallbedingt eine schwere Behinderung entsteht oder hohe Rehabilitationskosten anfallen. Hierbei tritt

die Unfallversicherung ein, die es bei günstigen Versicherern bereits ab circa 10-12 Euro Monatsbeitrag gibt.
Ein kaum spürbarer Betrag, der vom Konto geht, doch im Ernstfall allemal lohnt.
Wichtig ist bei der Unfallversicherung die Vereinbarung einer ausreichend hohen Versicherungssumme für den Invaliditätsfall.
Als Faustformel für die Ermittlung der richtigen Versicherungssumme gilt: Monatlicher Bedarf x 200 = Vollinvaliditätsentschädigung.
Bedarf bei Invalidität von alleinstehenden Alleinverdienern ca. 1.500 Euro monatlich 1.500 Euro x 200 = 300.000 Euro Invaliditätsentschädigung
Werden diese 300.000 Euro zu 6 % Zinsen bei der Bank angelegt, bringen sie ohne Berücksichtigung von Steuern 18.000 Euro Zinsen im Jahr, also entsprechend 1.500 Euro pro Monat. Empfehlenswert ist es für die meisten, eine Berufsunfähigkeits- und eine Unfallversicherung aufeinander abgestimmt abzuschliessen.
Teuer und nicht zwingend empfehlenswert ist die zusätzliche Versicherung von Unfallkrankentage- und Unfallkrankenhaustagegeld, Genesungsgeld, Kurkostenbeihilfe und Kosten für kosmetische Operationen. Doch richtet sich auch das wieder nach dem eigenen Ermessen und Bedarf.
Die ersten beiden stehen meist in keinem Verhältnis von Beitrag zu Leistungshöhe.
Bergungskosten sind meistens bis 4.000 Euro beitragsfrei mitversichert. Ausserdem dringend abzuraten ist von Unfallversicherungen, bei denen der Versicherer erst ab einem bestimmten Prozentsatz der Invalidität (manche tatsächlich erst ab 50 Prozent!) zahlt oder von sogenannten Mehrleistungstarifen oder Tarifen mit Progression, die erst ab einem bestimmten Invaliditätsgrad bezahlt werden (manche erst ab 70 Prozent Invalidität).

Berufs-Haftpflichtversicherung

Diese Versicherung deckt für freiberuflich und auch für angestellt Tätige Haftungsschäden ab, die beispielsweise durch TeilnehmerInnen gegen sie gestellt werden. Denken Sie dabei vielleicht an das ausgerenkte Gelenk durch starkes Überdehnen in der Körperarbeit? Ja, ein solcher Haftungsfall würde auch übernommen. Viel unspektakulärer sind meist die Schäden, die tatsächlich in Kursen vorkommen. Da tritt eine Meditationslehrerin zur Korrektur der Haltung einer Teilnehmerin auf deren Matte und – zertritt die unter der Matte abgelegte Brille! Dabei ist dann allerdings wichtig, dass neben Personenschäden auch Sachschäden abgedeckt sind.
Bei Beratenden ist bei Abschluss darauf zu achten, dass die jeweiligen Beratungsbereiche genau benannt sind. Ist nämlich im Vertrag nur die Einzelberatung oder persönliche Beratung aufgeführt, es entsteht jedoch ein Haftungsfall durch eine Beratung für eine Firma oder einen Verein, so kann die Versicherungsgesellschaft eventuell die Schadensübernahme verweigern.
Für HeilpraktikerInnen ist die Berufs-Haftpflichtversicherung vorgeschrieben durch die Berufsordnung, die Teil der Satzung ihres Verbandes ist. Ähnliches kann

für manche TherapeutInnen gelten. Wenn Sie sich nicht sicher sind, so fragen Sie bitte bei Ihrem Berufsverband nach.

▶ **Hinweis:** Für alle gilt: Melden Sie auch unberechtigt erscheinende Haftungsansprüche umgehend der Berufs-Haftpflichtversicherung, denn die Gesellschaften prüfen vor jeder Zahlung und gewähren Ihnen bei unberechtigten Ansprüchen Rechtsschutz, das heisst, die Berufshaftpflichtversicherung übernimmt für Sie die Anwalts- und gegebenenfalls Gerichtskosten. ◀

Die Beiträge für eine Berufs-Haftpflichtversicherung können bei den einzelnen Versicherungsgesellschaften sehr unterschiedlich ausfallen. Günstig sind immer Gruppentarife, wie sie Berufsverbände mit einzelnen Versicherern aushandeln können. Wenn es das für Sie und Ihren Bereich nicht gibt, so bitten Sie Ihren Versicherer der privaten Haftpflicht um ein erweitertes Angebot. Denn die Kombination von privater und beruflicher Haftpflichtversicherung kostet bei den lehrenden und den meisten beratenden Tätigkeiten im Schnitt nur doppelt so viel wie die private Police gekostet hat. Rechnen Sie in dieser Kombination mit einem Jahresbeitrag von 120 bis 180 Euro.

Stimmen Sie mit der Versicherung genau ab, welche Art von Schäden abgedeckt sind. Für die rein unterrichtenden Tätigkeiten reicht die Deckung für Personen- und Sachschäden meist aus. Für beratende Tätigkeiten empfiehlt es sich durchaus auch Vermögensschäden abzudecken.

Reicht nicht ein Haftungsausschluss im Flyer und auf der Website?
Das wäre schön, zumal häufig in Broschüren von Kolleginnen und Kollegen etwas zu lesen ist wie: „Für alle Erfahrungen der Teilnehmerinnen und Teilnehmer in meinen Veranstaltungen und Kursen sind diese selbst verantwortlich. Ich übernehme keinerlei Haftung."
Da sich eine Haftung immer aus einer konkreten Situation ergibt, kann sie nicht pauschal (und vorab) abgelehnt werden. Damit erübrigen sich also Informationen an die Teilnehmer wie zuvor beschrieben. Im Gegenteil: Sie machen eher einen unseriösen Eindruck.

Betriebs-Haftpflichtversicherung

Mit der sogenannten Betriebs-Haftpflichtversicherung gibt es den nächsten Baustein zu einer Rundum-Absicherung für die selbstständige Tätigkeit. Denn durch die Berufs-Haftpflichtversicherung wird nur der Haftungsfall durch das Ausüben der Tätigkeit selbst abgesichert. Wer in eigenen Räumen (gleich ob Eigentum oder auf Dauer gemietet) Unterricht, Beratung oder Therapie durchführt, kann an ihn/sie selbst gerichtete Haftungsansprüche noch über die Berufs-Haftpflichtversicherung abwickeln. Sobald auch andere diese Räume nutzen, können Haftungsansprüche

Dritter (also zum Beispiel von Teilnehmenden an Angeboten in den eigenen Räumen, die von einem Kollegen angeboten werden) nur durch die Betriebs-Haftpflichtversicherung abgedeckt werden.
Typische Beispiele für mögliche Haftungsfälle sind etwa der Sturz einer Teilnehmerin durch unsachgemäss verlegten Teppichboden oder herumliegende Kabel und auch der Ausrutscher auf der Treppe. Da dies nichts unmittelbar mit der Ausübung der Tätigkeit selbst zu tun hat, greift meist die Berufs-Haftpflichtversicherung nicht, sondern ist ein Fall für die Betriebs-Haftpflichtversicherung
Insbesondere ist die Betriebs-Haftpflichtversicherung also dann zu empfehlen, wenn Sie Ihre Räume regelmässig untervermieten oder Sie dort mit mehreren anderen KollegInnen arbeiten. Ist die Haftungsfrage nämlich unklar, kann aufgrund der sogenannten Durchgreifhaftung bis zur endgültigen Klärung der Sachlage die Eigentümerin beziehungsweise der Hauptmieter in die Haft-Pflicht genommen werden.

Betriebsversicherung

Wer für die Ausübung der selbstständigen Tätigkeit ein eigenes Büro oder/und einen Übungsraum, Praxis oder Studio unterhält, beachte bitte, dass die aus dem privaten Bereich bekannte Hausratversicherung Sachwerte in geschäftlich genutzten Räumen nicht einschliesst. Dies gilt im Übrigen auch, wenn Sie im eigenen oder gemieteten Haus Ihre geschäftlich genutzten Räume haben und Sie eine private Hausratversicherung abgeschlossen haben. Für die geschäftlich genutzten Räume empfiehlt es sich, das Risiko durch Feuer, Einbruch-Diebstahl, Sturm und Leitungswasser abzuschätzen.
Denn die Betriebsversicherung ist die geschäftliche Variante der privaten Hausratversicherung. Sie kann neben dem finanziellen Ersatz im Schadensfall für die geschädigten oder gestohlenen Sachen auch Arbeitsentgelt zur Wiederherstellung des vorhergehenden Standes mit einschliessen. Denn was nutzt es zum Beispiel, wenn Sie den Computer nebst Software ersetzt bekämen, jedoch die Texte, Adressen etc. selbst neu eingeben müssten? Hier kann die Betriebsversicherung helfen, indem sie den Arbeitslohn für eine Kraft übernimmt, die diese Arbeit erledigt.
Viele Variationen sind möglich, so dass diese Versicherung genau auf die individuellen Bedürfnisse im Baukastensystem abgestimmt werden kann.

Beispiel: Für eine Geschäftsausstattung bis 15.000 Euro für ein kleines Studio mit einem Büro inklusive Kopierer, Computer, Telefonanlage und den üblichen elektrischen und elektronischen Geräten liegen die jährlichen Kosten für diese Versicherung bei etwa 130 - 180 Euro.

Rechtsschutzversicherung

Die Werbung der Rechtsschutzversicherer zielt immer ab auf die Prozesskosten in Deutschland. Diese sind zwar unbestritten hoch, dennoch kommt es nicht plötzlich und unerwartet zu einer gerichtlichen Verhandlung. Das heisst, entstehende Kosten sind grossenteils vorhersehbar und können durch einen kostenbewussten Anwalt auch noch gering gehalten werden.
Deshalb empfiehlt sich diese Versicherung nur, wenn Sie z.B. wirklich viel mit dem Auto unterwegs sind – und dann auch nur den Verkehrsrechtsschutz abschliessen – oder wenn Sie schon öfter wegen Mietrecht, Sozial- oder Verwaltungsangelegenheiten klagen wollten oder mussten.
Bei einer Jahresprämie für eine Rechtsschutzversicherung für Selbstständige mit Familie von circa 400 Euro könnten Sie auch einmal durchrechnen, was Sie mit diesem Betrag, gut verzinst angelegt, zusammensparen könnten über einen Zeitraum von zum Beispiel zehn Jahren. Ausserdem zahlt die Rechtsschutzversicherung gerade dann nicht, wenn es wirklich teuer wird, zum Beispiel bei Scheidung und anderen Zivilprozessen.
Wenn Sie sich Angebote geben lassen, achten Sie darauf, dass die Versicherung auch bei Rechtsstreitigkeiten in Vertragsangelegenheiten bei Selbstständigen und Mahnklagen gegen säumige Zahler Rechtschutz übernimmt oder ggf. ein entsprechender Inkasso-Service angeboten wird, wie es hier und da der Fall ist.

Ein Tipp für Ihre angemeldeten TeilnehmerInnen – Reiserücktrittsversicherung

Diese Versicherung wird Ihnen sicher auch schon mal im Reisebüro oder beim Online-Kauf einer Bahnfahrkarte angeboten worden sein. Was wird damit versichert? Wenn Sie den Preis für die Reise bereits ganz oder teilweise gezahlt haben und müssen aus persönlichen Gründen vorher zurücktreten, so zahlt diese Versicherung Ihre entstehenden und die entstandenen Kosten. Heisst im Klartext: Sie bekommen das bereits gezahlte Geld von der Versicherung erstattet, die auch eventuelle Stornokosten übernimmt.
Für die Reiserücktrittsversicherungen ist es von nachrangiger Bedeutung, wohin die Reise gehen soll und ob jemand am Zielort ein Seminar oder irgendeine andere Veranstaltung besucht. Eine Reise findet immer dann statt, wenn jemand den Wohnort verlässt, um an einen anderen Ort zu gelangen und sich dort aufzuhalten.
So können sich also Ihre TeilnehmerInnen mit einer Reiserücktrittsversicherung davor schützen, dass von ihnen bereits gezahlte Gebühren, Fahrtkosten und Stornokosten verloren gehen. Und Sie können als VeranstalterIn Ihre Fürsorge für die Teilnehmenden ganz praktisch zeigen, indem Sie auf diese Minderung des finanziellen Risikos hinweisen. Eine Reiserücktrittsversicherung kann in jedem Reisebüro, an den Schaltern der Deutschen Bahn und bei Sparkassen und

Volksbanken abgeschlossen werden. Oftmals sind sie auch im Leistungsumfang von Kreditkarten-Ausgebern enthalten.

Wer bietet Hilfe an und berät unabhängig?

Verbraucherzentralen
Die lokalen Büros der Verbraucherzentrale halten Infobroschüren zu verschiedenen Versicherungen bereit und führen zum Teil Infoveranstaltungen durch. Das komplette Informationsangebot erhalten Sie über:
vzbv Verbraucherzentrale Bundesverband e. V.
Besuchereingang: Markgrafenstr. 66, 10969 Berlin

▶ Kontakt zu den einzelnen Fachbereichen über: www.vzbv.de ◀

Bundesanstalt für Finanzdienstleistungsaufsicht
Wer Ärger mit seiner Versicherungsgesellschaft hat, kann sich hier beschweren. Das Amt (dem Bundesministerium der Finanzen unterstellt) holt dann eine Stellungnahme des Versicherungsunternehmens ein, wird allerdings selbst nur aktiv, wenn der Versicherer gegen gesetzliche oder aufsichtsrechtliche Vorschriften verstossen hat. Bei Streitigkeiten im Schadensfall hilft es nicht.

Bundesanstalt für Finanzdienstleistungsaufsicht

Graurheindorfer Str. 108, 53117 Bonn
Fon: 02 28 - 41 08-0, Fax: 02 28 - 41 08-15 50
Verbrauchertelefon: 0228 - 299 70 299 (Mo. - Fr. 08:00 - 18:00 Uhr)

▶ www.bafin.de ◀

"Kunst ist schön, macht aber auch viel Arbeit."

Karl Valentin

Anhang
Literatur und Adressen zu den Kapiteln des Leitfadens

Alle Weblinks finden Sie auch auf der Website www.leitfaden-online.de unter „Links". ◀

zu: Wie starte ich eine selbstständige Tätigkeit?

„Wie werde ich Unternehmer" – Hans Emge, ISBN: 978-3779501671, Peter Hammer Verlag
„www.impulse-gruenderzeit.de" – die Wirtschaftszeitschrift impulse bietet laufend aktuelle Informationen und „alles Wissenswerte für den Start"
„www.ifb-gruendung.de" – bietet eine Übersicht zu Gründung, Förderung etc., nicht nur für Freie Berufe
„www.bmwi.de" – Bundesministeriums für Wirtschaft und Technologie: Expertenhotline, Mo.-Fr. von 9 bis 16 Uhr besetzt: Telefon 0 18 05/61 50 01 (14 Cent pro Minute aus Festnetz, Preise abweichend aus Mobilfunknetzen)
„www.foerderdatenbank.de" – Die Datenbank zu (fast) allen Fördermöglichkeiten des Bundeswirtschaftsministeriums
„www.kfw.de" – die Bank des Bundes für Förderungen jeder Art, führt über den Suchbegriff/Link „Gründen" zu allem, was wichtig ist und interessant sein könnte, von Finanzierung über Recht, Steuern, Coaching, Controlling bis zu Kontaktbörse und Specials
www.existenzgruender.de – diese Website unterhält das Bundesministerium für Wirtschaft mit allen aktuellen Angeboten und Dienstleistungen
www.selbststaendig.de – private Website mit vielen Informationen, Downloads etc.
www.firma.de – Gründungs-Agentur vermittelt Berater usw., viele Infos auf der Seite
www.dpma.de – die Website des deutschen Patent- und Markenamtes
www.impulse.de – das Magazin für Unternehmer, mit Foren, Veranstaltungen und vielen Artikeln

zu: Grundkenntnisse für Selbstständige

„Wichtige Wirtschaftsgesetze" – ISBN: 978-3482587573, Verlag Neue Wirtschafts-Briefe, Herne/Berlin 2014
„www.business-wissen.de" – Informationen zu „Organisation und Management", interessante Links

Anhang

„www.unternehmertipps.de" – mit sehr vielen kommentierten Links zu allen Bereichen, die für Selbstständige interessant sein können, auch spezielle Gründungslinks
„www.anwaltssuchdienst.de" – ist der Deutsche Anwaltssuchdienst für die Expertensuche vor Ort, Informationen zu Anwalts- und Prozesskosten
„www.anwalt-suchservice.de" – ist ein Link-Verzeichnis zu Kanzlei-Websites mit deren Arbeits-Schwerpunkten
„www.bmj.de" – Die Website des Bundesjustizministeriums bringt Informationen über Gesetze und die Rechtspolitik
„www.gesetze-im-internet.de" – Linksammlung des Bundesjustizministeriums zu allen deutschen Gesetzen und vielen Durchführungsverordnungen, Vorschriften usw
„www.formblitz.de" – hält Formblätter und Verträge zum (teilweise allerdings kostenpflichtigen) Download bereit
„Verwaltungs-Berufsgenossenschaft" – VBG, Fon 040 - 51 46-0, Internet: www.vbg.de, Anschrift: 22297 Hamburg
www.clever-selbstaendig.de - bietet viele Tipps und Informationen zur Selbstständigkeit für viele Branchen
www.billomat.com – Angebot zur Online-Buchhaltung
www.finanztip.de – Tipps und Informationen für Verbraucher und Selbstständige
www.deutschland-startet.de – Portal für Gründer, Start-Ups und Selbstständige
www.rundfunkbeitrag.de/ – wofür, warum und wie wird hier erklärt

zu: Marketing und Werbung

„Leitfaden für die Pressearbeit" – Knut S. Pauli, ISBN: 978-3423058681, dtv, München.
„www.hach.de" – Hach AG, Versand für Werbemittel (Kugelschreiber, Feuerzeuge etc.)
„www.memo.de" – memo AG, Versand mit ökologischem Anspruch für Bürobedarf und Werbemittel, 97259 Greußenheim
de.wikipedia.org
www.zentrale-pruefstelle-praevention.de – prüft Kurskonzepte auf Anerkennung gemäss Präventions-Leitfaden der GKV und vergibt die Zertifikate dazu

zu: Hilfe, ich mache Gewinn?!

„Vereine und Steuern" – Otto Sauer u. Franz Luger, ISBN: 978-3423052641, dtv, München
„Wichtige Steuergesetze" – ISBN: 978-3482604553, Verlag NWB, Herne/Berlin 2014
„Gewinnermittlung für Selbstständige" – Girlich u. Obermeier, ISBN: 978-3423508230, dtv, München, 2009
„www.steuerberater-suchservice.de" – Link-Verzeichnis des Deutschen Steuerberaterverbandes mit Suchmasken für die passende Steuerberatung
„www.finanzamt.de" – Portal zu allen deutschen Finanzämtern, Übersichten, Tabellen, Fristen, aktuelle Formulare zum Download

„www.bundesfinanzhof.de" – aktuelle Informationen aus der Steuerrechtsprechung, Urteile und mündliche Verhandlungen
„www.bundesfinanzministerium.de" – informiert über aktuelle Gesetze und Erlasse, Tabellen zu ausgewählten Themen, Steuer-Lexikon
www.steuern.de – Informations-Seite des Fach-Verlages Haufe Lexware Freiburg mit vielen Tipps
www.steuertipps.de – Informations-Seite der international tätigen Wolters Kluwer Gruppe
www.reisekosten.de – Info-Seite mit speziellen Tipps zum Thema von HRworks GmbH in Freiburg
www.impulse.de/recht-steuern
www.abschreibung.de – Info-Website rund um dieses Thema mit Erklärungen, Tabellen etc

zu: Versicherungen

„www.deutsche-rentenversicherung-bund.de" – Die DRV betreibt eine gebührenfreie telefonische Auskunft zu allen Rentenfragen, die erreichbar ist unter 08 00-1 00 04 80 70 (Mo. bis Do.: 7.30 bis 19.30 Uhr, Freitag: 7.30 bis 15.30 Uhr)
„www.vzbv.de" – führt zum Bundesverband der Verbraucherzentralen, Links zu den Länderzentralen
„www.klipp-und-klar.de" – Website des Informationszentrum der deutschen Versicherungen – kostenloser Service und Beratungstelefon zu allen Versicherungen (außer private Krankenversicherungen) unter der Nummer: 08 00 - 3 39 93 99.
„www.versicherung-und-verkehr.de" – bringt Gerichtsurteile rund ums Auto
hessen.aok.de/inhalt/familienversicherung-5/ – Information und Erklärungen zur Familienversicherung der Krankenkassen
www.krankenkassen.de – Informationen zu privater und gesetzlicher Krankenversicherung, Leistungen etc.

Alle Weblinks finden Sie auch auf der Website www.leitfaden-online.de unter „Links".

Download-Bereich auf der Website

Auf der Website zum Buch unter
www.leitfaden-online.de
finden Sie in der Navigation den Punkt „Download-Bereich".
Klicken Sie darauf und es öffnet sich ein Fenster, in dem Sie gebeten werden, einen Benutzernamen und ein Passwort einzugeben.
Der Benutzername lautet: Mein Leitfaden
und das Passwort dazu: Mein Leitfaden
Bitte beachten Sie die Gross- und Kleinschreibung und die Leertaste zwischen „Mein" und „Leitfaden".

Vorlagen im Download-Bereich

Alle nachfolgenden Vorlagen zur Abrechnung von Bewirtungskosten, Quittung, Rechnung, Formulare und Verträge finden Sie auch auf der Website www.leitfaden-online.de unter „Downloads" (siehe oben).

Vorlagen

Bewirtungskosten (s. S. 190)

Folgende Angaben sind neben der maschinengedruckten Rechnung nötig:

Angaben zu Bewirtungsaufwendungen

Tag der Bewirtung: _____

Ort der Bewirtung: _____

Teilnehmende der Bewirtung: _____
_____

Anlass der Bewirtung: _____

Höhe der Gesamtaufwendungen lt. Rechnung: _____

Ort, Datum, Unterschrift: _____

Quittung (s. S. 200)

Müller Beratung
Blumenstr. 35, 12345 Muckelbach
Tel.: 02 02/7 07 08
info@mueller-beratung.de
www. mueller-beratung.de   Quittung vom 32. Februar 2019

Frau/Herr _____

hat für den Kurs
„Schamanen lächeln leise" an vier Abenden im Januar und Februar 2019

98,- EUR (netto 82,35 EUR zzgl. 19% MwSt. = 15,65 EUR) bar bezahlt.

Mit bestem Dank – Müller Beratung   Ust-ID: DE1235467892

Rechnung (s. S. 199)

Emil Rechnungssteller
Musterstrasse 1a
12345 Musterstadt

An 31. Februar 2019
Fritz Rechnungsempfänger
Meisterweg 3
12345 Musterstadt

Rechnung (Beispiel individuelle Nummer) 1 – 31. Februar.2019

Sehr geehrter Herr Rechnungsempfänger,

gemäß unserer Absprache berechne ich Ihnen

für Einzelberatung in drei Sitzungen im Jan. und Feb. 2018	200,00 €
zzgl. 19 % Mwst.	32,00 €
Gesamtbetrag	**232,00 €**

Bitte überweisen Sie den Betrag auf mein umseitig genanntes Konto.

Mit freundlichen Grüßen

Unterschrift

Steuernummer des Finanzamtes Musterstadt für Emil Rechnungssteller: 32012/35678

Anhang | **239**

„Fragebogen zur steuerlichen Erfassung" (ab Seite 240)

Nach den Angaben auf diesem Bogen berechnet das Finanzamt Fristen, Vorauszahlungen und mehr. Deshalb sollten Sie unbedingt realistische Angaben machen, um nicht frühzeitig hohe Vorauszahlungen leisten zu müssen.
Zeile 3: Freiberuflich Tätige machen ihre Angaben unter „selbstständige Arbeit".
Punkt 1.5: Muss nicht benannt werden.
Punkt 2.1: Ohne eigene Räume tragen Sie hier Ihre private Anschrift ein.
Punkt 2.4: Kammerzugehörigkeit: Nein.
Punkt 3.1, Zeile 128: Schätzen Sie Ihren Umsatz höher als 17.500 Euro im Jahr ein, werden Sie sofort umsatzsteuerpflichtig.
Punkt 4.: Ihre Gewinnermittlungsart ist die „Einnahmenüberschussrechnung"
Punkt 7.1: Schätzen Sie Ihren Umsatz höher als 17.500 Euro im Jahr ein, werden Sie sofort umsatzsteuerpflichtig.
Punkt 7.3: Die „Kleinunternehmer-Regelung" ermöglicht es bis zu einem Jahresumsatz, der geringer ist als 17.500 Euro, die Umsatzsteuer nicht zu berechnen. Verzichten Sie auf die „Kleinunternehmer-Regelung", müssen Sie sofort die Umsatzsteuer berechnen und natürlich gegenüber dem Finanzamt erklären und abführen, und zwar für die nächsten fünf Jahre. Mehr dazu auf Seite 145.
Punkt 7.6: Unterricht und Beratung haben den normalen Steuersatz von 19%. Ermässigt mit 7% sind Kunst, Bücher, Blumen, Lebensmittel u.a.
Punkt 7.8: Berechnen Sie die Umsatzsteuer nach „vereinnahmten Entgelten", also der „Ist-Versteuerung". Das heißt, dass nur diejenigen Einnahmen umsatzsteuerlich berücksichtigt werden, die Sie tatsächlich auch erhalten haben. Bei der „Soll-Versteuerung" wird die Umsatzsteuer bereits fällig bei Rechnungsstellung.
Punkt 7.9: Der „innergemeinschaftliche Handel" ist der Geschäftsverkehr mit Ländern der EU. Wenn Sie nur innerhalb Deutschlands tätig sind, benötigen Sie keine Umsatzsteuer-Identifikationsnummer.

Formular EÜR des Finanzamtes (ab Seite 248)

Angaben zu den einzelnen Positionen im Formular finden Sie im Kapitel 4 „Hife ich mache Gewinn?!". Bitte daran denken: Keine Buchungsbelege abgeben!

Anhang

An das Finanzamt

Eingangsstempel oder -datum

Steuernummer

Fragebogen zur steuerlichen Erfassung

Aufnahme einer gewerblichen, selbständigen (freiberuflichen) oder land- und forstwirtschaftlichen Tätigkeit

Beteiligung an einer Personengesellschaft/-gemeinschaft
– Bitte beantworten Sie nur die Fragen zu Abschnitt 1, Abschnitt 2 – nur Textziffer 2.6, Abschnitt 3 und Abschnitt 8 –

1. Allgemeine Angaben

1.1 Steuerpflichtige(r)/Beteiligte(r)

Name — Vorname

ggf. Geburtsname

Ausgeübter Beruf — Geburtsdatum

Straße

Hausnummer — Hausnummerzusatz — Adressergänzung

Postleitzahl — Wohnort

Postleitzahl — Ort (Postfach) — Postfach

Identifikationsnummer — Identifikationsnummer

Religionsschlüssel:
Evangelisch = EV
Römisch-Katholisch = RK
nicht kirchensteuerpflichtig = VD
weitere siehe Ausfüllhilfe — Religion

Stand der Ehe/eingetragenen Lebenspartnerschaft (Datum = TT.MM.JJJJ)

Verheiratet/Eingetragen seit dem — Verwitwet seit dem — Geschieden/Aufgehoben seit dem — Dauernd getrennt lebend seit dem

1.2 Ehegatte/Ehegattin/eingetragene(r) Lebenspartner(in)

Name — Vorname

ggf. Geburtsname

Ausgeübter Beruf — Geburtsdatum

Falls von den Zeilen 8 und 10 abweichend: Straße

Hausnummer — Hausnummerzusatz — Adressergänzung

Postleitzahl — Wohnort

Identifikationsnummer — Identifikationsnummer

Religionsschlüssel:
Evangelisch = EV
Römisch-Katholisch = RK
nicht kirchensteuerpflichtig = VD — Religion

1.3 Kommunikationsverbindungen

Telefon:
Vorwahl international — Vorwahl national — Rufnummer

Vorwahl international — Vorwahl national — Rufnummer

E-Mail

Internetadresse

1.4 Art der Tätigkeit (genaue Bezeichnung des Gewerbezweiges)

2017FsEEU011 — Mai 2017 — 2017FsEEU011

Anhang

Steuernummer

1.5 Bankverbindung(en) für Steuererstattungen/SEPA-Lastschriftverfahren
Alle Steuererstattungen sollen an folgende Bankverbindung erfolgen:

27 IBAN (inländisches Geldinstitut) D E

28 IBAN (ausländisches Geldinstitut)

29 BIC zu Zeile 28

30 **Kontoinhaber(in)** lt. Zeile 5   lt. Zeile 14   oder: ggf. abweichende(r) Kontoinhaber(in)

Personensteuererstattungen
(z. B. Einkommensteuer) sollen an folgende Bankverbindung erfolgen:

31 IBAN (inländisches Geldinstitut) D E

32 IBAN (ausländisches Geldinstitut)

33 BIC zu Zeile 32

34 **Kontoinhaber(in)** lt. Zeile 5   lt. Zeile 14   oder: ggf. abweichende(r) Kontoinhaber(in)

Betriebssteuererstattungen
(z. B. Umsatz-, Lohnsteuer) sollen an folgende Bankverbindung erfolgen:

35 IBAN (inländisches Geldinstitut) D E

36 IBAN (ausländisches Geldinstitut)

37 BIC zu Zeile 26

38 **Kontoinhaber(in)** lt. Zeile 5   lt. Zeile 14   oder: ggf. abweichende(r) Kontoinhaber(in)

Möchten Sie am **SEPA-Lastschriftverfahren**, dem für beide Seiten einfachsten Zahlungsweg, teilnehmen?

39 Ja. Das ausgefüllte SEPA-Lastschriftmandat ist beigefügt.

40 **1.6 Steuerliche Beratung**   Nein   Ja
Firma

41 oder

42 Name   Vorname

43 Straße

44 Hausnummer   Hausnummerzusatz   Adressergänzung

45 Postleitzahl   Ort

46 Postleitzahl   Ort (Postfach)   Postfach

Kommunikationsverbindungen
Telefon
47 Vorwahl international   Vorwahl national   Rufnummer

48 E-Mail

2017FsEEU012   2017FsEEU012

Anhang

Steuernummer

1.7 Empfangsbevollmächtigte(r) für alle Steuerarten

49 Die unter Tz. 1.6 angegebene steuerliche Beratung ist empfangsbevollmächtigt.

oder
Firma

50

oder
Name   Vorname

51

Straße

52

Hausnummer   Hausnummerzusatz   Adressergänzung

53

Postleitzahl   Ort

54

Postleitzahl   Ort (Postfach)   Postfach

55

Kommunikationsverbindungen
Telefon:
Vorwahl international   Vorwahl national   Rufnummer

56

E-Mail

57

58 Die gesonderte **Vollmacht** ist beigefügt.

59 Die Anzeige der **Vollmacht** folgt über die Vollmachtsdatenbank (K-VDB).

1.8 Bisherige persönliche Verhältnisse   Zugezogen am (TT.MM.JJJJ)

60 Falls Sie innerhalb der letzten 12 Monate zugezogen sind:

Straße

61

Hausnummer   Hausnummerzusatz   Adressergänzung

62

Postleitzahl   Wohnort

63

Postleitzahl   Ort (Postfach)   Postfach

64

Waren Sie (oder ggf. Ihr(e) Ehegatte/Ehegattin/eingetragene(r) Lebenspartner(in)) in den letzten drei Jahren für Zwecke der Einkommensteuer steuerlich erfasst?   Finanzamt

65   Nein   Ja

Steuernummer

66

2. Angaben zur gewerblichen, selbständigen (freiberuflichen) oder land- und forstwirtschaftlichen Tätigkeit

2.1 Anschrift des Unternehmens
Bezeichnung

67

Straße

68

Hausnummer   Hausnummerzusatz   Adressergänzung

69

Postleitzahl   Ort

70

Postleitzahl   Ort (Postfach)   Postfach

71

ggf. abweichender Ort der Geschäftsleitung
Straße

72

Hausnummer   Hausnummerzusatz   Adressergänzung

73

Postleitzahl   Ort

74

Kommunikationsverbindungen
Telefon:
Vorwahl international   Vorwahl national   Rufnummer

75

E-Mail

76

Internetadresse

77

2017FsEEU013   2017FsEEU013

Anhang 243

Steuernummer

78 **2.2 Beginn der Tätigkeit** (inklusive Vorbereitungshandlungen) (TT.MM.JJJJ)

2.3 Betriebsstätten
79 Werden in mehreren Gemeinden Betriebsstätten unterhalten? Nein

lfd. Nr.
80 Ja 0 0 1 Bezeichnung
81 Anschrift, Straße
82 Hausnummer Hausnummerzusatz Adressergänzung
83 Postleitzahl Ort
84 Telefon: Vorwahl international Vorwahl national Rufnummer

lfd. Nr.
85 0 0 2 Bezeichnung
86 Anschrift, Straße
87 Hausnummer Hausnummerzusatz Adressergänzung
88 Postleitzahl Ort
89 Telefon: Vorwahl international Vorwahl national Rufnummer

90 Bei mehr als zwei Betriebsstätten: Gesonderte Aufstellung ist beigefügt.

2.4 Handelsregistereintragung
91 Ja, seit Nein Eine Eintragung ist beabsichtigt.
92 Antrag beim Handelsregister gestellt
93 am (TT.MM.JJJJ)
beim Amtsgericht
94 Ort
95 Registernummer

2.5 Gründungsform (Bitte ggf. die entsprechenden Verträge beifügen!) (Datum = TT.MM.JJJJ)
96 Neugründung zum Verlegung zum
97 Übernahme (z. B. Kauf, Pacht, Vererbung, Schenkung) zum Verschmelzung zur Neugründung oder sonstiger Gründungsvorgang zum

Vorheriger Unternehmer, Firma
98 oder
Name
99 Vorname
Straße
100
Hausnummer Hausnummerzusatz Adressergänzung
101
Postleitzahl Ort
102
Finanzamt Steuernummer
103
ggf. Umsatzsteuer-Identifikationsnummer
104

2017FsEEU014   2017FsEEU014

Steuernummer	

2.6 Bisherige betriebliche Verhältnisse
Ist in den letzten fünf Jahren schon ein Gewerbe, eine selbständige (freiberufliche) oder eine land- und forstwirtschaftliche Tätigkeit ausgeübt worden oder waren Sie an einer Personengesellschaft oder zu mindestens 1 % an einer Kapitalgesellschaft beteiligt?

105 ☐ Nein ☐ Ja
    Art der Tätigkeit/Beteiligung
106
    Ort
107 Dauer vom _____ bis _____ (TT.MM.JJJJ)
108 Finanzamt _____ Steuernummer _____
109 ggf. Umsatzsteuer-Identifikationsnummer _____

3. Angaben zur Festsetzung der Vorauszahlungen (Einkommensteuer, Gewerbesteuer)

		im Jahr der Betriebseröffnung		im Folgejahr	
3.1 Voraussichtliche Einkünfte aus		Steuerpflichtige(r) EUR	Ehegatte(in)/Lebenspartner(in) EUR	Steuerpflichtige(r) EUR	Ehegatte(in)/Lebenspartner(in) EUR
110	Land- und Forstwirtschaft				
111	Gewerbebetrieb				
112	Selbständiger Arbeit				
113	Nichtselbständiger Arbeit				
114	Kapitalvermögen				
115	Vermietung und Verpachtung				
116	Sonstigen Einkünften (z. B. Renten)				
3.2 Voraussichtliche Höhe der					
117	Sonderausgaben				
118	Steuerabzugsbeträge				

4. Angaben zur Gewinnermittlung

119 Gewinnermittlungsart ☐ Einnahmenüberschussrechnung
120 ☐ Vermögensvergleich (Bilanz)   *Hinweis: Die Eröffnungsbilanz ist gemäß § 5b Abs. 1 Satz 5 EStG nach amtlich vorgeschriebenen Datensatz durch Datenfernübertragung zu übermitteln.*
121 ☐ Gewinnermittlung nach Durchschnittssätzen (nur bei Land- und Forstwirtschaft)
122 ☐ Sonstige (z. B. § 5a EStG)

Liegt ein vom Kalenderjahr abweichendes Wirtschaftsjahr vor?
123 ☐ Nein ☐ Ja, Beginn _____ (TT.MM.JJJJ)

5. Freistellungsbescheinigung gemäß § 48b Einkommensteuergesetz (EStG) („Bauabzugsteuer")

Das Merkblatt zum Steuerabzug bei Bauleistungen steht Ihnen im Internet unter www.bzst.de zum Download zur Verfügung. Sie können es aber auch bei Ihrem Finanzamt erhalten.

124 ☐ Ich beantrage die Erteilung einer Bescheinigung zur Freistellung vom Steuerabzug bei Bauleistungen gemäß § 48b EStG.

6. Angaben zur Anmeldung und Abführung der Lohnsteuer

125 Zahl der Arbeitnehmer (einschließlich Aushilfskräfte) Insgesamt _____ a) davon Familienangehörige _____ b) davon geringfügig Beschäftigte _____

126 Beginn der Lohnzahlungen _____ (TT.MM.JJJJ)

127 Anmeldungszeitraum (voraussichtliche Lohnsteuer im Kalenderjahr)
☐ monatlich (mehr als 5.000 EUR)
☐ vierteljährlich (mehr als 1.080 EUR)
☐ jährlich (nicht mehr als 1.080 EUR)

Steuernummer

Die für die Lohnberechnung maßgebenden Lohnbestandteile werden zusammengefasst im Betrieb/Betriebsteil:

128 Bezeichnung

129 Straße

130 Hausnummer | Hausnummerzusatz | Adressergänzung

131 Postleitzahl | Ort

7. Angaben zur Anmeldung und Abführung der Umsatzsteuer

7.1 Summe der Umsätze (geschätzt) | im Jahr der Betriebseröffnung EUR | im Folgejahr EUR

132

7.2 Geschäftsveräußerung im Ganzen (§ 1 Abs. 1a Umsatzsteuergesetz (UStG))
Es wurde ein Unternehmen oder ein in der Gliederung eines Unternehmens gesondert geführter Betrieb erworben:

133 Nein | Ja (siehe Eintragungen zu Tz. 2.5 Übernahme)

7.3 Kleinunternehmer-Regelung

134 Der auf das Kalenderjahr hochgerechnete Gesamtumsatz wird die Grenze von 17.500 EUR voraussichtlich nicht überschreiten. Es wird die Kleinunternehmer-Regelung (§ 19 Abs. 1 UStG) in Anspruch genommen.
In Rechnungen wird keine Umsatzsteuer gesondert ausgewiesen und es kann kein Vorsteuerabzug geltend gemacht werden.
Hinweis: Angaben zu Tz. 7.8 sind nicht erforderlich; Umsatzsteuer-Voranmeldungen sind grundsätzlich nicht zu übermitteln.

135 Der auf das Kalenderjahr hochgerechnete Gesamtumsatz wird die Grenze von 17.500 EUR voraussichtlich nicht überschreiten. Es wird auf die Anwendung der Kleinunternehmer-Regelung verzichtet.
Die Besteuerung erfolgt nach den allgemeinen Vorschriften des Umsatzsteuergesetzes **für mindestens fünf Kalenderjahre** (§ 19 Abs. 2 UStG); Umsatzsteuer-Voranmeldungen sind monatlich in elektronischer Form authentifiziert zu übermitteln.

7.4 Organschaft (§ 2 Abs. 2 Nr. 2 UStG)

136 Ich bin Organträger folgender Organgesellschaft:

137 Firma

138 Straße

139 Hausnummer | Hausnummerzusatz | Adressergänzung

140 Postleitzahl | Ort

141 Postleitzahl | Ort (Postfach) | Postfach

142 Rechtsform

143 Beteiligungsverhältnis (Bruchteil) /

144 Finanzamt | Steuernummer

145 ggf. Umsatzsteuer-Identifikationsnummer

Hinweis: Weitere organschaftliche Verbindungen bitte in einer Anlage (formlos) mitteilen.

7.5 Steuerbefreiung
Es werden ganz oder teilweise steuerfreie Umsätze gem. § 4 UStG ausgeführt:
Art des Umsatzes/der Tätigkeit

146 Nein | Ja | (§ 4 Nr. | UStG)

7.6 Steuersatz
Es werden Umsätze ausgeführt, die ganz oder teilweise dem ermäßigten Steuersatz gem. § 12 Abs. 2 UStG unterliegen:
Art des Umsatzes/der Tätigkeit

147 Nein | Ja | (§ 12 Abs. 2 Nr. | UStG)

7.7 Durchschnittssatzbesteuerung
Es werden ganz oder teilweise Umsätze ausgeführt, die der Durchschnittssatzbesteuerung gem. § 24 UStG unterliegen:
Art des Umsatzes/der Tätigkeit

148 Nein | Ja | (§ 24 Abs. 1 Nr. | UStG)

	Steuernummer	

7.8 Soll-/Istversteuerung der Entgelte

149	Ich berechne die Umsatzsteuer nach	vereinbarten Entgelten (**Sollversteuerung**).
150		vereinnahmten Entgelten. Ich beantrage hiermit die **Istversteuerung**, weil
151		der auf das Kalenderjahr hochgerechnete Gesamtumsatz für das Gründungsjahr voraussichtlich nicht mehr als 500.000 EUR betragen wird.
152		ich von der Verpflichtung, Bücher zu führen und auf Grund jährlicher Bestandsaufnahmen regelmäßig Abschlüsse zu machen, nach § 148 Abgabenordnung (AO) befreit bin.
153		ich Umsätze ausführe, für die ich als Angehöriger eines freien Berufs im Sinne von § 18 Abs. 1 Nr. 1 des Einkommensteuergesetzes weder buchführungspflichtig bin noch freiwillig Bücher führe.

7.9 Umsatzsteuer-Identifikationsnummer

154		Ich **benötige** für die Teilnahme am innergemeinschaftlichen Waren- und Dienstleistungsverkehr eine Umsatzsteuer-Identifikationsnummer (USt-IdNr.).
		Hinweis: Bei Vorliegen einer Organschaft ist die USt-IdNr. der Organgesellschaft vom Organträger zu beantragen.
155		Ich **habe bereits** für eine frühere Tätigkeit folgende USt-IdNr. erhalten:
156		USt-IdNr. ____ Vergabedatum: ____ (TT.MM.JJJJ)

7.10 Steuerschuldnerschaft des Leistungsempfängers bei Bau- und/oder Gebäudereinigungsleistungen

157		Es wird die Erteilung eines Nachweises zur Steuerschuldnerschaft des Leistungsempfängers bei Bau- und/oder Gebäudereinigungsleistungen (Vordruck USt 1 TG) beantragt.
158		Der Umfang der ausgeführten **Bauleistungen** i. S. des § 13b Abs. 2 Nr. 4 UStG beträgt voraussichtlich mehr als 10 % des Weltumsatzes (Summe der im Inland steuerbaren und nicht steuerbaren Umsätze).
159		Der Umfang der ausgeführten **Gebäudereinigungsleistungen** i. S. des § 13b Abs. 2 Nr. 8 UStG beträgt voraussichtlich mehr als 10 % des Weltumsatzes (Summe der im Inland steuerbaren und nicht steuerbaren Umsätze).

Hinweis: Die Voraussetzungen zur Erteilung der Bescheinigung sind in geeigneter Weise in einer Anlage glaubhaft zu machen.

7.11 Besonderes Besteuerungsverfahren „Mini-one-stop-shop"

Nur bei Ausführung von Telekommunikationsleistungen, Rundfunk- und Fernsehdienstleistungen oder auf elektronischem Weg erbrachten sonstigen Leistungen durch einen in einem anderen EU-Mitgliedstaat ansässigen Unternehmer an einen im Inland ansässigen Nichtunternehmer:

160		Ich nehme das besondere Besteuerungsverfahren („Mini-one-stop-shop") in Anspruch. Die entsprechenden Umsätze erkläre ich über die zuständige Behörde in meinem Ansässigkeitsstaat.

8. Angaben zur Beteiligung an einer Personengesellschaft/-gemeinschaft

161	Gesellschaft/Gemeinschaft	
162	Straße	
163	Hausnummer / Hausnummernzusatz / Adressenergänzung	
164	Postleitzahl / Ort	
165	Postleitzahl / Ort (Postfach) / Postfach	
166	Finanzamt / Steuernummer	

(Fügen Sie bitte eine Kopie des Gesellschaftsvertrags bei!)

Hinweis: Die mit diesem Fragebogen angeforderten Daten werden aufgrund der §§ 85, 88, 90, 93 und 97 AO erhoben.

167	Ort, Datum	Unterschrift des/der Steuerpflichtigen und ggf. des Ehegatten/der Ehegattin bzw. des/der eingetragenen Lebenspartners/Lebenspartnerin bzw. des/der Vertreter(s) oder Bevollmächtigten

Anhang | 247

	Steuernummer	
168	Anlagen:	Teilnahmeerklärung für das SEPA-Lastschriftverfahren (Tz. 1.5)
169		Empfangsvollmacht (Tz. 1.7)
170		Aufstellung über Betriebsstätten (Tz. 2.3)
171		Verträge bei Übernahme bzw. Umwandlung (Tz. 2.5)
172		Weitere organschaftliche Verbindungen (Tz. 7.4)
173		Gesellschaftsvertrag (Tz. 8)
174		

Finanzamt

Anhang

2018

Anlage EÜR
Bitte für jeden Betrieb eine gesonderte Anlage EÜR übermitteln!

1 Name des Steuerpflichtigen bzw. der Gesellschaft/Gemeinschaft/Körperschaft
2 Vorname
3 (Betriebs-)Steuernummer — 77 18 1

Einnahmenüberschussrechnung
nach § 4 Abs. 3 EStG für das Kalenderjahr 2018

4 Beginn — Ende — davon abweichend 131 — 2 0 1 8 — 132

Zeile	Bezeichnung	Nr.	
5	Art des Betriebs	100	
6	Rechtsform des Betriebs		
7	Einkunftsart	103	Land- und Forstwirtschaft = 1, Gewerbebetrieb = 2, Selbständige Arbeit = 3
8	Betriebsinhaber	104	Stpfl./Ehemann/Person A (Ehegatte A/Lebenspartner[in] A)/Gesellschaft/Körperschaft = 1, Ehefrau/Person B (Ehegatte B/Lebenspartner[in] B) = 2, Beide Ehegatten/Lebenspartner[innen] = 3
9	Wurde im Kalenderjahr/Wirtschaftsjahr der Betrieb veräußert oder aufgegeben? (Bitte Zeile 78 beachten)	111	Ja = 1
10	Wurden im Kalenderjahr/Wirtschaftsjahr Grundstücke/grundstücksgleiche Rechte entnommen oder veräußert?	120	Ja = 1 oder Nein = 2

1. Gewinnermittlung

Betriebseinnahmen — EUR — Ct

Zeile	Beschreibung	Nr.	Betrag
11	Betriebseinnahmen als umsatzsteuerlicher **Kleinunternehmer** (nach § 19 Abs. 1 UStG)	111	
12	davon nicht steuerbare Umsätze sowie Umsätze nach § 19 Abs. 3 Satz 1 Nr. 1 und 2 UStG	119	(weiter ab Zeile 17)
13	Betriebseinnahmen als **Land- und Forstwirt**, soweit die Durchschnittssatzbesteuerung nach § 24 UStG angewandt wird	104	
14	Umsatzsteuerpflichtige Betriebseinnahmen	112	
15	Umsatzsteuerfreie, nicht umsatzsteuerbare Betriebseinnahmen sowie Betriebseinnahmen, für die der Leistungsempfänger die Umsatzsteuer nach § 13b UStG schuldet	103	
16	Vereinnahmte Umsatzsteuer sowie Umsatzsteuer auf unentgeltliche Wertabgaben	140	
17	Vom Finanzamt erstattete und ggf. verrechnete Umsatzsteuer (Die Regelung zum 10-Tageszeitraum nach § 11 Abs. 1 Satz 2 EStG ist zu beachten.)	141	
18	Veräußerung oder Entnahme von Anlagevermögen	102	
19	Private Kfz-Nutzung	106	
20	Sonstige Sach-, Nutzungs- und Leistungsentnahmen	108	
21	Auflösung von Rücklagen und Ausgleichsposten (Übertrag aus Zeile 90)		
22	**Summe Betriebseinnahmen** (Übertrag in Zeile 71)	159	

Betriebsausgaben — EUR — Ct

Zeile	Beschreibung	Nr.	Betrag
23	Betriebsausgabenpauschale **für bestimmte Berufsgruppen** und/oder Freibetrag nach § 3 Nr. 26, 26a und/oder 26b EStG	190	
24	Sachlicher Bebauungskostenrichtbetrag und Ausbaukostenrichtbeträge für **Weinbaubetriebe**/Betriebsausgabenpauschale für **Forstwirte**	191	
25	Waren, Rohstoffe und Hilfsstoffe einschl. der Nebenkosten	100	
26	Bezogene Fremdleistungen	110	
27	Ausgaben für eigenes Personal (z. B. Gehälter, Löhne und Versicherungsbeiträge)	120	

Absetzung für Abnutzung (AfA)

28	AfA auf unbewegliche Wirtschaftsgüter (Übertrag aus Zeile 6 der Anlage AVEÜR)	136	
29	AfA auf immaterielle Wirtschaftsgüter (Übertrag aus Zeile 9 der Anlage AVEÜR)	131	
30	AfA auf bewegliche Wirtschaftsgüter (Übertrag aus Zeile 13 der Anlage AVEÜR)	130	

Übertrag (Summe Zeilen 23 bis 30)

2018AnlEÜR801 — Okt. 2018 — 2018AnlEÜR801

Anhang

(Betriebs-)Steuernummer

Übertrag (Summe Zeilen 23 bis 30)

Zeile	Beschreibung	EUR
31	Sonderabschreibungen nach § 7g Abs. 5 und 6 EStG (Übertrag aus Zeile 13 der Anlage AVEÜR)	134
32	Herabsetzungsbeträge nach § 7g Abs. 2 Satz 2 EStG (Erläuterungen auf gesondertem Blatt)	138
33	Aufwendungen für geringwertige Wirtschaftsgüter nach § 6 Abs. 2 EStG	132
34	Auflösung Sammelposten nach § 6 Abs. 2a EStG (Übertrag aus Zeile 19 der Anlage AVEÜR)	137
35	Restbuchwert der ausgeschiedenen Anlagegüter (Übertrag der Summe der Einzelbeträge aus Spalte „Abgänge" der Anlage AVEÜR ohne Zeile 22)	135
	Raumkosten und sonstige Grundstücksaufwendungen (ohne häusliches Arbeitszimmer)	
36	Miete/Pacht für Geschäftsräume und betrieblich genutzte Grundstücke	150
37	Aufwendungen für doppelte Haushaltsführung (z. B. Miete)	152
38	Sonstige Aufwendungen für betrieblich genutzte Grundstücke (ohne Schuldzinsen und AfA)	151
	Sonstige unbeschränkt abziehbare Betriebsausgaben	
39	Aufwendungen für Telekommunikation (z. B. Telefon, Internet)	280
40	Übernachtungs- und Reisenebenkosten bei Geschäftsreisen des Steuerpflichtigen	221
41	Fortbildungskosten (ohne Reisekosten)	281
42	Kosten für Rechts- und Steuerberatung, Buchführung	194
43	Miete/Leasing für bewegliche Wirtschaftsgüter (ohne Kraftfahrzeuge)	222
44	Beiträge, Gebühren, Abgaben und Versicherungen (ohne solche für Gebäude und Kraftfahrzeuge)	223
45	Werbekosten (z. B. Inserate, Werbespots, Plakate)	224
46	Schuldzinsen zur Finanzierung von Anschaffungs- und Herstellungskosten von Wirtschaftsgütern des Anlagevermögens (ohne häusliches Arbeitszimmer)	232
47	Übrige Schuldzinsen	234
48	Gezahlte Vorsteuerbeträge	185
49	An das Finanzamt gezahlte und ggf. verrechnete Umsatzsteuer (Die Regelung zum 10-Tageszeitraum nach § 11 Abs. 2 Satz 2 EStG ist zu beachten.)	186
50	Rücklagen, stille Reserven und/oder Ausgleichsposten (Übertrag aus Zeile 90)	
51	Übrige unbeschränkt abziehbare Betriebsausgaben	183

Zeile	**Beschränkt abziehbare Betriebsausgaben und Gewerbesteuer**	nicht abziehbar EUR	abziehbar EUR
52	Geschenke	164	174
53	Bewirtungsaufwendungen	165	175
54	Verpflegungsmehraufwendungen		171
55	Aufwendungen für ein häusliches Arbeitszimmer (einschl. AfA und Schuldzinsen)	162	172
56	Sonstige beschränkt abziehbare Betriebsausgaben	168	177
57	Gewerbesteuer	217	218

Zeile	**Kraftfahrzeugkosten und andere Fahrtkosten**	EUR
58	Leasingkosten	144
59	Steuern, Versicherungen und Maut	145
60	Sonstige tatsächliche Fahrtkosten ohne AfA und Zinsen (z. B. Reparaturen, Wartungen, Treibstoff, Kosten für Flugstrecken, Kosten für öffentliche Verkehrsmittel)	146
61	Fahrtkosten für nicht zum Betriebsvermögen gehörende Fahrzeuge (Nutzungseinlage)	147
62	Fahrtkosten für Wege zwischen Wohnung und erster Betriebsstätte; Familienheimfahrten (pauschaliert oder tatsächlich)	142 −
63	Mindestens abziehbare Fahrtkosten für Wege zwischen Wohnung und erster Betriebsstätte (Entfernungspauschale); Familienheimfahrten	176 +
64	Nicht abziehbare Beträge (Beispiele siehe Anleitung)	139 −
65	**Summe Betriebsausgaben** (Übertrag in Zeile 72)	199

2018AnlEÜR802

(Betriebs-)Steuernummer

Ermittlung des Gewinns

Zeile	Beschreibung	Feld	EUR	Ct
71	Summe der Betriebseinnahmen (Übertrag aus Zeile 22)			
72	abzüglich Summe der Betriebsausgaben (Übertrag aus Zeile 65)		−	
	zuzüglich			
73	− Hinzurechnung der Investitionsabzugsbeträge nach § 7g Abs. 2 Satz 1 EStG aus 2015 (Erläuterungen auf gesondertem Blatt)	180 +		
74	− Hinzurechnung der Investitionsabzugsbeträge nach § 7g Abs. 2 Satz 1 EStG aus 2016 (Erläuterungen auf gesondertem Blatt)	181 +		
75	− Hinzurechnung der Investitionsabzugsbeträge nach § 7g Abs. 2 Satz 1 EStG aus 2017 (Erläuterungen auf gesondertem Blatt)	182 +		
76	− Gewinnzuschlag nach § 6c i. V. m. § 6b Abs. 7 und 10 EStG	123 +		
	abzüglich			
77	− Investitionsabzugsbeträge nach § 7g Abs. 1 EStG	187 −		
78	Hinzurechnungen und Abrechnungen bei Wechsel der Gewinnermittlungsart (Erläuterungen auf gesondertem Blatt)	250		
79	Ergebnisanteile aus Beteiligungen an Personengesellschaften (auch Kostenträgergemeinschaften)	255		
80	Korrigierter Gewinn/Verlust	290		
81	Bereits berücksichtigte Beträge, für die das InvStG gilt (Erläuterungen auf gesondertem Blatt) 263	Gesamtbetrag 264	Korrekturbetrag	
82	Bereits berücksichtigte Beträge, für die das Teileinkünfteverfahren bzw. § 8b KStG gilt 261	262		
83	Steuerpflichtiger Gewinn/Verlust vor Anwendung des § 4 Abs. 4a EStG	293		
84	Hinzurechnungsbetrag nach § 4 Abs. 4a EStG	271 +		
85	**Steuerpflichtiger Gewinn/Verlust**	219		
86	Nur bei Personengesellschaften/gesonderten Feststellungen: Anzusetzender steuerpflichtiger Gewinn/Verlust nach Anwendung des § 4 Abs. 4a EStG ohne Berücksichtigung des InvStG, des Teileinkünfteverfahrens bzw. § 8b KStG (Betrag lt. Zeile 80 zuzüglich Betrag lt. Zeile 84)			

(zu erfassen in den Zeilen 4, 5 und/oder 7 der Anlage FE 1 bzw. in Zeile 4 der Anlage FG)

2. Ergänzende Angaben — 99 27

Rücklagen und stille Reserven
(Erläuterungen auf gesondertem Blatt)

Zeile	Beschreibung		Bildung/Übertragung EUR / Ct	Auflösung EUR / Ct
87	Rücklagen nach § 6c i. V. m. § 6b EStG, R 6.6 EStR	187		120
88	Übertragung von stillen Reserven nach § 6c i. V. m. § 6b EStG, R 6.6 EStR	170		
89	Ausgleichsposten nach § 4g EStG	191		125
90	Gesamtsumme	190	(Übertrag in Zeile 50)	124 (Übertrag in Zeile 21)

3. Zusätzliche Angaben bei Einzelunternehmen — 99 29

Entnahmen und Einlagen i. S. d. § 4 Abs. 4a EStG

Zeile	Beschreibung		EUR	Ct
91	Entnahmen einschl. Sach-, Leistungs- und Nutzungsentnahmen	122		
92	Einlagen einschl. Sach-, Leistungs- und Nutzungseinlagen	123		

2018AnlEÜR803

Arbeitsvertrag

Zwischen _____ (nachfolgend Arbeitgeber genannt)

und _____ (nachfolgend Angestellte/r genannt)

wird folgender Arbeitsvertrag abgeschlossen:

§ 1 Beginn des Anstellungsverhältnisses und Tätigkeit
Das Arbeitsverhältnis beginnt am _____ für die Tätigkeit als _____.
Der Arbeitgeber ist berechtigt, der/dem Angestellten eine andere ihren/seinen Fähigkeiten entsprechende gleichwertige und gleich bezahlte Tätigkeit zuzuweisen.

§ 2 Probezeit
1. Der Anstellungsvertrag wird auf unbestimmte Zeit abgeschlossen.
2. Die ersten sechs Monate gelten als Probezeit. Während der Probezeit kann das Angestelltenverhältnis beiderseits mit einer Frist von einem Monat zum Monatsende gekündigt werden.

§ 3 Beendigung des Angestelltenverhältnisses
1. Nach Ablauf der Probezeit gelten für beide Seiten die gesetzlichen Kündigungsfristen.
2. Die Kündigung bedarf der Schriftform.
3. Ohne Kündigung endet das Angestelltenverhältnis mit dem Ablauf des 65./63. Lebensjahres.

§ 4 Gehalt
1. Die/Der Angestellte erhält für ihre Tätigkeit ein Gehalt in Höhe von _____ Euro.
2. Das monatliche Bruttogehalt wird jeweils am Ersten des folgenden Monats fällig.
3. Die Zahlung des Gehalts erfolgt bargeldlos auf ein von der/dem Angestellten einzurichtendes Bank-, Sparkassen- oder Postgirokonto.

§ 5 Gratifikation
1. Die/Der Angestellte erhält eine freiwillige, jederzeit widerrufliche Gratifikation in Höhe von _____ Euro.
2. Auf die Gratifikation besteht auch nach wiederholter Zahlung kein Rechtsanspruch.
3. Voraussetzung für die Zahlung der Gratifikation ist, dass am Auszahlungstag (z.B. 1.7. oder 1.12.) ein ungekündigtes Arbeitsverhältnis auf unbestimmte Zeit besteht, es sei denn, dass das Arbeitsverhältnis aus betriebsbedingten oder aus personenbedingten, von der/dem Angestellten nicht zu vertretenden Gründen gekündigt wurde.

Anhang

§ 6 Arbeitszeit
1. Die regelmäßige Arbeitszeit beträgt derzeit _____ Stunden wöchentlich. Sie richtet sich nach den gesetzlichen Bestimmungen und nach der im Betrieb für die Angestellten üblichen Arbeitszeit.
2. Beginn und Ende der tägliche Arbeitszeit richten sich nach der Übung des Betriebs.
3. Die/Der Angestellte ist verpflichtet, im gesetzlich zulässigen Rahmen Samstag-/Sonntag-/Mehr- oder Überarbeit zu leisten.
4. Über- und Mehrarbeitsstunden werden in Freizeit ausgeglichen.
5. Über- oder Mehrarbeitsstunden werden nur in Freizeit ausgeglichen, wenn sie ausdrücklich angeordnet oder vereinbart wurden oder wenn sie wegen dringlicher betrieblicher Interessen erforderlich waren und die/der Angestellte Anfang und Ende spätestens am nächsten Tag dem Arbeitgeber schriftlich mitteilt.

§ 7 Urlaub
1. Der Urlaubsanspruch beträgt (mindestens 24 Tage bei Vollzeit) _____ Arbeitstage. Im Kalenderjahr des Beginns und des Endes des Arbeitsverhältnisses wird für jeden Monat, in dem das Arbeitsverhältnis mindestens 15 Kalendertage bestand, 1/12 des Jahresurlaubs gewährt.
2. Der Urlaub wird in Abstimmung mit dem Arbeitgeber festgelegt.

§ 8 Arbeitsverhinderung/Krankheit
1. Jede Arbeitsverhinderung infolge Krankheit oder aus anderen Gründen ist dem Arbeitgeber unverzüglich anzuzeigen.
2. Bei Arbeitsunfähigkeit infolge Krankheit ist vor Ablauf des dritten Kalendertages nach Beginn der Arbeitsunfähigkeit eine ärztliche Bescheinigung über die Arbeitsunfähigkeit sowie deren voraussichtliche Dauer vorzulegen. Dauert die Arbeitsunfähigkeit länger als in der Bescheinigung angegeben, so ist innerhalb von drei Tagen eine neue ärztliche Bescheinigung einzureichen.

§ 9 Nebenabreden/Vertragsänderungen
1. Nebenabreden und Vertragsänderungen bedürfen zu ihrer Rechtswirksamkeit der Schriftform. Dieses Formerfordernis kann weder mündlich noch stillschweigend abbedungen werden.

Ort, Datum, Unterschriften:		Arbeitgeber				Angestellte/r

▶ Auch diese Vorlage für einen Arbeitsvertrag und den Honorarvertrag auf der folgenden Seite finden Sie auf der Website www.leitfaden-online.de unter „Downloads".

Honorarvertrag

Zwischen (Vor- und Zuname, Anschrift)
– nachfolgend Auftraggeber/in genannt –

und

(Vor- und Zuname, Anschrift)
– nachfolgend freie/r Mitarbeiter/in genannt –

1. Tätigkeit der freien Mitarbeit: _____
2. Das Vertragsverhältnis beginnt am _____. Das Vertragsverhältnis wird nach Abschluss der unter 1. genannten Tätigkeit beendet, ohne dass es einer besonderen Kündigung bedarf. Ein festes Anstellungsverhältnis wollen die Vertragspartner nicht begründen.
3. Der Auftraggeber honoriert die Arbeitsstunde (45/60 Minuten) mit _____ Euro je tatsächlich geleisteter Arbeitsstunde.
4. Das oben genannte Honorar ist die Vergütung für sämtliche Kosten. Falls nichts anderes vereinbart wurde, sind Vor- und Nachbereitung, An- und Abreisezeiten und Reisekosten in dem Honorar enthalten.
5. Soweit für eine nebenberufliche Tätigkeit der/des freien Mitarbeiters/in beim Auftraggeber die Genehmigung Dritter erforderlich ist, ist die/der freie Mitarbeiter/in für die rechtzeitige und ordnungsgemäße Erledigung selbst verantwortlich.
6. Der/dem freien Mitarbeiter/in obliegt die Verpflichtung, die Einkünfte aus dem Honorarvertrag beim zuständigen Finanzamt anzumelden und die Steuern (Einkommen-, ggf. Kirchen- und Umsatzsteuer) für das ihr/ ihm gezahlte Honorar selbst zu entrichten sowie bei bestehender Sozialversicherungspflicht die erforderlichen Meldungen selbst ordnungsgemäß vorzunehmen und die gesetzlichen Beiträge abzuführen.
7. Der/Die freie Mitarbeiter/in verpflichtet sich zur Geheimhaltung aller Geschäftsvorfälle.
8. Ansprüche der/des freien Mitarbeiters/in aus diesem Vertrag müssen innerhalb einer Frist von sechs Monaten seit ihrem Entstehen, im Falle einer Beendigung des Vertragsverhältnisses jedoch spätestens zwei Monate nach Vertragsablauf schriftlich geltend gemacht werden.
9. Mündliche Abreden haben neben diesem Vertrag keine Gültigkeit. Nebenabreden bestehen nicht. Änderungen des Vertrages bedürfen der Schriftform.
10. Die Honorarkraft ist bei der Auftragsvorbereitung und der Auftragsdurchführung nicht weisungsgebunden.

Ort, Datum, Unterschriften: Auftraggeber/in   freie/r Mitarbeiter/in

Telemediengesetz

„Telemediengesetz vom 26. Februar 2007 (BGBl. I S. 179), zuletzt geändert durch Artikel 2 Absatz 16 des Gesetzes vom 1. April 2015 (BGBl. I S. 434)"

§ 1 Anwendungsbereich
(1) Dieses Gesetz gilt für alle elektronischen Informations- und Kommunikationsdienste, soweit sie nicht Telekommunikationsdienste nach § 3 Nr. 24 des Telekommunikationsgesetzes, die ganz in der Übertragung von Signalen über Telekommunikationsnetze bestehen, telekommunikationsgestützte Dienste nach § 3 Nr. 25 des Telekommunikationsgesetzes oder Rundfunk nach § 2 des Rundfunkstaatsvertrages sind (Telemedien). Dieses Gesetz gilt für alle Anbieter einschließlich der öffentlichen Stellen unabhängig davon, ob für die Nutzung ein Entgelt erhoben wird.

§ 2 Begriffsbestimmungen
Im Sinne dieses Gesetzes
1. ist Diensteanbieter jede natürliche oder juristische Person, die eigene oder fremde Telemedien zur Nutzung bereithält oder den Zugang zur Nutzung vermittelt,
2. ist niedergelassener Diensteanbieter jeder Anbieter, der mittels einer festen Einrichtung auf unbestimmte Zeit Telemedien geschäftsmäßig anbietet oder erbringt; der Standort der technischen Einrichtung allein begründet keine Niederlassung des Anbieters,
3. ist Nutzer jede natürliche oder juristische Person, die Telemedien nutzt, insbesondere um Informationen zu erlangen oder zugänglich zu machen,
4. sind Verteildienste Telemedien, die im Wege einer Übertragung von Daten ohne individuelle Anforderung gleichzeitig für eine unbegrenzte Anzahl von Nutzern erbracht werden,
5. ist kommerzielle Kommunikation jede Form der Kommunikation, die der unmittelbaren oder mittelbaren Förderung des Absatzes von Waren, Dienstleistungen oder des Erscheinungsbilds eines Unternehmens, einer sonstigen Organisation oder einer natürlichen Person dient, die eine Tätigkeit im Handel, Gewerbe oder Handwerk oder einen freien Beruf ausübt; die Übermittlung der folgenden Angaben stellt als solche keine Form der kommerziellen Kommunikation dar:
    a) Angaben, die unmittelbaren Zugang zur Tätigkeit des Unternehmens oder der Organisation oder Person ermöglichen, wie insbesondere ein Domain-Name oder eine Adresse der elektronischen Post,
    b) Angaben in Bezug auf Waren und Dienstleistungen oder das Erscheinungsbild eines Unternehmens, einer Organisation oder Person, die unabhängig und insbesondere ohne finanzielle Gegenleistung gemacht werden.

Einer juristischen Person steht eine Personengesellschaft gleich, die mit der Fähigkeit ausgestattet ist, Rechte zu erwerben und Verbindlichkeiten einzugehen.

§ 4 Zulassungsfreiheit
Telemedien sind im Rahmen der Gesetze zulassungs- und anmeldefrei.

§ 5 Allgemeine Informationspflichten
(1) Diensteanbieter haben für geschäftsmäßige, in der Regel gegen Entgelt angebotene Telemedien folgende Informationen leicht erkennbar, unmittelbar erreichbar und ständig verfügbar zu halten:
1. den Namen und die Anschrift, unter der sie niedergelassen sind, bei juristischen Personen zusätzlich die Rechtsform, den Vertretungsberechtigten und, sofern Angaben über das Kapital der Gesellschaft gemacht werden, das Stamm- oder Grundkapital sowie, wenn nicht alle in Geld zu leistenden Einlagen eingezahlt sind, der Gesamtbetrag der ausstehenden Einlagen,
2. Angaben, die eine schnelle elektronische Kontaktaufnahme und unmittelbare Kommunikation mit ihnen ermöglichen, einschließlich der Adresse der elektronischen Post,
3. soweit der Dienst im Rahmen einer Tätigkeit angeboten oder erbracht wird, die der behördlichen Zulassung bedarf, Angaben zur zuständigen Aufsichtsbehörde,
4. das Handelsregister, Vereinsregister, Partnerschaftsregister oder Genossenschaftsregister, in das sie eingetragen sind, und die entsprechende Registernummer,
5. soweit der Dienst in Ausübung eines Berufs im Sinne von Artikel 1 Buchstabe d der Richtlinie 89/48/EWG des Rates vom 21. Dezember 1988 über eine allgemeine Regelung zur Anerkennung der Hochschuldiplome, die eine mindestens dreijährige Berufsausbildung abschließen (ABl. EG Nr. L 19 S. 16), oder im Sinne von Artikel 1 Buchstabe f der Richtlinie 92/51/EWG des Rates vom 18. Juni 1992 über eine zweite allgemeine Regelung zur Anerkennung beruflicher Befähigungsnachweise in Ergänzung zur Richtlinie 89/48/EWG (ABl. EG Nr. L 209 S. 25, 1995 Nr. L 17 S. 20), zuletzt geändert durch die Richtlinie 97/38/EG der Kommission vom 20. Juni 1997 (ABl. EG Nr. L 184 S. 31), angeboten oder erbracht wird, Angaben über
   a) die Kammer, welcher die Diensteanbieter angehören,
   b) die gesetzliche Berufsbezeichnung und den Staat, in dem die Berufsbezeichnung verliehen worden ist,
   c) die Bezeichnung der berufsrechtlichen Regelungen und dazu, wie diese zugänglich sind,
6. in Fällen, in denen sie eine Umsatzsteueridentifikationsnummer nach § 27a des Umsatzsteuergesetzes oder eine Wirtschafts-Identifikationsnummer nach § 139c der Abgabenordnung besitzen, die Angabe dieser Nummer,

7. bei Aktiengesellschaften, Kommanditgesellschaften auf Aktien und Gesellschaften mit beschränkter Haftung, die sich in Abwicklung oder Liquidation befinden, die Angabe hierüber.

(2) Weitergehende Informationspflichten nach anderen Rechtsvorschriften bleiben unberührt.

§ 6 Besondere Informationspflichten bei kommerziellen Kommunikationen
(1) Diensteanbieter haben bei kommerziellen Kommunikationen, die Telemedien oder Bestandteile von Telemedien sind, mindestens die folgenden Voraussetzungen zu beachten:
1. Kommerzielle Kommunikationen müssen klar als solche zu erkennen sein.
2. Die natürliche oder juristische Person, in deren Auftrag kommerzielle Kommunikationen erfolgen, muss klar identifizierbar sein.
3. Angebote zur Verkaufsförderung wie Preisnachlässe, Zugaben und Geschenke müssen klar als solche erkennbar sein, und die Bedingungen für ihre Inanspruchnahme müssen leicht zugänglich sein sowie klar und unzweideutig angegeben werden.
4. Preisausschreiben oder Gewinnspiele mit Werbecharakter müssen klar als solche erkennbar und die Teilnahmebedingungen leicht zugänglich sein sowie klar und unzweideutig angegeben werden.

(2) Werden kommerzielle Kommunikationen per elektronischer Post versandt, darf in der Kopf- und Betreffzeile weder der Absender noch der kommerzielle Charakter der Nachricht verschleiert oder verheimlicht werden. Ein Verschleiern oder Verheimlichen liegt dann vor, wenn die Kopf- und Betreffzeile absichtlich so gestaltet sind, dass der Empfänger vor Einsichtnahme in den Inhalt der Kommunikation keine oder irreführende Informationen über die tatsächliche Identität des Absenders oder den kommerziellen Charakter der Nachricht erhält.

(3) Die Vorschriften des Gesetzes gegen den unlauteren Wettbewerb bleiben unberührt.

Über die Autorin

Evelyn Schneider

Autorin des Buches „Der Leitfaden", lebt mit Partner und Hund „Henry" in Weiterstadt bei Darmstadt. Sie hat ihren beruflichen Ursprung in der Hotellerie und hat u.a. einige Jahre betriebswirtschaftliche Turnarounds von Hotels für ein Beratungsunternehmen in Projektarbeit geleitet, in der Regel von Banken beauftragt. Innerhalb ihrer heute selbstständigen Tätigkeit (seit 2012) begleitet und unterstützt sie immer wieder Betriebe hinsichtlich Optimierungen bei Arbeitsprozessen, betriebswirtschaftlichen Ausrichtungen und in Qualitätsmanagement-Projekten. Außerdem ist sie seit 2000 Trainerin; neben fachlichen Themen für die Bereiche Kommunikation, Führungskräfteentwicklung, Teamprozesse und -förderung, Verhaltens-Strukturen und Stress-Management (div. persolog® Autorisierungen, NLP® Master/Dr. Richard Bandler). Ihre Seminare sind lebendig und praxisnah. Die alltagstauglichen Inhalte vermittelt sie greifbar, sodass jeder Teilnehmer individuelle Klarheit und Stärkung der eigenen Persönlichkeit erlangen kann, um so den beruflichen Alltag besser zu meistern.

Seit Evelyn im Vinyasa Yoga die 500h Ausbildung absolviert hat, lässt sie keine Möglichkeit aus, sich im In- und Ausland weiterzubilden. Seit vielen Jahren praktiziert und unterrichtet sie Vinyasa- und Yin-Yoga. Sie leitet Ausbildungen für Yogalehrer und unterstützt auf dem Weg in die Selbständigkeit. Ihre beruflichen Qualifikationen und Erfahrungen verbindet sie mit dem philosophischen und körperlichen Wissen um Yoga - und versteht es entsprechend Yogalehrer dort abzuholen wo sie sind und in deren Sprache zu begleiten.

Mehr Informationen zu allen Bereichen finden Sie auf den Websites: www.hospitalit-y.com sowie www.yoga-yes.de.

Wenn Sie eine persönliche Nachricht schicken möchten, so freue ich mich über eine Mail an e.schneider@hospitalit-y.com oder info@yoga-yes.de.

Viel Erfolg und Freude mit all Ihren Tätigkeiten!

Anhang

Inhaltsverzeichnis

Vorworte	IV
Zum Gebrauch und www.leitfaden-online.de	VII
Überblick über die Kapitel	IX

Kapitel 1: Richtig Anfangen!
Das sollten Sie bedenken und tun, wenn Sie loslegen wollen — **12**

Grafik: Das ist zu tun	**14**
Pros und Kons der Selbstständigkeit	**15**
Eigener Status Quo – welchen Weg wollen Sie gehen?	**15**
Von der Idee zum Konzept	**19**
Wo stehen Sie in Ihrem privaten und beruflichen Umfeld?	21
„Gibt es (genügend) Menschen, für die Ihr „Produkt" interessant ist?	21
„Ist Marktforschung wichtig?"	22
Zeitplan und Zeitressourcen	**24**
„Als Selbstständige/r müssen Sie viel arbeiten"	25
Erstellen Sie Ihr Konzept	**25**
Der Businessplan – das Konzept – der Geschäftsplan	**26**
Die eigene Qualifikation und Ausbildung	**30**
Namensgebung	**32**
Wort- und Bildmarke anmelden	**34**
Der erste Schritt – zum Finanzamt	**35**
Gewerbe oder freier Beruf?	**35**
Begriffsverwirrung „Freelancer"	37
Exkurs zu Heilen, Therapie, Beratung	**37**

Kapitel 2: Gründen, Erfolgreich sein und bleiben.
Was Selbstständige wissen sollten — **40**

Rechtsform der Unternehmung	**42**
Einzelunternehmen	42
Büro- oder Praxisgemeinschaft	43
Die GbR oder BGB-Gesellschaft	43
Partnerschaftsgesellschaften	44
Kapitalgesellschaft	45
Verein	46

Übungsleiter und Ehrenamt	47
Übungsleiterpauschale	47
Ehrenamtspauschale	49
Kleinunternehmerregelung	50
Umsatzsteuer	50
Umsatz geringer als 17.500 Euro im Jahr	51
Umsatz größer als 17.500 Euro im Jahr	52
Unterschied Kleingewerbe und Kleinunternehmen	54
Kleinunternehmerregelung für mehrere Unternehmen	54
Umsatzsteuerbefreiung für Heilpraktiker und Gesundheitsfachberufe	55
Wenn Freiberufler und/oder Heilpraktiker Waren verkaufen	55
Sammelbestellung	56
Ansichtssachen	56
Bevorratung zum Verkauf	56
Tabelle: Behalten Sie diese Zahlen im Blick	58
Gründen mit Unterstützung und Fördermitteln	59
Die KfW-Förderprogramme zur Existenzgründung	60
Das Finanzierungsgespräch bei der Bank	60
Gründungszuschuss der Agentur für Arbeit	62
Wer kann beim Start helfen, unterstützen und beraten?	64
Berufsverband	64
Unternehmens-, Betriebs- oder GründungsberaterInnen	64
Finanzberater der Bank oder Sparkasse	64
IHK	65
Steuerberatung	65
Rechtsanwalt	66
IT-Unterstützung/-Beratung	66
Datenschutz-Grundverordnung (DSGVO)	67
DSGVO-Verarbeitungsverzeichnis	69
DSGVO-Prozesshandbuch	70
Scheinselbstständigkeit	70
Statusfeststellungsverfahren	71
„Den eigenen Preis finden"	72
Kalkulation – Preisfindung – Marktakzeptanz	72
Und wie viele Kurse oder Beratungen müssen Sie geben?	74
Und wie kalkulieren Sie nun Ihr Honorar?	75
Beispiel: Kalkulation	76
Das sind Sie sich wert	80
Der Idee Raum geben	81
Eigene Räume für Kurse und Seminare	82
Größe des Kursraumes	83
Wieso diese Mindestteilnehmerzahl?	84

Anhang

Eigene Räume für Beratung oder Therapie	84
Was kostet der eigene Raum pro Stunde?	84
Was nimmt man für den eigenen Raum bei Fremdnutzung pro Stunde?	86
Angebot von Getränken in eigenen Räumen	86
Rundfunkbeitrag	87
GEMA – die nimmt auch an Ihrem Kurs teil	87
Verbandskasten in eigenen Räumen	88
Feuerlöscher in eigenen Räumen	88
„Helfende Hände": Mitarbeiter, Mini-Jobber und angestellte Ehepartner	**89**
Freie Mitarbeiter/in	89
Geringfügig Beschäftigte – „Mini-Jobber"	90
Kurzfristig Beschäftigte	91
Ehepartner oder eigene Kinder beschäftigen?	91
Festangestellte Teil-/Vollzeitkraft	92
Betriebsnummer	93
Berufsgenossenschaft	93
Das eigene Zeit- und Selbstmanagement	**94**
Neun-Punkte-(Selbst-)Management	94
Die Selbstorganisation	98
Zeit-Management	99
Qualität feststellen, sichern und entwickeln	101
Ein bisschen Betriebswirtschaftslehre	**103**
Controlling	103
Marktanalyse	104
Erfolgs- und Budgetplanung	104
Kleiner Exkurs zu Erfolg und Misserfolg	**104**
Grund 1 für Scheitern: Übermut	105
Grund 2 für Scheitern: Kunden falsch einschätzen	105
Grund 3 für Scheitern: Streiten	105
Das Finanzamt vergessen	106
Was können Sie tun, um Scheitern zu vermeiden	**106**
Umsatzplanung	106
Kostenplanung	106
Finanzplanung	106
Immer gut bei Kasse bleiben	107
Wie funktioniert nun das Zwei-Konten-Modell?	107
Zum Mitreden: Betriebswirtschaftliche Begriffe	**108**

Kapitel 3: Marketing ist (fast) alles.
So sind Sie überzeugend mit Ihrem Angebot   **112**

Was ist eigentlich Marketing?	114
Kundennutzen und USP	115
Werbung ist erlaubt – nicht erlaubt	**116**
Werbung nicht erlaubt!	116
Werbung ist erlaubt!	117
„Für die will ich's tun" – Ihre Zielgruppen	**117**
Was und wann – welche inhaltlichen und zeitlichen Angebote wollen bzw. können Sie machen?	118
Wann und Wo – welche zeitlichen und räumlichen Angebote machen Sie?	119
Fragenkatalog zum Standort	120
Die eigene Website – Marketing-Tool Nr. 1	**122**
Möglichkeiten einer Website?	122
So kommen Sie zur eigenen Website	125
Für den Aufbau einer Website brauchen Sie...	126
Texte für Website, Flyer, Broschüren	**129**
Rücklauf messen	131
Bessere Wirkung bei Print-Anzeigen, Flyern und Plakaten	132
Flyer und Plakate erstellen, drucken, verteilen (lassen)	132
Anzeigen	**133**
Anzeigen in Zeitungen, lokalen Monatsheften und Broschüren	133
Stadtmagazine, lokale Monatshefte und Broschüren	134
Presse-Informationen	**134**
Presse-Mitteilungen schreiben	135
Gutes für Ihr Marketing	**136**
Ihr Name und Ihr Angebot	136
Ihre Visitenkarte	137
Adressen, Kundenpflege	137
Dekoration Ihrer Räume	138
Kleidung	138
Pünktlichkeit, Verbindlichkeit, Verlässlichkeit	138
Telefon und Anrufbeantworter	138
Service und Kundenorientierung	139
Farbe, Symbole, Bilder	139
Beschriftung für Auto und Gebäude	140
Mitbewerberbeobachtung – kontinuierlich bitte	140
Tag der offenen Tür	141
Kooperation und Netzwerke	**141**
Networking Offline	142

Anhang

Gucken Sie über Ihren Tellerrand!	143
Wie könnten Sie es besser machen?	143
Networking Online	143
Selbst-Marketing	144
Terminplanung in der Therapie- oder Beratungspraxis	**144**
Kursorganisation	**145**
Übersicht: Kursangebot vs. fortlaufende Angebote	146
Ungewöhnliche Kurskonzepte oder:	
Wie kommen die Menschen in Ihre Kurse?!	147
Kontinuität der Teilnahme fördern	148
Preissteigerungen umsetzen	149
Dauer der Kurse	149
Kurs im Quartal	150
Firmenkurse	151
Präventions-Kurs für Mitglieder gesetzlicher Krankenkassen	152
Kursverwaltung Online	153
Yoga-Ferien, QiGong-Urlaub und ähnliches	153
Workshops	154

Kapitel 4: Hilfe, ich mache Gewinn?!	
Einnahmen und Ausgaben, Möglichkeiten,	
Vorschriften und Gesetze	**158**
Gewinnermittlung	**161**
Was sind „Betriebseinnahmen"?	161
Was sind „Betriebsausgaben"?	161
Und wie ermittelt man nun den Gewinn?	162
Buchführung, ganz einfach	**162**
Kassen-Nachschau	163
Buchführung mit Kassenbuch	163
Buchführung mit „Journal"	164
Zufluss-Abfluss-Prinzip	165
Buchführung bei eigenem Geschäftskonto	166
Buchführung machen lassen	167
Aufbewahrung der Buchhaltungsbelege	167
Einnahmen-Überschuss-Rechnung	168
Betriebsausgaben	**168**
Ausbildungskosten	168
Ausbildungskosten als Sonderausgabe	170
Ausbildungskosten als „vorgezogene Betriebsausgaben"	170

Anhang

Ausbildung als Fortbildung – wenn Sie schon vor der Ausbildung selbstständig tätig sind	171
Fortbildung	172
Fortbildung im Ausland	172
Nutzung eines eigenen Fahrzeugs für geschäftliche Fahrten	172
Betrieblich genutzte Fahrzeuge	174
Fahrtkosten zwischen Wohnung und Betriebsstätte	176
Fahrtkosten mit fremdem Fahrzeug	177
Fahrtkosten mit öffentlichen Verkehrsmitteln	177
Übernachtungskosten	178
Kurzurlaub	178
Reisebegleitung	179
Verpflegungsmehraufwendungen	179
Häusliches Arbeitszimmer	180
Arbeitsmittel für das Arbeitszimmer	182
Telefonkosten	183
Fachliteratur/Fachpresse	185
Praxis-, Kurs, Seminarbedarf	185
Büromaterial	186
Reinigung und Instandhaltung	186
Porto für Briefe und Paketdienste	186
Kleidung	187
Versicherungen rund um Ihr Geschäft	187
Beitrag Berufsverband	188
Geschenke	188
Geschenke, die steuerlich keine sind	189
Bewirtung	190
Kaffee oder Tee im Büro	191
Bewirtungskosten separat auflisten!	191
Einkäufe für Ihr Geschäft – GWG und AfA	**191**
Geringwertige Wirtschaftsgüter bis 800 Euro Netto-Preis	191
Alternative Leasing?	194
Investitionsabzugsbetrag	194
Sonderabschreibungen	196
Noch einmal zu „Betriebsausgaben"	196
Als Deutsche im Ausland – „Gast-Arbeiter" Teil 1	**197**
Variante 1: Ferien-Seminar in Finnland	197
Variante 2: Eingeladen als Therapeutin nach Finnland	197
Als Ausländer in Deutschland – „Gast-Arbeiter" Teil 2	**198**
Kein Stress mit dem Finanzamt	**199**
Das muss auf einer Rechnung stehen …	199
Kleinbetragsrechnungen – Quittung	200

Anhang

Kleinunternehmer-Rechnung	200
Elektronische Rechnungen	201
Und wenn Rechnungen nicht bezahlt werden?	201
Geschäftsbelege und Aufbewahrungspflicht	202
Kursliste wird Beleg	203
Vorsicht bei Thermobelegen!	203
„Eigenbeleg"	204
Verlustvortrag	204
„Liebhaberei"	204
Zahlungen über den Jahreswechsel	206
Steuererklärung – Abgabefristen und die Erstellung online	206
Online mit Elster	207
Kontrollmitteilungen	208
Wenn der Betriebsprüfer kommt …	208
Private Tipps zur Steuer	**210**
Kinderbetreuungskosten	210
Handwerkerrechnungen	211
Sonstige haushaltsnahe Dienstleistungen	211
Umzugskosten	211

Kapitel 5: Versicherungen?!	
Von Pflicht über sinnvoll bis überflüssig	**212**
Gesetzliche Rentenversicherung	**214**
Rentenversicherungspflicht für selbstständig Lehrende	214
Private Altersvorsorge	216
Private Rentenversicherung	217
Basisrente oder auch „Rürup-Rente"	217
Fonds-Sparen	218
Strategie der eigenen Altersvorsorge	219
Säulen der Altersvorsorge	220
Risiko-Lebensversicherung	221
Kapital-Lebensversicherung	221
Weitere Versicherungen – von Pflicht bis überflüssig	**222**
Krankenversicherung	222
Familienversicherung	222
Privat oder gesetzlich krankenversichert?	223
Krankentagegeld	225
Krankenhaustagegeld	225
Auslandsreise-Krankenversicherung	225
Berufsunfähigkeitsversicherung	226

Unfallversicherung	226
Berufs-Haftpflichtversicherung	227
Betriebs-Haftpflichtversicherung	228
Betriebsversicherung	229
Rechtsschutzversicherung	230
Hinweis auf Reiserücktrittsversicherung	230
Wer bietet Hilfe an und berät unabhängig?	231
Anhang: Literatur und Adressen zu den Kapiteln des Leitfadens	**233**
zu: Wie starte ich eine selbstständige Tätigkeit?	233
zu: Grundkenntnisse für Selbstständige	233
zu: Marketing und Werbung	234
zu: Hilfe, ich mache Gewinn?!	234
zu: Versicherungen	235
Download-Bereich auf der Website zum Buch	236
Vorlagen	**237**
Bewirtungskosten (s. S. 190)	237
Quittung (s. S. 200)	237
Rechnung (s. S. 199)	238
„Fragebogen zur steuerlichen Erfassung" (ab Seite 35)	239
Formular EÜR des Finanzamtes (ab Seite 168)	248
Arbeitsvertrag	251
Honorarvertrag	253
Telemediengesetz	254
Über die Autorin	257
Inhaltsverzeichnis	258